21世纪高等职业教育精品教材·人力资源管理专业

XINCHOU GUANLI

薪酬管理

(第六版)

严伟 主 编

朱钰 刘建伟 王玲 副主编

东北财经大学出版社 | 大连
Dongbei University of Finance & Economics Press

图书在版编目（CIP）数据

薪酬管理 / 严伟主编．—6 版．—大连：东北财经大学出版社，2024.1（2024.11 重印）
（21 世纪高等职业教育精品教材·人力资源管理专业）
ISBN 978-7-5654-5118-8

Ⅰ.薪…　Ⅱ.严…　Ⅲ.企业管理-工资管理-高等职业教育-教材
Ⅳ.F272.923

中国国家版本馆 CIP 数据核字（2024）第 009623 号

东北财经大学出版社出版
（大连市黑石礁尖山街 217 号　邮政编码　116025）
网　　址：http://www.dufep.cn
读者信箱：dufep@dufe.edu.cn

大连永盛印业有限公司印刷　　东北财经大学出版社发行

幅面尺寸：185mm×260mm　　字数：343 千字　　印张：15
2024 年 1 月第 6 版　　2024 年 11 月第 2 次印刷

责任编辑：郭海雷　张爱华　　责任校对：刘贤恩
封面设计：原　皓　　版式设计：原　皓

定价：39.00 元

教学支持　售后服务　联系电话：（0411）84710309

如有印装质量问题，请联系营销部：（0411）84710711

第六版前言

党的二十大报告指出："分配制度是促进共同富裕的基础性制度。坚持按劳分配为主体、多种分配方式并存，构建初次分配、再分配、第三次分配协调配套的制度体系。努力提高居民收入在国民收入分配中的比重，提高劳动报酬在初次分配中的比重。坚持多劳多得，鼓励勤劳致富，促进机会公平，增加低收入者收入，扩大中等收入群体。完善按要素分配政策制度，探索多种渠道增加中低收入群众要素收入，多渠道增加城乡居民财产性收入。"薪酬管理作为分配制度的管理形式，它的合理与否关系着国家和社会的发展与进步。

当今企业的竞争是人才的竞争，人是组织的灵魂，是管理的第一要素，是企业制胜的法宝和利润的源泉。薪酬管理在当今的企业管理中正日益凸显它的重要性，因为有效的员工薪酬福利管理可以起到吸引人、激励人、留住人、实现人的自身价值和使企业利润最大化的作用。我们要正确理解薪酬的本质，就要从薪酬的内在与外在两个角度出发，在设计企业薪酬福利体系时，也只有从科学的设计程序出发，将内在和外在薪酬结合起来，才能符合薪酬的发展趋势并起到薪酬管理的激励作用。

本书作为高等职业教育人力资源管理专业的系列教材之一，立足于满足高等职业教育教学所需。本书附录中包含大量常用的薪酬管理政策法规，既是学生自学时不可或缺的辅助资料，也可供从事人力资源管理工作的在职人员参考与使用。本次修订的原则如下：

1. 充分反映当代薪酬管理理论研究与实践应用的最新成果，融入课程思政元素和党的二十大精神，融汇国家最新颁布的相关政策法规，同时把人力资源师最新版的内容结合进来，在内容和体系上能切合教学实际，让学生更早更好地取得相应的职业资格证书。

2. 以提高学生的技能水平为核心，强化学生的实践能力和职业技能的培养。本书在写作编排上既介绍了薪酬管理的基础知识，又注重突出学生的解决问题与分析问题能力、薪酬方案设计能力、应用政策法规能力、调查沟通能力等的训练。

3. 在保证学生掌握必要的专业理论的基础上，突出案例教学。案例选材尽量选取我国本土成功的民营企业，让学生对薪酬管理的文化背景知识有一定了解与把握、对薪酬管理对企业成功的影响因素有所理解与把握，具有极强的实用性与可读性。

本书由严伟担任主编，主要负责对全书进行修订和统稿工作，朱钰、刘建伟、王玲担任副主编，主要针对综合实训与有关薪酬管理的法规政策进行了修订。在本书修订过程中，编者参阅、借鉴和引用了大量的相关书籍、论文和企业案例，在此谨向这些作者表示深深的敬意和衷心的感谢！

由于编者知识水平有限和经验不足，书中难免有错误和疏漏之处，恳请广大读者批评指正，尤其希望提出修改、补充建议，以期本书不断完善。

编　者

2023年11月

目录

第1章　绪　论 …… 1
学习目标 …… 1
1.1　薪酬概述 …… 2
1.2　薪酬管理概述 …… 8
基础训练 …… 12
综合应用 …… 12
第2章　员工薪酬设计 …… 15
学习目标 …… 15
2.1　薪酬战略与薪酬策略 …… 16
2.2　工作评价技术 …… 26
2.3　薪酬结构设计 …… 36
2.4　薪酬调查 …… 44
2.5　薪酬调整 …… 56
基础训练 …… 59
综合应用 …… 60
第3章　常见的工资制度类型 …… 63
学习目标 …… 63
3.1　岗位工资制 …… 64
3.2　能力工资制 …… 68
3.3　绩效工资制 …… 72
3.4　结构工资制 …… 81
3.5　奖金制度 …… 92
基础训练 …… 95
综合应用 …… 96
第4章　福利管理与津贴 …… 99
学习目标 …… 99
4.1　福利管理 …… 101
4.2　社会保险 …… 104
4.3　法定假日与住房公积金 …… 122
4.4　企业补充福利 …… 124
4.5　企业津贴 …… 128

基础训练 …… 130
综合应用 …… 131
第5章 员工薪酬福利统计及计算 …… 133
学习目标 …… 133
5.1 员工薪酬福利统计 …… 134
5.2 合理确定企业的人工成本 …… 135
5.3 员工薪酬福利计算 …… 145
基础训练 …… 159
综合应用 …… 160
第6章 几种特殊人员的薪酬设计 …… 162
学习目标 …… 162
6.1 国有企业经营者年薪制与股票期权 …… 163
6.2 高层管理人员的薪酬设计 …… 176
6.3 销售人员的薪酬设计 …… 179
6.4 专业技术人员的薪酬设计 …… 186
6.5 临时用工人员的薪酬模式 …… 190
基础训练 …… 195
综合应用 …… 196
第7章 宽带薪酬 …… 199
学习目标 …… 199
7.1 宽带薪酬概述 …… 200
7.2 宽带薪酬体系设计流程 …… 206
基础训练 …… 211
综合应用 …… 212
第8章 综合实训 …… 215
8.1 薪酬管理的工作要求 …… 215
8.2 综合案例 …… 218
主要参考文献 …… 232
附录 有关薪酬管理的法规政策 …… 233

第1章 绪 论

学习目标

知识目标：

1. 了解薪酬的本质；
2. 熟悉薪酬的内容和结构；
3. 明确薪酬管理的原则；
4. 熟知薪酬管理的内容。

能力目标：

能够认识全面薪酬管理对于组织管理的重要性。

素养目标：

明确共同富裕是社会主义的本质要求，是中国式现代化的重要特征，完善分配制度对于扎实推进共同富裕具有极为重要的作用。

引例

腾讯2021年员工最新福利

腾讯一直被外界戏称为“鹅厂”，在互联网企业中一直有着高福利的美名。

虽然高福利容易产生一定的问题，但是出于员工关怀的目的，出于对员工的一种保障，腾讯在福利上没有停止建设的步伐。仅在2021年，腾讯就为自己的员工提供了不少的优厚福利，下面我们就来进行一个简单的盘点：

（1）2021年4月30日，腾讯宣布推出安居计划Plus方案，对员工买房福利启动新一轮升级。腾讯安居计划在2011年启动，计划在3年内为首次买房的员工提供总计10亿元的免息贷款，员工最高可申请30万元的额度。这次2021年的升级版，员工最高可以申请90万元的免息贷款额度，用于个人工作地或社保地首套房购买。

这次安居计划的升级，是该计划推出近10年内的第三次调整。据悉，腾讯调整升级计划考虑的因素包括政策、市场、行业对标等。这种灵活调整的福利计划，极大地满足了腾讯员工“购房安家”的实际需求，受到员工的普遍欢迎。据说，腾讯为了让该计划尽可能地惠及基层员工，中层以上的管理干部和专家均不参与该计划，而享受福利的条件仅仅要求司龄2年、绩效考核为优1年。

（2）2021年11月，腾讯推出员工“退休福利”和加推“职业里程碑”。员工入职5年可获得“长期健康保障”；入职15年可获“终身健康保障”以及“可自主提前解锁长期服务回馈”；而到了法定退休年龄的员工，根据此前披露的退休方案，除国家发放的社保养老金，可同时享有由腾讯提供的定制纪念品、长期服务感谢金、退休荣誉金3项福利。

在新的腾讯员工的“职业里程碑”中，将从原先的入职“1年、10年、20年”3个节点，升级为入职“1年、5年、10年、15年、20年、法定退休”6个节点，每个节点都能享受不同的实物礼品或特色权益。由每隔10年改为每隔5年，使关怀方案的覆盖范围大幅度提升，新增的“5年、15年、法定退休”3个节点更侧重权益和荣誉。据悉，在原有的3个节点中，员工入职1年可领取寓意“启航”的周年纪念册；10年可领取寓意“10年有你，十分精彩”的钻企鹅，以及“10年长期服务假”；入职20年可以领取寓意“时间和空间”的时光企鹅。

在新增福利中，“终身健康保障”是指在原5周年长期健康保障基础上，另外赠予入职15年员工1份终身健康保障的保险。而“可自主提前解锁长期服务回馈”，则让持续服务15年及以上的员工，当有了新的个人生涯规划时可主动申请解锁这份长期服务回馈权益，权益执行标准参照集团推出的“退休福利”。这意味着满足入职15年且尚未达到法定退休年龄的员工将可以自由选择是否提前领取“退休大礼包”。

“退休福利”是指员工在法定退休年龄时，除国家发放的社保养老金，可同时享有由公司提供的定制纪念品、长期服务感谢金、退休荣誉金3项福利。其中长期服务感谢金为6个月固定工资；退休荣誉金共有“服务年限金”和“50%的未解禁股票期权”两个方案，体现为股权形式，员工可自选其一。

以上消息发布在腾讯的官方微信号“鹅厂黑板报”中。其中最吸引人的福利就是满足入职15年还未到法定退休年龄的员工可以自己决定是否提前领取“退休大礼包”。很多人评论这就是自己的理想，在鹅厂工作15年为生活为家庭，15年之后可以为自己；还有一些已经离职的腾讯员工，都想回流，甚至想把之前的工龄给算上。

这波福利实足吸引了人们的眼球，腾讯再次成了“别人家的公司”。被最高点赞的一句评论最能说明问题，“有鹅选鹅，无鹅延毕，延毕无鹅，建议读博，毕业再鹅”。

资料来源 HRsee. 腾讯公司2021年员工最新福利［EB/OL］.［2022-01-23］. https://www.hrsee.com/?id=2657.

这一案例表明：腾讯员工福利管理上的一个很大的特点，就是切实迎合、满足了大多数员工的愿望和需求。以往，一些企业在进行福利设计的时候，很大的一个弊病就是与员工之间的想法总是有差异，提供的福利是员工不怎么需要的，甚至是背道而驰的。这样福利设计的结果可想而知。企业花费了巨资，但员工不买账，没有起到提高员工忠诚度、归属感的作用，进而导致这些企业福利投入回报率极低，因此可能让企业福利管理陷入恶性循环。

1.1 薪酬概述

1.1.1 薪酬的本质

薪酬是指员工付出自己的体力和脑力劳动之后，作为劳动关系中的一方，从用人单位那里所得到的各种形式的收入及各种具体的服务和福利。薪酬的内容按照给予形式的不同，可以分为货币薪酬和非货币薪酬。货币薪酬是企业直接以货币形式支付给员工的报酬，具体包括基本工资、绩效工资、各种股票期权、各种福利保险项目、各种津贴补贴等；非货币薪酬则是指员工所获得的各种表彰嘉奖、荣誉称号等。

薪酬一词，是从英文“compensation”一词翻译而来，“compensation”的汉语含义是“补偿、报酬”，该词汇的汉语含义充分说明了薪酬可以从物质与心理两个维度进行分析。也就是说，我们要正确理解薪酬的本质就要从薪酬的内在与外在两个角度出发，即薪酬主要包括外在薪酬和内在薪酬。外在薪酬是指员工付出劳动而得到的各种货币与实物薪酬的回报，具有物质的、货币的、有形的表现形式。外在薪酬包括直接薪酬与间接薪酬。直接薪酬是员工薪酬的主体组成部分，包括员工的基本薪酬和激励薪酬。间接薪酬即福利，包括公司向员工提供的各种保险、非工作日工资、额外的津贴和服务，如单身公寓、免费工作餐等。内在薪酬是指员工自身心理上感受到的回报，具有精神的、非货币的、无形的表现形式。如员工从工作中取得的进步、个人所获得的职业发展机会、岗位的职务晋升、接受的教育与培训，以及参与企业管理、工作带来的自我成就感、荣誉感及工作家庭平衡发展等，都属于内在薪酬的具体形式。

1.1.2 薪酬的内容和结构

薪酬主要由以下几方面构成：

1）基本工资（基本薪酬）

一般来说，基本工资是员工的主要收入来源，能够满足员工生存和发展的基本需求。基本工资的确定方式多种多样，但其水平一经确定，在一定时间内是非常固定的。基本工资反映了员工的工作岗位或技能的价值，却往往忽视了员工之间的个体差异。

2）津贴与补贴

津贴是对员工在特殊环境下劳动，以及在特定条件下工作的生活费用方面的额外支出给予合理补偿的一种薪酬方式。津贴体现了企业对特殊岗位员工的一种关怀。我们通常把与生产相联系的补偿称为津贴，把与生活相联系的补偿称为补贴。津贴与补贴一般以现金的形式支付，但占薪酬总额的比例往往较小。津贴的最大特点是补偿性和平衡性，只将艰苦或特殊的环境作为衡量的标准，与员工的能力或业绩无关，当艰苦或特殊的环境消失时，津贴也随之终止。

3）奖金

奖金是企业对员工超出正常努力的劳动或劳务的报酬，包括红利、利润分享以及通常所说的奖金等。奖金的最大特点是激励性、灵活性，随企业绩效而上下浮动，不会增加企业的固定成本。在实际生活中，奖金通常是由企业经济效益、员工在其岗位上的绩效而定。奖金的决定和发放方式很多，通常情况下是使用含有多个变量的公式来计算奖金的水平或数量，这些变量包括个人岗位级别、对员工的绩效考核、员工的服务年限等。向个人高绩效支付的一次性报酬称为个人奖金，如超时奖、建议奖、节约奖、全勤奖、特别奖、特殊贡献奖等；以团队或部门为基础发放的奖励，称为团队激励计划，如利润分享计划、收益分享计划和风险收益计划等；以企业全体成员为基础制订的激励计划，称为全员奖励计划，如年终分红、基于特定目标的奖励等。

4）员工福利

福利是为了吸引员工到企业工作或维持企业骨干人员的稳定而支付的一种补偿性薪酬，也是间接报酬，是对员工生活的照顾，通常表现为延期支付的非现金收入。福利是对劳动的间接回报，一般不是按工作时间和员工的个人贡献给付的，只要是组织的正式员工都可以基本均等地获得福利，福利的基本目的是为员工提供各种必需的保障，使员工能安心工作。福利可分为法定福利和企业福利，法定福利包括法定的社会保险、带薪休假等；企业福利包括优惠住房、免费工作餐、生活用品的发放等。福利多数是实物支付和延期支付。延期支付最典型的例子就是养老金。在西方国家，福利在薪酬中所占的比重越来越大，特别是社会保险、带薪休假、优先优惠购买本企业的股票等，受到广泛欢迎。福利作为员工薪酬的一部分有其自己的特点：受惠面广，它的给予与员工的个人能力、业绩好坏等因素的相关性极小，是每个员工都能够享有的一种薪酬形式。

5）股票期权

股票期权是一种激励工具，实施对象主要是考核、支付周期通常超过一年的员工，它是经营者向员工提供股票、股份或股权的一种激励性长期报酬形式。早期的股权激励对象主要是企业高级管理者，近年来逐渐扩大到各个层次的员工。股权计划主要包括员工持股计划和股票期权计划。员工持股计划主要针对中低层员工；股票期权计划主要针对中高层管理人员、核心业务人员和技术人才。股权分配的方法有很多，目前比较通行的方式有按岗位认股、按技术论股、按知识配股、按工龄计股和按绩效奖股。通过股权计划可以让员工拥有一定的剩余索取权并承担相应的风险，从而将员工的个人利益与企业的整体利益相结合，强化员工的主人翁精神，优化企业的治理结构，因此这种薪酬形式日益受到中外企业的青睐。

6）绩效工资

绩效工资是指在员工绩效考核的基础上，根据绩效考核结果，确定应支付给员工多少工资的工资制度。绩效工资主要是为了激励员工，激发员工工作的积极性。

薪酬各组成部分的功能不一样。其中，基本工资作为固定收入，主要是保障员工基本生活需要；津贴与补贴，作为一笔小额补偿，主要体现企业对一些艰苦劳动的提倡；奖金与绩效工资则主要是激励员工更加努力工作；员工福利主要起辅助作用，应充分发挥“感情色彩”作用，并帮助员工应对生活中的突发危机；股票期权主要起长期激励作用，确保员工能够参与企业“剩余价值”的分配。

案例1-1

IBM的四条通道

IBM的文化特别强调双向沟通，IBM不存在单向的命令和无处申诉的情况。IBM至少有四条制度化的通道给员工提供申诉的机会。

第一条通道是“与高层管理人员面谈”。员工可以直接与高层经理进行正式的谈话。这个高层经理的职位通常比员工的直属经理的职位要高，谈话可以选择任何个人感兴趣的事情来讨论。这种面谈是保密的，由员工自由选择。面谈的内容可以包括个人的倾向、意见、所关心的问题等，对于员工反映的这些情况公司将会交给直接有关的部门处理。所面谈的问题将会分类集中处理，不暴露面谈者的身份。

第二条通道是员工意见调查。这条通道并非直接针对员工的收入问题，而且这条通道会定期开通。IBM通过员工意见调查，可以了解员工对公司管理阶层、福利待遇、工资待遇等方面有价值的意见，使之协助公司营造一个更加完美的工作环境。很少看到IBM的经理有态度恶劣的情况，可能跟这条通道关系密切。

第三条通道是“直言不讳”。在IBM，一个普通员工的意见完全有可能被送到总裁的信箱里。“直言不讳”就是一条直达通道，可以使员工在毫不牵涉其直属经理的情况下获得高层领导对员工所关心问题的答复。提意见员工的身份只有一个人知道，那就是负责整个“直言不讳”通道的协调员，所以员工不必担心畅所欲言过后会带来风险。

第四条通道是申诉，IBM称其为“门户开放”政策。这是IBM一个非常悠久的民主制度。IBM前总裁郭士纳经常反向执行“门户开放”政策，直接跑到下属的办公室询问某件事干得怎么样了。IBM用“门户开放”通道来尊重每一个员工的意见。员工如果有关于工作或公司方面的意见，应该首先与自己的直属经理恳谈。与自己的经理恳谈是解决问题的捷径，如果有解决不了的问题，或者某员工认为工资涨幅问题不便于和直属经理讨论，该员工就可以通过“门户开放”通道向各事业部主管、公司的人事经理、总经理或任何总部代表申诉，员工的任何申诉都会得到上级的调查和执行。IBM的薪酬结构如图1-1所示。

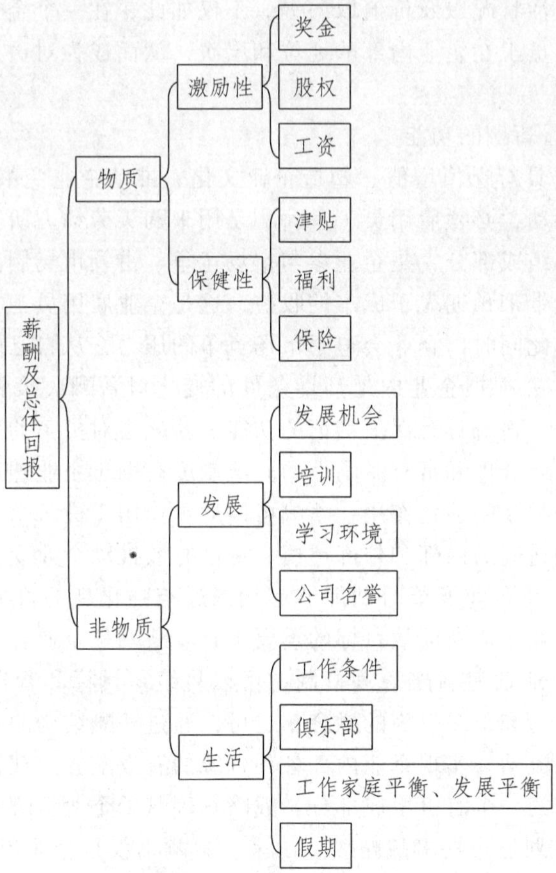

图1-1　IBM的薪酬结构

资料来源 作者根据百度文库相关资料整理。

1.1.3 薪酬的功能

1）从员工角度看薪酬的功能

薪酬对员工主要有保障、激励和社会信号的功能。员工作为企业劳动力要素的提供者，薪酬是企业支付给员工的劳动所得，薪酬也是员工生活费用的来源保障。企业只有通过薪酬给予员工足够的补偿，员工才能购买各种生活资料以及更新知识结构，才能保障其生活，才能维持劳动力的再生产。因此，员工把薪酬看作自己是否能安身立命、成家立业的唯一手段和基本保障，看作其家庭生活是否能富足、幸福的一个重要标志，薪酬的维持、保障功能由此体现。与此同时，员工把薪酬理解为企业对其所提供的劳动或服务的满意回报，薪酬能较好地反映其技艺和能力。企业通过对员工内在薪酬与外在薪酬的补偿，使员工增强了主人翁责任感，满足了其成就感，因而能够进一步激发员工的创造性和创新精神，从而保证员工工作的有效性和高效性，员工就会将自身的潜能激发出来，不遗余力地为企业服务，企业的绩效与劳动生产率就会提高。薪酬体系不仅集中体现了企业对员工的物质激励，而且可以吸引与留住企业所需的人员，因此具有激励性的薪酬体系是企业激励机制的核心。薪酬作为流动社会中的一种市场信号，能够很好地说明一个人在社会中所处的位置。人们可以根据这种信号来判定员工的家庭、朋友、职业、受教育程度、生活状况以及价值取向等。不仅如此，在一个企业内部，员工薪酬水平的高低往往代表了员工在企业内部的地位和层次，从而成为对员工个人价值进行识别的一种信号。

2）从企业角度看薪酬的功能

薪酬对企业主要具有保值增值、塑造企业文化、推动企业变革、配置导向的功能。企业从事生产经营活动，必须雇用员工，薪酬是用来购买劳动力所支付的特定资本，是企业生产成本的重要组成部分，是企业参与市场竞争、占领市场制高点的秘密武器。薪酬的投入可以为企业带来预期大于成本的收益，这是企业雇用员工、对劳动力要素进行投资的动力所在。与此同时，企业会迫于市场竞争的压力，从自己的支付能力出发，谨慎地做出薪酬决策，并根据企业内外环境条件的变化对薪酬决策做出必要的调整。因此，从这个意义上说，薪酬具有保值增值的功能。薪酬会对员工的工作行为和态度产生很强的引导作用，因此合理和富有激励性的薪酬制度有助于企业塑造良好的文化，会对已有的企业文化起到积极的强化作用。薪酬可以通过作用于员工个人、工作团队和企业整体来创造与变革相适应的内部和外部环境，从而有效推动企业变革。薪酬作为一种激励工具和沟通手段，在企业变革时期能够起到沟通与强化新的价值观和行为的精神作用，同时成为推动企业达成新绩效目标的重要工具。薪酬是企业合理配置劳动力并提高企业效率的杠杆，企业通过薪酬管理机制，可以将组织目标和管理者的意图传递给员工，促进员工个人行为和组织行为的融合；也可以通过薪酬结构的变动，调节各生产和经营环节的人力资源流动，实现企业内部各种资源的有效配置。现代企业的薪酬管理已经成为企业战略管理的一个有机组成部分，战略管理赋予企业薪酬管理新的内涵。企业可以将战略目标和计划通过薪酬战略表达出来。薪酬不仅是企业当前管理的有效工具，也是未来管理的导向器。

3）从社会角度看薪酬的功能

薪酬对社会具有劳动力资源的再配置功能。薪酬作为劳动力的价格信号，是指劳动力市场上劳动力供求均衡时的劳动力价格，调节着劳动力的供求和劳动力的流向。当某一地区、部门和某一职业及工种的劳动力供不应求时，薪酬就会上升，从而促使劳动力从其他地区、部门、单位及工种向紧缺的区域流动，使流入区域劳动力供给增加，逐步趋向平衡；反之亦然。通过薪酬的调节，可以实现劳动力资源的优化配置。另外，薪酬调节着人们对职业和工种的评价，调节着人们择业的愿望和就业的流向。因为大多数就业者将薪酬作为选择职业的重要尺度，他们总是倾向选择月薪、年薪高的岗位，而薪酬水平很低的岗位无人问津。

1.1.4　与工资相关的几组概念

在实际生活中，在谈论薪酬问题时，人们经常使用“工资”一词来代替，因为人们对工资这一概念更为熟悉。应该说，薪酬和工资有许多相似之处，而且在很多地方二者可通用。但从习惯用法上看，二者在使用场合和对象上又有一定的区别。工资有广义与狭义之分。广义的工资即前面所提到的薪酬；狭义的工资是指员工的基本工资，是广义工资的一部分。与工资相关的概念主要有以下几种：

1）实物工资、货币工资与实际工资

实物工资是单位以实物计算支付给劳动者的工资；货币工资是单位以货币计算支付给劳动者的工资。以实物支付工资盛行于商品经济不发达的时期，现代社会一般都以货币形式支付。货币工资相对于实际工资来说，也称名义工资。实际工资是货币工资或名义工资的对称，是指在消除居民消费价格上涨和税费加重等因素以后实际得到的工资，也可以理解为货币工资购买商品和劳务的能力。如果货币工资提高，而食品、衣着、住房和其他消费品价格稳定，实际工资就提高；如果货币工资提高，而食品、衣着、住房和其他消费品价格提高得更多，实际工资就会下降。实际工资可用货币工资除以消费价格指数求得。

2）工资率、应得工资与实得工资

工资率也称工资标准，是指按单位时间支付的工资数额。工资率可以按小时、日、周、月、年分别规定。应得工资是单位应支付给员工的全部货币性工资收入，是根据劳动者的工资率和其提供的劳动数量计算而得到的工资。实得工资是指员工全部货币性工资收入中扣除法规规定的个人统一缴费项目如个人所得税、社会保险金、工会会费等费用后所剩下的货币工资额。只有实得工资才归员工自由使用，所以又称可支配工资。

3）工资总额、工资成本费用与人工成本费用

工资总额是指各单位在一定时期内直接支付给本单位全部员工的劳动报酬，不论是计入成本的还是不计入成本的，不论是以货币形式支付的还是以实物形式支付的。通常来说，工资总额由计时工资、计件工资、奖金、津贴和补贴、加班加点工资以及特殊情况下支付的工资等组成。

工资成本费用是指企业在生产经营活动中支付并列入成本的工资费用。如果企业在利润中支付一部分工资，那么工资成本费用小于工资总额。

人工成本费用是指企业在生产经营活动中支付给员工的全部费用。人工成本费用也称劳动力成本，是指雇主因雇用劳动力而发生的列入成本的费用。按我国目前的统计口

径，应包括工资总额、员工福利费、教育经费、社会保险费和劳动保护费。按照国际惯例，人工费用与人工成本费用是一致的。

4）绝对工资与相对工资

绝对工资是指员工所得到的工资绝对额，在企业中绝对工资往往表现为员工的工资标准或工资水平。

现代经济学家对相对工资的概念进行了新的阐释。他们提出，相对工资是指工作或职位在工作体系中的相对价值，通过“岗位评价”来确定工作的相对价值，从而确定相对工资标准。在企业中，员工的相对工资构成企业的工资结构。

1.2 薪酬管理概述

1.2.1 薪酬管理的含义

薪酬管理是企业人力资源管理部门的重要职能和工作过程之一。薪酬管理就是指在企业总体发展战略的指导下，根据企业不同时段的生产经营目标，设计并制定出一套适合该企业的薪酬制度。人力资源管理部门还要采取有效的措施，协调不同薪酬要素之间的关系，通过薪酬制度的贯彻和落实，积极地调整企业内部劳动关系，维系和稳定员工队伍，不断地提高员工的整体素质，激发员工的工作主动性、积极性和创造性。

1.2.2 薪酬管理的原则

1）稳定员工队伍原则

为了确保企业有足够的合格员工，并使其能够安心工作，企业所确定的薪酬水平必须对外具有竞争力、对内具有公正性，并达到使员工满意的程度。为了使员工对企业薪酬制度有深刻的了解，企业有必要将薪酬水平、薪酬各个部分的比例、加薪条件等内容以制度的形式固定下来，告知员工，加大薪酬工作的透明度。在进行薪酬管理的过程中，人力资源管理部门要经常就员工对薪酬问题的看法和要求进行调查分析与实质性研究，以调整企业的薪酬计划。

2）有利于员工能力开发原则

企业薪酬制度的设计必须有利于开发员工的工作能力。企业员工能力的开发是提高企业劳动生产率的重要保证，只有在员工的薪酬和能力之间建立密切的关系，才能激励员工参与技术培训和自我学习，不断提高自身素质，提高员工的薪酬满意度，增强员工的责任感与积极性，从而提高企业的劳动生产率。

3）对员工具有激励性原则

薪酬对员工的激励体现在公司要对各类员工的贡献及时给予充分肯定，使员工得到相应的回报。企业通过薪酬激励机制的建立，将企业目标与员工的经济利益有机地结合在一起，促使公司与员工结成利益关系的共同体，谋求员工与企业的共同发展。企业只有将内在薪酬与外在薪酬相结合，才能充分发挥薪酬的激励作用。外在薪酬对员工工作热情的激发和企业劳动生产率的提高无疑会起到重要的作用，但是外在薪酬的作用不是万能的，员工对薪酬的要求也不是仅停留在经济意义的层面上，还有人际关系、归属感、成就感等方面的需要。这就要求人力资源管理部门对员工的薪酬需求结构有大致的了解，根据实际情况设计薪酬内部各个部分的比例，尤其是外在薪酬和内在薪酬之间的比例。

4）对成本具有控制性原则

企业应当充分考虑自己的财力和实际的支付能力，根据企业的实际情况，对人工成本进行必要的控制。一般来说，在企业全员劳动生产率以及经济效益没有明显提高的情况下，不能盲目地提高员工的薪酬水平，企业应当始终坚持"效率优先，兼顾公平，按劳付酬"的行为准则，才能有效地实施薪酬管理。

1.2.3　薪酬管理的内容

1）薪酬制度体系的设计与完善

检测一个组织的薪酬制度是否科学、合理和有效，可以采用以下3个衡量标准：

（1）员工的认同度。体现多数的原则，90%以上的员工能够接受。

（2）员工的感知度。明确简化的原则，一分钟可讲明白、说清楚。

（3）员工的满足度。等价交换的原则，及时兑现员工报酬。

薪酬制度管理主要包括薪酬支付方式管理、薪酬制度体系管理、薪酬结构管理以及与薪酬相关制度的管理4个方面。薪酬的支付方式有计时与计件两种；薪酬制度体系可分为年薪制、岗位薪酬、能力薪酬、绩效薪酬等；薪酬结构是指薪酬体系中各个部分在总薪酬中的比重；与薪酬相关的制度包括奖金制度、福利制度、津贴制度等。这些内容是企业薪酬体系中不可缺少的部分，只有将这些部分有机地协调起来，薪酬管理才能发挥重要的激励作用。作为人力资源管理体系的重要组成部分，薪酬管理是企业高层管理者以及所有员工最为关注的内容，直接关系到企业人力资源管理的成效，对企业的整体绩效产生影响。建立有效的薪酬管理体系的目标包括：吸引、保留和激励有才干的员工更好地实现企业的各项目标；为企业能够合理支付薪酬提供一个长期和可靠的基础；针对企业的行业特点，使不同岗位的重要性和价值能够在薪酬体系中得到体现；体现企业的人力资源策略，关注价值实现，建立高绩效的企业文化；为建立科学有效的人力资源管理体系设立相关的制度和流程，同时可以帮助企业高层以及管理部门沟通薪酬政策。

2）薪酬水平的分析与控制

薪酬水平是指企业在一定时期内所有员工的平均工资。它是由企业工资总额与员工总人数决定的，计算公式是：薪酬水平=工资总额÷员工总人数。薪酬水平是一个相对的概念，薪酬管理者可以计算出企业之间的薪酬水平，也可以计算出企业各个部门之间的薪酬水平，甚至是企业内某一工作岗位的薪酬水平，从而可以在不同的企业间、不同的层次上比较薪酬水平。明确界定各类员工的薪酬水平是薪酬管理的重要内容。正确的做法是：员工对企业的贡献越大，他从薪酬中得到的回报就应当越多；员工对企业的贡献越小，他从薪酬中得到的回报就应当越少，以此体现出薪酬的公平性原则。在分析影响薪酬水平的因素时，要从员工和企业两方面的角度来考虑。影响员工所获得薪酬的因素主要有员工的年龄、工作岗位性质、技术能力、服务年限等；影响企业薪酬水平的因素则包括企业外部因素和企业内部因素等。

由于薪酬本身的二重性，企业在确定薪酬水平时要受这两个因素的制约：从员工方面来说，薪酬以基本生活费用的支出作为判断标准，它为薪酬水平确定了下限；从企业方面来说，薪酬取决于企业的支付能力，它为薪酬水平确定了上限。只有在生活费用的下限和企业支付能力的上限之间找到平衡点，才能确定企业的薪酬水平。从影响薪酬水平的各个因素可以得出，对薪酬水平进行管理，必须结合市场行情。所以，企业薪酬水平是企业将内外环境相结合而确定的。

薪酬费用的预算与结算既是企业财务管理的主要内容，又是人力资源管理的重要任务之一。薪酬费用管理与薪酬水平管理有着密切的联系。薪酬水平管理主要是对薪酬管理在宏观上的把握，而薪酬费用管理则是对薪酬管理在微观上的具体控制。薪酬费用管理的具体内容主要是指薪酬费用的预算与结算。

3）工资总额的统计与计量

对于国家来说，工资总额的准确统计是国家从宏观上了解员工的收入、衡量员工生活水平的重要依据，也是计算养老金、其他社会保险金和经济补偿金的重要依据；对于企业来说，工资总额是人工成本的一部分，是企业掌握人工成本的主要信息来源，是企业进行人工成本控制的重要方面。因此，必须充分认识工资总额管理的重要性。对工资总额的管理，首先要确定合理的工资总额。在确定工资总额时，需要考虑的因素有企业支付能力、员工生活费用、市场工资水平以及员工现有工资状况等。

确定工资总额的方法主要有两种：一是直接根据往年的工资总额与销售总额的比率推算工资总额；二是根据企业盈亏平衡点推算工资总额。

根据往年的工资比率确定工资总额，是最基本的分析方法之一。如果企业的经营业绩比较稳定，就可以用本企业过去（比如上一年度）的经营业绩推导出工资比率，并以此预算未来（比如下一年度）合理的工资总额；如果本企业的经营业绩不稳定，则应参考本行业一般工资水平确定合理工资比率，然后推算合理的工资总额。

4）日常薪酬管理工作

日常薪酬管理工作具体包括：

（1）开展薪酬的市场调查，统计分析调查结果，写出调查分析的报告；

（2）制订年度员工薪酬激励计划，对薪酬计划执行情况进行统计分析；

（3）深入调查了解各类员工的薪酬状况，进行必要的员工满意度调查；

（4）对报告期内人工成本进行核算，检查人工成本计划的执行情况；

（5）根据公司薪酬制度的要求，结合各部门绩效目标的实现情况，对员工的薪酬进行必要调整。

知识链接1-1

影响薪酬水平的主要因素

影响员工个人薪酬水平的主要因素包括：工作绩效；职务或岗位职责；员工综合素质与技能水平；学历；工龄与年龄；工作环境与工作条件。

影响企业整体薪酬水平的主要因素包括：生活费用与物价水平；企业工资支付能力；地区和行业工资水平；劳动力市场供求状况；产品的需求弹性；工会的力量；企业的薪酬策略。

资料来源　中国就业培训技术指导中心. 企业人力资源管理师（三级）[M]. 4版. 北京：中国劳动社会保障出版社，2020.

1.2.4 全面报酬体系

全面报酬作为一种薪酬和福利分配的方式，其概念在20世纪90年代出现。

全面报酬是指雇主能够用来吸引、保留和激励员工的各种可能的工具，包括员工认为其从雇佣关系中能够获得的各种有价值的东西。它是雇主为了换取员工的时间、才智、努力以及工作结果等而向其提供的各种货币性和非货币性的收益，是能够有效吸引、激励和保留优秀人才，从而达到理想经营结果的五种关键要素有目的的整合。这五种关键要素是由世界薪酬协会（World at Work）界定的，包括薪酬、福利、工作和生活的平衡、绩效管理与赏识和认可、开发和职业发展的机会。通过这些要素，全面报酬从多个角度体现了员工的价值和贡献，将多种激励方式有机地整合在一起，使之成为支持组织战略实现和应对变革挑战的有力工具，在组织和员工之间形成一种积极特殊的关系，最大限度地调动员工的积极性、提升员工的敬业度，使员工全身心投入工作，从而实现组织的战略目标。

传统的薪酬管理体系从根本上说是以企业（雇主）为导向制度，企业薪酬管理体系缺乏与员工的沟通。而从薪酬管理历史演变的过程来看，现代管理阶段的薪酬管理趋势是越来越以员工为中心来设计企业薪酬，重视员工的参与与多元化要求，强化薪酬的激励作用，强调整体薪酬的效能。

全面报酬是对雇员工作中付出的时间、才干、努力和成果等而给予的所有货币和非货币的回报，是多种有形和无形报酬方式的结合，有利于企业人力成本的降低。全面报酬体系是企业在人力资源管理过程中提出的一种理念，是吸引、保留和激励企业所需人才的战略性工具。

全面报酬体系的制定归根结底是要满足员工的需要，对雇员工作中付出的时间、努力和成果等而给予所有货币和非货币的回报，从而达到吸引、保留和激励员工的作用。故而，在制定企业全面报酬体系时，一定要先了解员工的需要，提高员工的工作、生活质量，提高员工的工作满意度，充分发挥员工的积极性。

全面报酬体系不仅能够提高薪酬管理的质量，还由于它扩大了薪酬的内容，通过经济和非经济手段帮助企业与员工之间建立起伙伴关系，所以让员工前所未有地享受到了个性化薪酬制度所带来的愉悦。

知识链接1-2

全面报酬体系模型

很多组织都提出过自己的全面报酬体系模型，提出较早的有Towers Perrin公司。该公司曾在1997年做过一次相关调查，以此为基础提出了自己的全面报酬体系框架，包括薪酬、福利、学习与发展，以及工作环境四个维度。

美国四大人力资源管理咨询公司之一的合益公司（Hay Group）也提出了它的全面报酬体系，包括可视化报酬、员工评价、工作与生活的平衡、工作质量、愉悦的工作环境、成长机会六大基本要素。薪酬研究领域最权威的组织——世界薪酬协会，先后提出了两个全面报酬模型。第一个模型是在2000年正式提出的包括薪酬、福利和工作体验三个维度，其中工作体验又包括认可与赏识、工作与生活的平衡、组织文化、发展机会及环境等五个主要方面的要素。后来，在2005年该协会组织了一次大规模调查，又经过一段时间的酝酿之后，提出了一个范围更广的、作为组织经营战略的组成部分的新的全面报酬体系模型，包括的要素有薪酬、福利、工作和生活的平衡、绩效管理与赏识和认可、开发和职业发展的机会。

基础训练

□ 选择题

1.薪酬管理的原则包括（　　）。

A.稳定员工队伍　　B.对员工具有激励性

C.对成本具有控制性　　D.有利于员工能力开发

2.薪酬管理的内容包括（　　）。

A.薪酬制度体系的设计与完善　　B.薪酬水平的分析与控制

C.工资总额的统计与计量　　D.日常薪酬管理工作

3.日常薪酬管理工作包括（　　）。

A.薪酬调查　　B.制订薪酬计划

C.人工成本核算　　D.薪酬调整

4.薪酬制度是否科学、合理和有效，（　　）是其衡量标准。

A.员工的认同度　　B.员工的感知度

C.员工的满足度　　D.老板的满意度

5.工资总额由（　　）组成。

A.计时工资　　B.计件工资

C.奖金、津贴和补贴　　D.加班加点工资

E.特殊情况下支付的工资

□ 简答题

1.薪酬的本质是什么？

2.简述薪酬的内容和结构。

3.薪酬管理的原则是什么？

4.薪酬管理的内容是什么？

5.薪酬的功能有哪些？

综合应用

□ 案例分析

（一）顺丰如何留住自己的员工？

顺丰用行之有效的办法把快递员离职率一直控制在一个比较合理的范围。

一、钱

顺丰快递的高工资在业界是出了名的，而且顺丰是第一家实行计件工资的快递企业。多劳多得，少劳少得。顺丰的快递员月薪过万元是常态。2017年，顺丰与全体员工签订了劳动合同，并为员工缴纳五险一金，这一行为在快递行业实属罕见。

在医疗方面，顺丰联系医院为员工建立快速通道，获取更多医疗资源，比如体检、重病救助等；在生活方面，“顺丰优选”是员工的福利平台，员工可以用优惠的价格，买到放心的大米、食用油等；在住房方面，顺丰积极与当地政府沟通，获得相关政府资源，比如廉租房等，为年轻员工缓解租、住房压力。

2018年，顺丰为基层员工定制Nike的工作服，每套价值2 099元，整体定制费用超过1亿元。

2019年年底，顺丰推出员工买房无息贷款，贷款额度为30万～100万元，贷款期限为5年。适用人员为任职高级经理或高级专员满3年及以上，而且符合绩效要求的长期合同制员工。

二、心

首先，顺丰会根据员工的性格和意愿，同时启动管理线和专业线两条发展通道。在管理线方面，顺丰很早就推出了“千里马”人才培养机制，坚持从内部选拔人才。这样，员工就可以通过内部选拔、培养、考核，从最基层的收派员一步步成长为高层管理人员。

其次，顺丰在内部建立沟通渠道，让员工通过各种方式发表意见。这样，不仅缓解了员工的工作压力，也为留住员工，建立和谐、团结的工作团队奠定了基础。

最后，企业对员工的责任感能在关键时刻体现出来。

2016年4月，一个顺丰快递员在派送过程中与一辆小轿车发生剐蹭，结果被车主辱骂且连抽耳光。顺丰总裁王卫发声：“我王卫向着所有的朋友声明：如果这事不追究到底，我不配做顺丰总裁。”顺丰这种护犊子的行为受到了外界的一致认可，顺丰快递小哥的心中温暖无比，企业这个时候成为其最大靠山。

资料来源 作者根据搜狐相关资料整理。

问题：结合案例，你认为顺丰薪酬体系包括哪些内容？顺丰的薪酬管理符合哪些原则？

分析提示：本案例体现了薪酬体系中至少应包括直接货币部分和非直接货币部分(福利、住房补贴仅是其中的一种福利形式)。

薪酬管理应坚持以下原则：

(1) 补偿原则：保障员工收入能足以补偿劳动力再生产的费用。

(2) 公平原则：考虑员工的绩效、能力及劳动强度、责任、外部竞争性、内部一致性等因素，使员工感受到薪酬的横向公平和纵向公平。

(3) 激励性原则：薪酬能对员工产生强烈的激励作用。

(4) 适度性原则：薪酬系统应该接受成本控制，在成本许可范围内制定，并要有上限和下限，以便于在一个适当区间内运行。

(5) 合法性原则：薪酬要符合国家相关法律法规，还要使大多数员工知晓并认可。

(6) 平衡性原则：薪酬构成中的各个方面要通盘考虑并努力做到平衡，如既要考虑货币报酬又要考虑非货币奖励。

（二）阿里的薪酬管理案例

一、阿里的薪酬管理模式

阿里在进行薪酬管理时，是根据工作评价的结果结合员工的工作经验、技术、业务水平及工作态度等因素来确定员工相应的工资等级。在工资等级划分上，阿里将所有的岗位分成高层管理核心层、中层骨干和基层3个层次；同时将岗位分成了5个族类，即管理、行政、财务、销售、技术。阿里还根据岗位的重要程度进行划分，在同一个岗位职级内划分了10个等级，也就是所谓的一岗十薪。

二、阿里的薪资结构

阿里的工资组成=基本工资+岗位工资+工龄工资+津贴+奖金+其他

根据岗位不同，每部分的比例分配不一样。以程序员为例，基本工资、岗位工资、工龄工资等占比约为69%，奖金占比约为31%；而阿里的销售员工基本工资比例约为15%，奖金约为30%，其余收入约为55%。

上面的公式还可以用另外一种方式表达：12+1+3=16（12个月的工资+1个月额外工资+3个月的年终奖），也就是说，阿里大多数的员工通常能拿到16个月的工资。

阿里年底的奖金一般是员工0～6个月的工资，90%的员工可以拿到3个月奖金。

三、阿里的持股计划

阿里在公司成立之初便推行了全员持股计划。这里所说的“全员持股”，并不是指进入公司的所有员工都持有公司的股份，而是指针对公司全体员工的持股计划。具体是指，那些满足一定条件的阿里员工，均有资格持有一定数量或比例的阿里股份，不具备相应条件的员工虽然暂时不能持有股份，但未来有希望持有。股票是工作满2年之后才能被取走，第一次最多只能被取走50%，剩余部分4年之后才能被全部取走。

有人分析阿里的财报发现，自美国上市一直到2018年，阿里累计的股权奖励价值投入已达804.85亿元，在中国互联网企业中居第一位。

资料来源 HRsee. 阿里巴巴的薪酬管理案例［EB/OL］.［2022-11-25］. http: //www.hrsee.com/?id=1168.

问题：阿里的薪酬制度给你什么样的启发？

分析提示：从薪酬管理的激励功能入手探讨阿里的薪酬制度。

□ 实践训练

把学生按照6～8人进行分组，对父母所在企业进行调研，结合调查企业现状探讨全面薪酬管理在企业中的应用效果及全面薪酬管理理念给你组的启示意义是什么？

第2章 员工薪酬设计

学习目标

知识目标：

1. 了解薪酬设计的流程；
2. 熟悉工作评价方法的适用范围；
3. 明确薪酬体系的调整方法；
4. 熟知薪酬调查的方法。

能力目标：

能够认识工作评价对于薪酬管理的基础作用。

素养目标：

深刻领会党的二十大报告中指出的“坚持按劳分配为主体、多种分配方式并存，构建初次分配、再分配、第三次分配协调配套的制度体系”这一重要部署，明确效率和公平的关系。

引例

IBM薪酬管理变革的措施

1. 通过绩效工资激励员工。

IBM的薪酬水平以市场工资为基础，建立以顾客满意度为引导方向的绩效工资，鼓励员工对生产流程大胆创新，缩短从产品设计到顾客购置产品之间的时差。

2. 重视分析竞争对手生产成本。

IBM重视控制成本和工作细分，注重对竞争对手的人工成本、技术创新成本、操作成本等的分析，精心研究操作流程，通过各环节节省成本的方法来控制成本，提高生产效率。

3. 以与顾客的交往为依据评价员工工作。

原来的IBM在工作分析、职位说明书、职位评价等方面都有十分完善的制度，薪酬体系中的绩效考核因素、加薪条件、分配奖金制度遵从严格的定量标准，运用应用数学和统计学知识及相关的计算软件可以明确地表达出来，有着完善和精细的薪酬方案。现在的IBM建立灵活的工作描述机制，强调让顾客满意，按顾客满意度来支持营销战略，注重与顾客的密切关系、售后服务体系的建立，强化了市场灵敏性和反馈速度。

4.制定薪酬战略，注重薪酬沟通及调整。

公司的财务结果、客户、市场份额、营销以及产品质量等方面的特定战略目标成为公司制订薪酬方案以及开展薪酬沟通的重要基础；薪酬方案可以根据组织特定的经营状况以及所面临的人力资源挑战及时调整。另外，薪酬问题是沟通的主要内容，公司以薪酬为载体将组织的价值观、使命、战略规划及组织的未来前景等传递给员工，界定好员工在各部门中将要扮演的角色，从而实现企业和员工之间的价值观共享与目标认同。

5.提高管理人员的管理能力。

由于企业采取了不降薪的方式来鼓励员工，那就要求企业管理人员能更好地了解所属员工，按照员工自身的具体情况为他们定薪酬，以最大限度地发挥其积极性，克制惰性。这对企业管理人员的要求进一步提高。

资料来源 佚名．IBM企业文化和战略薪酬管理［EB/OL］．［2022-12-26］．https：//www.xiexiebang.com/a13/201905156/a7518a9d852423aa.html. 节选．

这一案例表明：随着公司的发展、壮大、成熟，它的薪酬体系在不断发生变革。薪酬体系必须与企业的发展阶段和战略相匹配，这样才能为企业赢得人才上的竞争优势。不同企业都有自己所处的阶段和特点，切记不要盲目模仿，要根据自身的情况和外界的环境制定出与之配套的薪酬体系，这样才能发挥出它应有的作用。

2.1 薪酬战略与薪酬策略

2.1.1 薪酬战略的含义

薪酬战略的中心任务就是确立科学的薪酬管理体系，制定正确的薪酬政策，采取有效的薪酬策略，支持、帮助企业赢得并保持人力资源的竞争优势。在市场经济条件下，有很多成功企业灵活地运用整体性薪酬战略的思想，设计出适合于企业内部与外部、主观与客观环境条件的薪酬政策和策略的支持体系，承受了来自周围环境中社会、竞争对手、劳动力市场以及法律法规等各方面的压力，有效地帮助公司实现了经营战略的目标，赢得并保持住了竞争优势。

企业薪酬战略的基本前提是：薪酬制度体系必须服从并服务于企业经营战略，并将其与企业发展总方向和总目标密切地结合起来。因此，不同的经营战略就会具体化为不同的薪酬制度。一般来说，创新战略强调冒险，其方式是不再过多重视评价与衡量各种技能和岗位，而是把重点放在激励工资上，以此鼓励员工在新的生产流程中大胆创新，缩短从产品设计到顾客购买为核心的战略时间差。成本领先战略以效率为中心，强调少用人、多办事，其方式是降低成本，鼓励提高生产率，详细而精确地规定工作量。以顾客为核心的战略强调取悦顾客，按照顾客满意度支付员工的工资。总之，不同的发展战略要求有不同的薪酬制度体系相配合，并不存在放之四海而皆准的薪酬制度体系。

知识链接2-1

薪酬体系设计的前期准备工作

1.明确企业的价值观和经营理念

企业的价值观和经营理念统帅企业的全局，指导企业经营管理的诸多方面，对企业薪酬管理及其策略的确定具有重大的影响。它要通过薪酬形式向全体员工传递信息和指引，同时薪酬反映企业对员工特征、本性和价值的认知程度。

2.明确企业总体发展战略规划的目标和要求

企业薪酬策略是企业人力资源策略的重要组成部分，是企业薪酬战略的具体落实。一般情况下人力资源部依据企业总体发展战略制定企业的薪酬战略，然后确定薪酬策略。因此，制定企业的薪酬策略要在企业薪酬战略的指导下进行，要集中反映薪酬战略的具体要求。

企业薪酬管理的目的是实现企业战略。为了使薪酬管理成为实现企业战略管理成功的关键因素，薪酬管理原则的制定应以企业战略为导向，应该掌握企业战略规划的以下内容：

第一，企业的战略目标，即企业在行业中的角色定位、财务目标、产品的市场定位等。

第二，企业实现战略目标应具备的和已具备的关键成功因素。

第三，具体实现战略的计划和措施。

第四，对企业实现战略有重要驱动力的资源（人、财、物），明确实现企业战略时需要的核心竞争能力。

第五，根据企业战略，确定激励员工具备企业需要的核心竞争力的方法论，确定员工实现战略、激励员工产生最大绩效的方法论。

3.掌握企业生产经营特点和员工特点

企业生产经营特点和员工特点也影响企业薪酬管理。如果企业是劳动密集型企业，薪酬管理的原则将主要以员工的生产业绩（生产量、生产值或生产质量）决定其薪酬。如果企业是知识密集型企业，企业在制定薪酬管理原则时可以以提高员工能力、吸引高能力的人才为目的，制定基于员工能力的薪酬制度。

4.掌握企业的财力状况

根据企业战略目标、企业价值观等方面的总方针与总要求，从企业财务实力的状况出发，合理确定企业员工的薪酬水平。采用什么样的薪酬水平，不仅要根据薪酬市场调查的结果，明确把握不同地区、同业同类或者不同行业同类岗位薪酬的市场总水平，还要充分分析各类岗位的实际价值，最终决定企业某类岗位薪酬水平的定位。

5.明确掌握企业劳动力供给与需求关系

企业要了解所需要的人才在劳动力市场上的稀缺性。如果供大于求，薪酬水平可以低一些；如果供小于求，薪酬水平可以高一些。

6.明确掌握竞争对手人工成本的状况

为了保持产品的市场竞争力，企业应进行成本与收益的比较，通过了解竞争对手的人工成本状况，决定本企业的薪酬水平。

资料来源 中国就业培训技术指导中心. 企业人力资源管理师（三级）[M]. 4版. 北京：中国劳动社会保障出版社，2020.

2.1.2 薪酬战略的构成

每个企业高层管理者都必须致力于研究企业薪酬战略所采用的具体政策和策略，这些政策和策略是建立企业薪酬制度的基石，也是指导薪酬管理达到既定战略目标的行动纲领。它包括以下4个方面的基本内容：

1）内部的一致性

内部的一致性是指在同一企业内部不同岗位之间或不同技能水平员工之间的比较。这种对比以各自对完成企业目标所做的贡献大小为依据。例如，打字员的工作如何与微机操作员、程序设计员、软件工程师的工作进行比较，在使消费者和股东们满意方面谁的贡献更大，某项工作对员工技能和经验的要求是不是更高。无论是对同类岗位还是对不同类岗位，内部的一致性都是影响薪酬水平的决定性因素。事实上，如何合理拉开从事不同岗位工作的员工之间的收入差距，这是管理者所面临的重大挑战。

企业内部的薪酬差距决定着员工的去留，决定着他们是否愿意额外接受培训以提高自己的工作适应性，决定着他们是否愿意承担更大的工作责任。保持薪酬内部的一致性，有利于鼓励员工参加更多的专业培训，提高他们的综合素质，使他们承担起更重要的岗位工作责任。薪酬差距间接地影响着工作效率，进而影响整个企业的效率。

2）外部的竞争力

外部的竞争力是指企业参照外部劳动力市场和竞争对手的薪酬水平，给自己员工的薪酬水平做出正确定位的过程。虽然越来越多的企业声称，它们的薪酬水平是根据劳动力市场的价格制定的，然而劳动力市场价格决定企业薪酬水平的机制在实践中会有不同的解释。有些企业为了吸纳最好的应聘者，有可能支付比同行业更高的薪酬。当然，前提是企业能从大批的应聘者当中识别并招聘到最优秀的人才。例如，有些企业的薪酬水平基本与竞争对手相当，但它们给业绩突出的员工以更多的奖励。与此同时，它们积极地推行了员工股票期权制度，以增强员工的责任感。再如，与其他企业相比，某家企业可能支付了较低的基本工资，但它可能给员工提供了更多的加班机会，并提供了更优越的福利待遇。或者虽然该企业的工资和福利水平并不高，但它的工作安全系数大，职业的稳定性强，晋升的机会多，同样使它保持着一定的人才吸引力和竞争力。

视外部竞争情况而定的薪酬水平对薪酬目标具有双重影响：一是确保薪酬水平足够吸纳和维系员工，一旦员工发现他们的薪酬水平低于企业内其他同行，他们很有可能会离开；二是控制劳动力成本，以使本企业的产品或服务具有较强的竞争力。

由此可见，外部竞争力直接影响着企业的效率和内部公平。当然，企业必须在有关法律允许的范围内参与劳动力市场的竞争。

3）员工的贡献率

员工的贡献率是指企业相对重视员工的业绩水平。例如，某一个操作工的业绩突出，或工龄较长，企业会考虑是否给他比其他工人更高的工资，或者会考虑是否所有员工都应该通过利润共享来分享公司的盈利，生产率高的团队是否应该得到更为丰厚的报酬等。

企业在确定整体性薪酬战略时，如果将员工贡献率作为一项重要的薪酬政策，那么它将直接影响员工的工作态度和工作行为，从而不但有利于企业薪酬目标的定位，也从根本上保障了薪酬效率目标和公平目标的实现。

4）薪酬体系管理

薪酬政策和策略是保持企业薪酬战略方向正确，促进薪酬战略目标实现的基本保障。企业有可能设计出一套完整的包括内部的一致性、外部的竞争力、员工的贡献率等在内的薪酬管理制度体系，但如果管理不善，则不可能达到预定目标。如果没有有效的管理，世界上再完美的薪酬体系也会毫无用处。关键是通过科学的管理，促进企业薪酬体系的良性循环。

总之，在确立薪酬战略的发展方向和目标时，作为企业薪酬战略的制定者和执行者，需要正确地回答以下几个基本问题：

（1）企业所确立的薪酬方向和目标，是否能够在未来的5年甚至更长的时期内，吸引并留住企业所需要的具有良好的职业品质、经验丰富、技艺娴熟的业务骨干和专门人才。

（2）企业的薪酬战略、政策和策略是否能最大限度地激发员工的积极性，是否有利于提高个体和总体的劳动效率。

（3）企业的员工是否感受到了薪酬制度体系的公平性和合理合法性；他们对薪酬决策的形成过程是否有所了解；绩效较好、收益丰厚、市场占有率较高的企业是如何向员工支付薪酬的；与同行相比较，本企业的劳动成本是高还是低。

案例2-1

星巴克公司的薪酬战略

运用薪酬分析模型对星巴克公司战略性薪酬决策进行研究时，可以分别从薪酬目标、内部一致性、外部竞争力、员工贡献率和薪酬管理体系5个方面进行剖析。

1. 薪酬目标

其分析的重点是：企业薪酬体系应该怎样支持企业的经营战略，又该如何适应企业内外部环境中的社会、政治、经济、法律、企业文化和价值观等因素的制约与影响。

星巴克公司的薪酬目标是：要让所有的员工体验到他们的价值，并意识到企业的每一分钱都是由员工自己辛苦挣来的，以此来促进企业的发展。在支付薪酬的同时，给员工提供福利，使他们忠于企业，并且让竞争对手难以模仿。

2. 内部一致性

其分析的重点是：同一企业内部工作岗位的性质、员工技能水平的差别如何在薪酬体系上得到体现。

星巴克公司的做法是：忽视岗位与技能的差别，把员工当作公司最忠实的合作伙伴，采用平等的薪酬政策。

3. 外部竞争力

其分析的重点是：企业员工的整体薪酬应定位在什么样的水平上，才能保持员工队伍的稳定性，提高人才的吸引力和竞争力。

星巴克公司的做法是：在这种低工资的行业里比其他快餐店支付的薪酬稍高一点儿。

4.员工贡献率

其分析的重点是：员工加薪的依据是什么。是个人或团队的业绩，是员工不断丰富的经验、不断增长的知识、不断进步的技能，是生活费用的上涨、个人需求的增加（如住房补贴、交通补贴、医疗保险等），还是企业的经济效益？

星巴克公司的做法是：向员工灌输什么是最好的表现，什么是符合标准的服务，什么是最佳的业绩，给所有的员工包括兼职人员提供医疗保险、股票期权。

5.薪酬管理体系

其分析的重点是：薪酬决策应在多大程度上向所有的员工公开化、透明化，谁负责设计、管理和实施薪酬制度。

星巴克公司的做法是：作为大家庭中的一员，公司鼓励员工积极参与管理，并赋予他们必要的薪酬决策权。

资料来源　安鸿章. 企业人力资源管理师（一级）[M]. 4版. 北京：中国劳动社会保障出版社，2020.

2.1.3　薪酬策略的类型

企业的薪酬策略可以分为4类：一是领先型策略，就是企业发放的薪酬高于市场的平均工资水平；二是跟随型策略，或称之为匹配型策略，是指企业发放的薪酬等同于市场平均工资水平；三是滞后型策略，即企业发放的薪酬落后于市场平均工资水平；四是混合型薪酬策略。薪酬策略的选择会直接影响企业管理的效果。表2-1显示了传统薪酬策略与企业管理的关系。

表2-1　**传统薪酬策略与企业管理的关系**

薪酬策略 / 企业管理	领先型策略	跟随型策略	滞后型策略
工资成本负担	高	中	低
激励及吸引力	有	无	无
满意度及忠诚度	高	低	低
工作效率	高	中	低
利润积累	高	低	低
结论	高薪酬会带来员工的高满意度和忠诚度及工作的高效率	一般水平的薪酬并不能为企业降低成本，员工的高流动性和低效率是企业最大的损失	低薪酬策略并不能真正为企业降低成本，员工不满意及对企业不忠诚是企业根本的危机，无形中会提高管理成本

1）领先型薪酬策略

领先型薪酬策略强调高薪用人，突出高回报，以高于市场竞争对手的薪酬水平用人，大大增强企业薪酬的竞争力。领先型薪酬策略能最大限度地发挥组织吸纳和留住员工的能力，把员工对薪酬的不满意度降到最低水平，而且它能弥补岗位工作存在的一些困难和不足，如工作条件恶劣、内容单调乏味、劳动强度大、缺乏安全保障、经常出差等。同时，应当看到领先型薪酬策略的推行可能会给企业带来以下一些问题：人工成本的加大，不但会产生财务方面的压力，还会影响产品或服务的竞争力；由于一些企业的薪酬在总成本中比例并不高，因此导致一些企业，即便是管理比较规范的企业，也可能将高薪转嫁到消费者身上；企业单凭领先型薪酬策略不一定能挑选到最优秀的员工，即便是招收到了高素质员工，也不一定能给企业带来较高的生产率，或提高产品质量，减少单位产品成本。

国外的一些专家通过研究证明，企业采取领先型薪酬策略之后，求职者的质量有所提高，数量有所上升，跳槽率和缺勤率有所降低。但薪酬水平对企业的资产回报率几乎没有什么影响，而采用不同的薪酬形式，如奖金和长期激励工资等却能提高资产回报率。

在薪酬管理的实际活动中，越来越多的管理人员相信：不强调基本工资而采用多种薪酬形式，将更有效地引导员工的行为。对于工资低的员工来说，增加激励工资和福利待遇比提高基本工资更实惠。基本工资仅仅是员工薪酬中的一部分，强调基本工资，忽视奖金、激励工资、股票、工作安全、福利或其他薪酬形式，不利于调动员工的积极性、主动性和创造性。

2）跟随型薪酬策略

在这4种薪酬策略中，跟随型薪酬策略是企业最常用的方式。

长期以来，企业管理者为跟随型薪酬策略归纳了3点理由：

（1）薪酬水平低于竞争对手会引起企业员工的不满，导致生产效率下降。

（2）薪酬水平低还会制约和影响企业在劳动力市场上的招聘能力。

（3）关注同行业的市场薪酬水平是企业高层决策者的责任，薪酬水平的合理确定不仅关系到外部的竞争力，还关系到内部人工成本合理确定的问题。例如，在劳动力市场上某工种的市场薪酬水平是5万元，可是某企业为使用的同类工人支付了7.5万元的薪酬，很显然企业在这方面存在着明显的失误，企业多支出50%的成本。

在国外，没有工会组织的企业通常采用跟随型或领先型薪酬策略，以此抑制员工的工会主义情绪。然而，各类企业实际采取的薪酬策略很可能与其所表述的薪酬内容不同，这取决于它采用哪种市场薪酬调查资料或统计资料，是否把薪酬的各种形式（如基本工资、激励工资和福利等）都考虑在内，所选定的调查对象和范围（如工作岗位的性质和特点等）是否具有可比性。

跟随型薪酬策略力图使本企业的薪酬成本接近产品竞争对手的薪酬成本，同时使本企业吸纳员工的能力接近产品竞争对手的水平。这种策略能使企业避免在产品定价或保留高素质员工队伍方面处于劣势的地位，保持着与外部市场之间的平衡关系，但它并不能使企业在劳动力市场上处于优势地位。许多以竞争市场和边际生产率为理论基础的经济模型都认为，企业应当采用跟随型薪酬策略，这对处于平稳发展期的企业来说具有重要的意义。

3）滞后型薪酬策略

滞后型薪酬策略强调企业薪酬低于或者落后于市场的薪酬水平及其增速，实行本策略也许会影响企业吸纳和留住所需要的人才，但是如果企业能保证员工在未来可以得到更高的收入，如享受年终分红、股票期权、员工参股等，那么员工的责任感会提高，团队精神也会增强，从而企业的劳动生产率也会提高。

例如，美国的一家软件公司，在人员招聘时，会告诉员工虽然公司提供的初始薪酬比竞争对手要低一些，但公司保证，在未来2～3年内业绩突出的员工的收入将会超过竞争对手员工的收入。该公司基于内部财务实力以及目前的困难境况，宁愿冒着招聘不到高素质员工的危险，但它又以企业未来的美好远景以及高薪酬水平的承诺，吸引了大批优秀的毕业生加盟到本公司，使企业度过最困难的时期。一般来说，滞后型薪酬策略宜在经济萧条时期，或者企业处在创业、转型、衰退等特殊时期采用。

4）混合型薪酬策略

跟随型、领先型和滞后型薪酬策略都是传统的薪酬策略。有些企业采用非传统的薪酬策略方式，它们根据不同的员工群体制定不同的薪酬策略，以便在选择薪酬策略类型时更具有灵活性。例如，有些企业根据不同的工作岗位人员制定不同的薪酬策略，管理人员或者中高级技能人员的薪酬水平高于市场平均水平，而其他一般员工的薪酬水平等于或者低于市场平均水平。或者，它们根据不同的薪酬形式制定不同的薪酬策略。例如，一家保险公司采用了以下的薪酬策略，即公司的总目标是确保全员总薪酬水平高于市场竞争对手，但基本工资略低于市场平均水平，而激励工资远远高于市场平均水平。

采用混合型薪酬策略的企业，只要效益好，员工就可通过绩效工资或激励工资得到更高水平的报酬。例如，一家电器销售公司对下属的各地区经营部分别规定，只要季度销售额和利润超过了既定目标，公司就支付给员工一笔数目可观的奖金，其额度可按照销售额和上缴利润的一定比例提取。但是该公司把基本工资调整到市场平均水平的50%，即每月支付一定数额的基薪。实际上如果经营部的业绩突出，基薪加上奖金，销售人员每月的薪酬水平要高于市场同类人员平均水平的15%～20%。这种策略具有以下几个方面的影响：首先，可变的薪酬策略可以促使员工关注企业的财务状况，刺激员工提高劳动生产率；其次，它向员工表明，公司需要勇于承担风险的员工，并希望他们能与公司共同承受冒险的压力；最后，它的基薪低于市场平均水平，相对降低了劳动成本。

一般来说，企业的高层经营管理者，总是将员工薪酬问题纳入人力资源管理的大环境和背景中。例如，美国的IBM公司在有些方面领先于竞争对手，如众多的培训机会、多种员工援助方案等，但它的基本工资仅相当于甚至滞后于竞争对手，它的业绩奖金也仅与竞争对手相当。再如，微软公司的基本工资是滞后型的，业绩奖金是跟随型的，创造财富的员工持股计划却是领先型的。此外，它还给员工提供了富有挑战性的工作。可见，美国的IBM公司和微软公司都把混合型薪酬策略作为人力资源策略的重要组成部分，使其成为企业经营战略不可或缺的支撑点。

2.1.4　影响薪酬策略的因素

一般来说，企业的支付能力、企业所处的发展阶段和企业所属的行业性质在一定程度上决定了企业的薪酬策略。如果一个企业的支付能力较强，它通常会倾向支付较高水平的薪酬。企业处于初创、成长、平稳发展和衰退等不同的发展阶段，通常会采取不同的薪酬水平定位。此外，因行业的性质不同，企业会采取不同薪酬策略。如高科技行业中的企业通常会采取领先型或者跟随型薪酬策略，否则它就无法吸引优秀的研发人才来为其服务。薪酬策略的选择会受以下因素的影响：

1）企业战略的影响

企业战略因其性质不同可以分为保守型、平稳型、激进型3种。如果一个企业采取保守型的战略，它的薪酬水平定位通常会比较保守，会低于或略低于市场平均工资水平；当一个企业采取平稳型的战略，它的薪酬水平通常会定位为跟随市场平均工资水平；而当一个企业采取激进型的战略，比如要在3～5年内从一个国内中等的企业发展成为世界级的企业，那么在这种激进型战略的指导下，企业在薪酬水平的定位上一般会倾向采取领先型薪酬策略，以此吸引更多的优秀人才，不断扩大企业规模，增强企业的核心竞争优势。因此，企业战略会对企业薪酬策略的选择造成影响。

2）外部环境的影响

企业外部环境因素包括社会环境、政治环境和经济条件等方面，这些企业外部环境因素同样会影响企业薪酬战略及薪酬策略的选择。外部环境因素会对企业产生多方面的影响，包括产品市场的竞争、本地劳动力市场供求关系的变动、劳动法律及其相关法律法规的约束、社会消费水平的提高、各类专业人才的素质状况的变化、员工价值观和期望的变化等。具体来说，包括以下6个方面：

(1) 劳动力的供求状况。

劳动力的价格受供求关系的影响，劳动力的供求关系失衡时，劳动力价格也会偏离其本身的价值。对于企业来讲，选择不同的薪酬策略要考虑劳动力市场的供求状况。处于劳动力供给比较充足的地区的企业，可选择跟随型或滞后型薪酬策略；处于劳动力供给相对缺乏的地区的企业，可采取领先型薪酬策略吸引人才。

(2) 生活费用和物价水平。

保证员工及其家庭获得维持生活的费用是确定薪酬水平时应该考虑的因素。生活费用一般是指衣、食、住、行等家庭基本经济活动所需的费用。生活费用的最大影响因素是物价水平，物价上涨时，如不增加工资，原来的物价水平便不能维持。所以，企业在确定薪酬水平时，必须考虑当时的物价水平，并且在以后的年份根据政府公布的物价指数及时调整，以维持员工生活的安定。

(3) 所在地区。

企业所在的地区对企业薪酬策略的影响很大，企业在制定薪酬标准时要根据行业特点及本地区的消费水平来决定。只有顺应这种大环境的要求才不会引起员工的异议。因此，一般企业在确定其薪酬水平时，都应该对本地区的薪酬水平进行调查，以便对相关的薪酬环境有一个大致了解。比如，我国东部地区的平均薪酬水平要高于西部地区，如果一家公司在东部地区与西部地区各有一家分公司，在确定两家分公司的薪酬水平时就必须参考各个分公司所在地区的平均工资水平。

（4）社会经济环境。

社会经济环境直接影响着薪酬的水平，社会经济环境较好的企业，通常员工的薪酬水平会较高；反之亦然。

（5）现行工资率。

国家对部分企业，特别是一些国有企业，规定了相应的工资率，这些工资率是决定员工薪酬水平的关键因素。

（6）薪酬相关的政策法规。

企业在制定薪酬政策、设计薪酬制度时，必须在法律规定的框架内进行，比如国家、地方政府对最低工资水平的规定，个人所得税征收制度，强制性劳动保险的种类以及缴纳费用的水平，对加班加点付薪的规定和工资指导线规定等。通常企业在选择薪酬策略时要考虑这些政策因素。目前，有的企业和员工的法律意识总体来说比较淡薄，社会约定或道德的约束有时比法律的作用还要大。随着我国经济体制改革力度的加大，企业在制定、执行薪酬政策时必须加强守法观念。

3）内部环境的影响

（1）企业特征对薪酬水平的影响。

企业的特征主要包括企业所属的行业、企业的规模、企业所处的发展阶段等。行业是指经营方式以及产品和服务性质相同或类似的企业群体。不同行业之间不仅薪酬水平不同，薪酬内部的各组成部分的比重也不同。比如，在制造部门工作的员工，其基本工资可能占很大比重，奖金的比重较小；但是在销售部门工作的员工，其基本工资是很低的，奖金却非常高。企业的规模可以通过企业的员工总人数、客户数、销售额以及资产规模等指标来衡量。薪酬水平之所以受企业规模的影响，是因为企业的规模反映了企业内部结构的复杂程度。企业的发展阶段主要分为起步期、成长期、成熟期、衰退期。研究表明，处于起步期和成长期的企业更愿意以较高的薪酬来吸引高素质的人才，其薪酬水平在同行业中一般要高于处于其他发展阶段的企业。

（2）企业决策层的薪酬态度。

企业薪酬水平的选择在很大程度上是由董事会或者经营领导班子决定的，因此他们对整个市场形势、企业整体情况的判断和理解以及对薪酬问题的重视程度等，都会影响企业的薪酬水平。

（3）企业的支付能力。

企业支付能力的大小与薪酬策略的选择直接相关。员工的薪酬水平应该建立在企业的经营水平之上，如果薪酬超过了企业的支付能力，其激励性再强，也不能缓解企业亏损甚至是停业破产的危机。

（4）企业文化和人才价值观。

企业文化是其在长期的实践活动中逐步形成的行为方式、经营理念和价值观。因此，企业在构建薪酬战略过程中，应当使薪酬政策和策略充分体现企业文化的内涵与价值观。例如，美国的一家公司所倡导的价值观是“通过工作（岗位）结构的建立，认可员工个人的价值，使员工在完成工作时有自我满足感、安全感，给员工提供晋升的机会，与员工共享胜利成果”。为了与此相适应，该公司的薪酬战略就提出了包括“通过激励工资和股票期权来分享成功，通过工作进步以获取晋升机会”等在内的一系列薪酬政策和措施。又如，我国一家知名电子公司积极倡导“为顾客创造价值，为社会创造效益，为员工创造机会”的文化价值观，因此该企业提出了“跟随市场，效率第一，精耕细作，突出激励，稳步增长”的薪酬战略，取得了令人满意的成果。再如，一家外资企业一直坚持“员工发展与企业发展同等重要”的文化价值观，因此该企业加大了员工智力资本投资的力度，使中高级专业人才每年享受不少于80小时的带薪培训。由于给员工提供了良好的培训和职务晋升机会，该企业薪酬战略在促进人力资源开发等方面发挥了重要的作用，从而保证了企业各个年度生产经营计划任务的超额完成。综上所述，企业文化是企业分配观念、价值观、目标追求、价值取向和制度等的土壤。企业文化不同，必然会导致制度和观念的不同，这些不同决定了企业薪酬模型、分配机制的不同，影响着企业薪酬策略的选择。企业文化影响着企业的人才价值观，人才价值观的不同会直接促使薪酬策略选择不同。

(5) 工会。

现今，工会在企业中所起的作用越来越大，其对企业选择薪酬策略的影响是很大的。如果企业有力量强大的工会，薪酬策略就不能完全按照企业的意愿去制定，而必须考虑员工的想法。工会组织员工通过与企业签订集体劳动合同直接参与制定薪酬策略，既提高了员工对薪酬的满意度，又满足了员工的自身利益和实际需求，劳资双方因此获得双赢的结果。

◆◆◆◆➡ 案例2-2

华为涨薪带给我们的启示

2017年3月31日，华为公布的2016年年报显示，华为2016年支付雇员的费用为941.79亿元。按照华为拥有的18万名员工计算，华为员工人均年薪为52.32万元。除此之外，在华为的雇员费用中有一项为时间单位计划，即在华为集团范围内实行的基于员工绩效的利润分享和奖金计划。根据该计划，获得时间激励单位的员工自授予之日起5年内可享有以现金支付的收益权，包括年度收益及累计期末增值收益。

我们可以看出，华为的员工薪酬是有足够竞争力的，一流的薪酬当然吸引一流的人才。这是由薪酬的领先型策略决定的，因此华为的员工工作努力、上进心强并在工作中体现出良好的职业素质。华为很早就开发了职业能力素质模型，在人才的招聘、培训、使用和管理上全部按照模型的标准与要求来操作，因此团队职业素质很高。有专家指出，在中国国际化的企业中，华为的职业素质是令外国人最赞赏的。

同时，我们从华为涨薪的背后可以发现，尽管华为员工的工资增长了，但可以看到他们的巨大付出。外界都听闻华为员工的工作压力非常大，加班非常多，因此高薪的背后一定是高工作压力和付出，这正符合总裁任正非的企业经营理念、暗合企业家的精神。任正非曾提出“不让雷锋吃亏”的理念，因此在工作中努力付出的、在工作中表现出色的、在工作中以集体利益为重的员工，必定会得到公司的回报，体现了华为的基本原则。

另外，从华为涨薪的背后我们还可以理解任正非曾说过的“减员增效涨工资”。我们从年报数据可以看出华为的业绩确实增长了，因此给员工加薪也是理所当然的事。作为企业，兑现承诺，体现了华为守信的原则和诚信为本的企业文化。

正如华为一位高管所言，华为给员工涨薪，员工对华为的归属感更强，人员的稳定性更高，员工的流失率控制在6%～8%，更有利于企业的稳定和可持续发展。薪酬管理体现出企业家的智慧，也体现出企业的核心文化内涵，是调动员工工作积极性和稳定员工队伍的利剑。

资料来源 禹志.从华为涨薪，看企业文化［EB/OL］.［2021-02-13］.https：//www.pincai.com/article/366817.htm.

2.2 工作评价技术

2.2.1 工作评价的含义

在我们遇到的企业内部工资问题中，最常见的是一些员工认为他们的工资等级和他们所在的工作岗位不相称。但是，如果给他们提高工资，就会引起另一些员工的不满，因为同提高工资的员工相比，他们的工资相对减少了。而且，对工资结构不断地进行特殊调整，会使员工对这种结构的合理性产生怀疑并由此造成一系列的工资矛盾。解决这类问题的出路是寻找并使用一种技术，以便尽可能地使所有的员工和管理人员达成这样一种共识，即建立在这种技术基础上的工资结构是公正的、合理的。因此，工作评价可以定义为：是对工作进行研究和分级的方法，以便为合理的工资结构奠定基础。它关心工作的分类，但不去注意谁做这些工作。在岗位薪酬体系中，区别员工劳动价值的依据是岗位的劳动对企业的贡献大小，承担不同岗位工作的员工获得与其所在岗位价值相当的薪酬。

工作评价的核心是给工作标定级别。级别之间存在差异，虽反映了相互间的对比关系，但它并不表明实际的工资率。对于任何确定的级别，例如，同样是5级，其工资在一些部门可能会比另一些部门高。

关于工作评价的目标，应当很好地体会下面的一段表述：“工作评价不能消除供求关系对工资水平的影响，但它可以根据每种职业、每个工种的内在要求，把它们分类、定级。工作评价并不对每个级别的合理工资制定标准，但它指出什么级别应当获得较高工资，力图为建立工资结构提供公正的方法。公正体现在：如果一项工作需要相同的努力、技术和责任心，劳动报酬就应相同；而如果需要的标准提高，工资也应当提高。工作评价的目标是实现同工同酬。”

工作评价时应让员工积极参与，以便他们认同工作评价的结果，而且工作评价的结果应该公开。

2.2.2 工作评价系统

工作评价是一个系统工程，从整个评价系统来看，由工作评价指标、工作评价标准、工作评价技术方法、工作评价结果的加工和分析若干个子系统构成。这些子系统相互联系、相互衔接、相互制约，从而构成具有特定功能的有机整体。它不仅从属于企业人力资源管理系统，而且从属于企业管理大系统。

1）工作评价指标

工作评价是一个多因素的定量评价系统，因而工作评价因素是该系统的基础。决定生产岗位劳动状况和劳动量的因素是复杂的、多样化的，不能也没必要把所有的因素都作为工作评价的因素。因此，只有正确选择合适的因素，才能达到对岗位劳动进行全面、科学评价的目的。

劳动者在生产劳动过程中，运用智力和消耗体力，都受劳动环境和其他因素的影响。在人力资源管理中我们把这几方面的影响综合归纳为劳动责任、劳动技能、劳动心理、劳动强度、劳动环境，并称其为工作评价五要素。从这5个方面进行工作评价，能较全面、科学地反映岗位的劳动消耗在不同岗位之间的差别。

为了在实际工作中能对上述5个要素进行定量评定或测定，我们根据企业生产岗位的实际情况和管理状况，又将每个要素进行分解，共划分为24个指标。这24个指标，按照指标的性质和评价方法不同，可分为两类：一类为评定指标，即评定劳动技能和劳动责任及劳动心理14个指标；另一类为测定指标，即测定劳动强度和劳动环境10个指标，这类指标可以用仪器和其他方法测定。

评价生产岗位的5个要素、24个指标较全面地体现了各行业生产岗位劳动者的劳动状况。但具体对每个行业或企业而言，由于生产经营情况各不相同，劳动环境和条件各有差异，因此在进行工作评价时，应具体结合各自的实际情况，从中选择合适的评价指标。

2）工作评价标准

工作评价标准是指由有关部门对工作评价的方法、指标及指标体系等方面所做的统一规定。它包括评价指标标准和评价技术方法标准。

任何同类事物之间的比较都必须建立在统一的标准基础上，以保证评价工作的正确性和评价结果的可比性。因此，工作评价也必须采用统一的标准进行评价，要用国家已颁布的有关标准和行业标准作为评价标准，并应用国家标准规定的技术方法进行评价。对于暂时还没有国家标准的部分，则根据制定国家标准的基本思想和要求制定统一的评价标准。

3）工作评价技术方法

工作评价的因素较多，涉及面广，需要运用多种技术方法才能对多个评价因素进行准确的测定或评定，最终做出科学的评价。工作评价技术方法很多，归纳起来主要有排列法、分类法、因素比较法和要素计点法4种。

4）工作评价结果的加工和分析

工作评价数据资料从方案的设计、评价和加工整理到分析，是一个完整的工作体系。工作评价数据资料的整理，是为分析论证提供系统和条理化的综合资料的工作过程，是整个评价分析实施阶段的主要工作。数据的加工整理过程就是为了揭示被掩盖的现象之间的相互关系，并通过整理使这种固有的内在关系能明显地用数量关系表现出来，使各岗位间的差异性表现出来，明确地反映不同工作性质、不同工作责任、不同工作环境和不同工作场所的岗位劳动之间的区别与联系，以达到数据资料配套、规范的目的，更好地完成数据资料有机配合、完整配套、规范统一的任务。而对这些加工整理以后的资料进行分析研究则是整个工作评价过程的重要环节。评价结果的分析研究工作是对整个评价工作的综合和分析，分析质量的好坏将直接影响着评价结果的合理运用。

综上所述，工作评价系统的各个子系统都具有特定的功能和目的，同时它们是相互联系、相互作用和相互依赖的。它们采用各种专业技术方法，从不同的角度，全面、准确地反映劳动量的大小，为实现企业的现代化管理提供客观科学的依据。

2.2.3 工作评价技术方法

1）排列法

排列法，也称简单排列法、序列法、部门重要次序法，是由工作评价人员对各个岗位工作的重要性做出判断，并根据岗位工作相对价值的大小按升值或降值顺序排列来确定岗位等级的一种工作评价方法。排列法的一个优点是计算简单、容易操作，省事、省时，因而可以很快地建立起一个新的工资结构。另一个优点是，每一个岗位是作为一个整体进行比较，是凭人们的直觉来进行判断的，因而可以吸收更多的员工参加，并且容易在岗位数量不太多的单位中获得相当满意的评价结果。排列法虽不是很精确，但较容易使用，特别适合对小企业和机关办公室的工作评价。一般来讲，如果评价委员们通过日常的接触熟悉了他们要考察岗位的工作内容，那么这种方法就可提供符合实际的岗位等级。

排列法的缺点也是明显的。其主要缺点是：首先，岗位等级完全取决于评价委员们的主观判断，而不同评价委员往往有不同的标准，且难于清楚地回答“为什么这个岗位比那个岗位重要”“在多大程度上重要”等问题。由于这些缺点，岗位等级和工资标准不可避免地要受到评价委员个人品质的影响。其次，运用排列法，不易找到熟悉所有工作的评价委员，各评价委员评价结果有时差异很大，容易导致错误。另外一个缺点是，排列法在大企业中使用很耗时，因为对数将随着所要评价的岗位数的增加而成倍增长。排列法适合岗位设置比较稳定、规模较小的企业。

排列法的实施主要有以下步骤：

(1）进行工作分析。

在进行工作分析这一步骤中，先由熟悉企业全部工作的评价委员或部门主管把各种不同的工作名称分别记在一张卡片上，然后依据下列要素对各个工作进行分析：工作难度；工作责任；给予的和接受的监督管理；必要的训练和经验；工作条件。最后将工作分析的结果制成工作说明书。

(2）排列工作顺序。

由工作评价委员会的全体委员分别根据工作说明书或者自己头脑中对该项工作的印象，对工作按照难易程度或价值大小的次序进行排列。

排列工作顺序的方法有两种：

① 卡片排列法。卡片排列法即将工作说明书用简明文字写在小卡片上，按次序排列起来。难度高或价值最大的工作应排在一等，难度低或价值第二的排在二等。如果两个或更多个工作难度或价值并列同等，则这些工作会被排在同一等级。具体做法是：先确定最高和最低的工作，再确定中等的，然后确定最高和中等以及最低和中等之间的

等级。

② 成对比较排列法。例如，某部门有6个岗位的工作，分别称为甲、乙、丙、丁、戊、己。先将6项工作分别按横、竖排列于表2-2内，然后运用“012”比较评价法对6项工作分别进行判断比较。具体办法是把每一岗位的工作与其余的5项岗位工作逐一比较，并做出不难、难度相当或者难的判断。当判断为不难时，就做“0”记号；判断为难度相当时，就做“1”记号；判断为难时，就做“2”记号。最后，在该表“总额”一栏中加总出判断每项工作难度序数。经“012”成对比较后，判断各工作难度序数总额的多少决定了各岗位工作的等级排列的先后顺序。岗位工作等级排列见表2-3。

表2-2　**“012”比较评价法**

岗位	甲	乙	丙	丁	戊	己	总额
甲		2	1	2	2	2	9
乙	0		0	0	1	0	1
丙	1	2		0	0	1	4
丁	0	2	2		1	2	7
戊	0	1	2	1		2	6
己	0	2	1	0	0		3

表2-3　**岗位工作等级排列**

判断工作难度序数总额	岗位	岗位等级
9	甲	6
7	丁	5
6	戊	4
4	丙	3
3	己	2
1	乙	1

从表2-3可见，岗位甲为最高工作等级，岗位乙为最低工作等级。

应注意，在使用上述两种排列方法时，每个评价委员要在一星期左右反复进行两三次排列，以避免疏忽。

（3）确定最终的自然岗位序列。根据全体评价委员个人评定的结果，确定最终的自然岗位序列，见表2-4。

由表2-4可知，评定的6个岗位工作的相对价值，按降值排列，次序为甲、丁、戊、丙、己、乙。

应注意的是，按前面两种方法得到的只是一个按重要性排列的岗位序列，显然，在一个较大的企业中，是不能直接把上百个或数百个岗位组成的岗位序列作为工资等级序

表2-4 **排列法岗位等级最终评定**

岗位	甲	乙	丙	丁	戊	己
赵委员评定	9	1	4	7	6	3
钱委员评定	8	2	5	6	—	4
孙委员评定	7	3	5	6	5	3
评定序数之和	24	6	14	19	11	10
参加评定人数	3	3	3	3	2	3
平均序数	8	2	4.67	6.33	5.5	3.33
岗位相对价值次序	1	6	4	2	3	5

列的。因此，还有必要把岗位序列分成一定数目的岗位等级，即划岗归级，以作为实际的工资等级数目。划岗归级应掌握这样两个原则：一是岗位等级不宜过多，上一级岗位与下一级岗位之间应能比较出难易差别；二是难易程度大致相同的岗位，应划归同一岗位等级。

2）分类法

分类法，也称分级法，或等级描述法，是事先建立一连串的劳动等级，给出等级定义，然后根据劳动等级类别比较工作类别，把工作确定到各等级中去，直到安排在最合逻辑之处。分类法不同于排列法，劳动等级是预先决定并建立的，然后参考岗位工作的内容对其分级。

分类法的优点是：简便易行，容易理解，而且不会花费很多的时间，也不需要技术上的帮助。当一个单位较小、工作不太复杂或种类不多，以及受到时间和财力的限制不能采用其他方法时，就应利用分类法。分类法较排列法更准确、客观，因为等级定义都是以选定的要素为依据的，而且由于等级的数目及相互间的关系在各个岗位划等之前就确定了，所以等级结构能真实地反映组织结构。从实践上看，长期以来，分类法在工业部门中曾被应用过，但更广泛地是被用于薪水制的工作中，尤其是在政府部门和服务行业中。例如，美国联邦公务员的职位分类体系就采用了分类法。

分类法的缺点一般表现为此方法不能很清楚地定义等级。由于定义等级的难度较大，分类法经常给主观地判断岗位等级留下相当大的余地，这将导致许多争论。而且，往往在一些分类方案中，先对工作进行分级，再概括出等级定义。鉴于定义等级的困难，这也不失为一种切实可行的办法。分类法适用于各岗位的差别很明显的公共部门和大企业的管理岗位。

分类法主要有以下步骤：

（1）建立工作类别或级别。

无论是对同一种性质的工作，还是对包括各种性质工作在内的组织整体，都要确定等级数目。等级的数目取决于工作的性质、组织规模大小、职能的不同和工资政策。在这一环节中，没有对所有单位都普遍适用的规则。

（2）等级定义，即给建立起来的工作等级做出工作分类说明。

等级定义是在选定要素的基础上进行的。所以，首先是确定基本要素，以便通过这些要素进行等级定义或分类说明。这些要素主要是技术要求、智力要求、脑力和体力耗费程度、需要的培训和经验、工作环境等。

接下来的工作是在选定要素的指导下进行等级定义。等级定义要为工作等级的评定分类提供标准，因此要清楚地描述出不同等级工作的特征及其重要程度。一般等级定义的做法是从确定最低和最高等级的岗位开始的，因为这相对容易些。在分类定级中，对低级别的工作要求大致是：能够在领导者的指导下处理简单的日常工作，很少或不要求工作人员具备独立判断、处理问题的能力。对较高级别的工作要求依不同程度而定，包括文化素质、管理能力、人际关系、责任心，以及独立分析和解决问题的能力等几个方面。表2-5列出了5种分类等级，它们是根据工作名称并按升值顺序排列的。

表2-5　**工作分类说明**

人员	工作说明
三级职员	集中注意日常工作，快速而准确，在监督下工作，可能或不可能对最后结果承担责任
二级职员	不受他人监督，对工作细节十分通晓，有特别的工作技能。注意力高度集中，工作准确、快速
一级职员	必须具备二级职员的特点，承担更多的责任
资深职员	从事技术性和多种多样的工作，偶尔要独立思考并从事困难的工作。具有特殊的办公室工作能力，并对所在部门的工作原则和业务基础有透彻的了解，在任何范围内都不用他人监督，工作只受有限的检查。可靠，值得信赖，足智多谋，能够制定决策
解释职员	从事或有能力完成工作的主要部分，更能独立思考，而且能够超出监督或日常工作范围去考虑更深入的问题

等级定义是分类法中最重要、最困难的工作，要求极高，必须使两个等级之间的技术水平和责任大小显而易见。相对于其他工作来说，等级定义花费的精力最多、时间最长。

（3）评价和分类，即由评价委员阅读工作分类说明，并依照评价委员对工作的相对难度、包括的职责，以及必备的知识和经验的理解等，来决定每项工作应列入哪一等级。

如果上一步工作中等级定义精细、明确，那么这一步工作就相当容易了，但如果等级定义含糊、抽象，评价委员们理解不一，就会影响评价分类的准确性。所以，重要的是把上一步的等级定义做好。

在评价分类中，有一个比较容易的办法是根据等级定义表明的特征，在每个等级中先选择一个代表岗位，这样，评价委员们便有了评价其余工作岗位的参照系，从而对单个岗位的划等就变得容易起来，因为前面划了等的岗位会使后面未划等的岗位参照归入相应等级，接下来就可以确定每个等级的工资标准了。

3）因素比较法

在因素比较法中，最重要的是先决定工作评价的因素和关键工作，再用评价因素和关键工作制成关键工作分级表；其余工作，以此表为尺度决定其地位。

因素比较法的优点是：评定结果公正，因素比较法把各种不同工作中的相同因素相互比较，客观性强；耗费时间少，评定时选定的影响因素少，从而缩短了评定时间；减少了工作量，先确定标准岗位的系列等级，然后以此为基础，分别对其他各类岗位进行评定，大大减少了工作量。

因素比较法的缺点是：各影响因素在岗位价值中所占的百分比完全由评价人员主观判断，评价结果受评价人员的影响大；实施步骤相对于其他方法更复杂。

因素比较法适用于能够随时掌握较为详细的市场工资标准的企业。

因素比较法主要有以下步骤：

（1）确定工作评价所需要的因素。工作评价因素一般包括脑力、技能、体力、责任和工作条件5项。

（2）选择若干具有广泛代表性的现行工资比较合理的工作，作为代表性工作或关键工作。关键工作一般是从全部工作中选出的15～30种工作。

（3）将各种关键工作按照各因素对各工作的相对重要性，依次排列为关键工作分级表（这一步可以简称将关键工作进行排列）（见表2-6）。

表2-6 **关键工作分级表**

等级顺序	脑力	技能	体力	责任	工作条件
1	材料搬运工	材料搬运工	计时工	材料搬运工	计时工
2	保卫	保卫	监督工	保卫	监督工
3	卡车司机	计时工	装配工	装配工	装配工
4	装配工	装配工	螺旋机工	油漆工	材料搬运工
5	油漆工	卡车司机	油漆工	卡车司机	保卫
6	磨料工	监督工	制动机工	制动机工	机工
7	制动机工	油漆工	车工	管子工	工具及制模工
8	管子工	管子工	管子工	磨料工	车工
9	车工	制动机工	卡车司机	计时工	卡车司机
10	木工	磨料工	木工	车工	木工
11	机工	车工	保卫	木工	磨料工
12	计时工	木工	工具及制模工	机工	管子工
13	螺旋机工	机工	机工	螺旋机工	制动机工
14	工具及制模工	螺旋机工	磨料工	监督工	油漆工
15	监督工	工具及制模工	材料搬运工	工具及制模工	螺旋机工

注：监督工是生产科的调度工人，他的任务是巡回监督各车间的生产进度。

（4）将各种关键工作的现行工资，按前面确定的5项因素予以适当的分配（见表2-7）。

表2-7　关键工作工资资料表

工作名称	脑力（分）	技能（分）	体力（分）	责任（分）	工作条件（分）	现行工资（元/小时）
装配工	17	15	26	14	9	18
螺旋机工	34	40	28	26	25	32
制动机工	19	24	29	16	19	22
木工	26	32	36	21	17	28
监督工	39	19	24	28	8	24
保卫	10	10	38	8	12	17
机工	29	35	41	22	13	30
材料搬运工	9	8	50	6	10	18.5
磨料工	18	25	47	18	17	26
油漆工	18	20	28	14	23	21
管子工	19	23	33	17	18	23
计时工	32	11	24	20	8	19.5
工具及制模工	37	45	40	31	13	35
卡车司机	12	17	35	16	16	19
车工	24	31	33	20	16	26

（5）将关键工作以外的各种工作逐项与刚建立起来的关键工作工资资料表相比较。这一步是以评判因素为核心逐个判定与关键工作最类似的每种工作，求得该种工作的相应位置，并查出各因素工资，再将各因素工资相加，从而得出该种工作的工资的过程。

4）要素计点法

要素计点法，也称要素点数法、要素点体法，我国也有称要素计分法的。使用此法，需先确定影响所有岗位的共同要素，并将这些要素分级、定义和配点，以建立起评价标准。之后，依据评价标准，对所有岗位进行评价并汇总出每一岗位的总点数。最后，将岗位评价点数转换为工资等级。

要素计点法的优点是：能够量化；可以避免主观因素对评价工作的影响；可以经常调整。要素计点法的缺点是：设计比较复杂；对管理水平要求较高；成本相对较高。

要素计点法适用于岗位不雷同、岗位设置不稳定、对精确度要求高的企业。

使用要素计点法评定岗位（职位）工资等级可分为以下5个步骤：

第一步，选择一组影响各种岗位的要素，即划分岗位等级所使用的标准。

在要素计点法中，评价要素非常关键，发挥着中心作用。这些要素能反映工作是如何增加组织的价值的，它们源于工作本身和公司的战略方向。

选择评价要素必须以所执行的工作为基础，即明确工作本身应突出哪些要素，以组织的战略和价值观为基础，最终使受工资结构影响的利益相关者能够接受。

美国管理技术协会在20世纪40年代制订的“国民职位评价方案”把一般生产、维修、仓库、销售、服务方面的职位要素（即因素）归纳为4大类：智能（可细分成知识、经验、才智与创造力3个子因素）；体能（可细分成体力和注意力集中程度2个子因素）；责任（可细分成对各种仪器设备所负责任、对材料或产品所负责任、对他人安全所负责任和对他人工作所负责任4个子因素）；工作环境（可细分成工作条件优劣程度和危险性2个子因素）（举例见表2-8）。

表2-8 **生产、维修、仓库、销售、服务人员职位评价表**

要素 \ 分值 \ 级别		一	二	三	四	五
智能(250)	1.知识	14	28	42	56	70
	2.经验	22	44	66	88	110
	3.才智与创造力	14	28	42	56	70
体能(75)	4.体力	10	20	30	40	50
	5.注意力集中程度	5	10	15	20	25
责任(100)	6.对各种仪器设备所负责任	5	10	15	20	25
	7.对材料或产品所负责任	5	10	15	20	25
	8.对他人安全所负责任	5	10	15	20	25
	9.对他人工作所负责任	5	10	15	20	25
工作环境(75)	10.工作条件优劣程度	5	10	15	20	25
	11.危险性	10	20	30	40	50

"国民职位评价方案"对不同等级业务、技术、管理人员职位要素的确定见表2-9。

表2-9 **不同等级业务、技术、管理人员职位评价表**

要素 \ 分值 \ 级别	一	二	三	四	五
1.知识	15	30	45	60	—
2.经验	20	40	60	80	100
3.职责的复杂性	15	30	45	60	—
4.职责明确具体程度	5	10	15	20	—
5.过失的危害性	5	10	15	20	—
6.与他人工作联系和对他人工作影响	5	10	15	20	—
7.资料的机密程度	5	10	15	20	25
8.对材料和产品责任	5	10	15	20	25
9.工作条件	5	10	15	20	25
10.管理责任	5	10	—	—	—
11.管理范围	5	10	15	20	—

我国台湾地区也将各种职位要素细分成多个子要素（举例见表2-10）。

表2-10　**工作评价要素**

要素	子要素	程度划分	最高点数	合计点数	所占比例（%）
（一）智能	1.知识	4	100	300	50
	2.技能		150		
	（1）作业方法	5	（100）		
	（2）设备	6	（30）		
	（3）物（资）	5	（20）		
	3.经验	5	50		
（二）责任	1.对他人安全		20	130	21.7
	（1）警觉程度	6	（10）		
	（2）严重程度	6	（10）		
	2.财务与业务		60		
	（1）财产设备	5	（20）		
	（2）物（资）料制品	5	（20）		
	（3）公共关系监督	4	（20）		
	3.监督		50		
	（1）给予监督	4	（30）		
	（2）接受监督	3	（20）		
（三）体能	1.心力	5	30	90	15
	2.体力		60		
	（1）用力	5	（40）		
	（2）作业姿态	5	（20）		
（四）作业环境	1.工作场所	6	40	80	13.3
	2.危险性	6	40		

对我国来说，一个行业、企业应把职位要素细分为哪些子要素，应视行业、企业的具体情况而定。

第二步，确定各影响要素的定义。

对选择好的职位要素，用最浅显、最清楚、最肯定的语言一一定义，使每位评价委员甚至每一个员工都能一目了然。

第三步，确定各影响要素的等级。

把每一个影响要素，按照实际需要，细分为多个轻重不同的等级，如把岗位对知识的要求分成5级，把岗位对经验的要求分成5级等。等级分好以后，还要对细分的每一等级下定义。

第四步，确定各影响要素的点数与配点。

首先，应确定各影响要素点数之和，即总点数。目前，英国、美国一般使用的总点数为500点，我国台湾地区为600点。总点数多少应以便于使用和划分工作等级为原则。

其次，确定各要素的配点，即工作评价要素的权重与点数。美国的“国民职位评价方案”中采用的权重和配点为：智能50%，250点；体能15%，75点；责任20%，100点；工作环境15%，75点。

我国各行业、企业工作评价中各要素的权重及配点，应根据各行业、企业的生产经营特点确定。

要素的权重反映了组织对各要素重视程度的差别。确定要素的权重，组织领导的参与非常关键，他们往往通过一个顾问委员会参与，也有的直接表达自己的意见。

第五步，确定各子要素等级的配点。

先用最高点数除以要素的级数，即得最低点数。最低点数是一级点数，也是各级间的点数差。然后，用级数乘以点数差即得各级点数。如知识的最高点数为70点，用70点除以级数5即得最低点数14，也就是一级点数；然后用一级点数14乘以2得28，即为二级点数；用一级点数14乘以3得42，即为三级点数；用一级点数14乘以4得56，即为四级点数；70为五级点数。其他要素也依此进行，形成工作评价点数表。

2.3 薪酬结构设计

知识链接2-2

IBM中国区公司的工资与福利项目

基本月薪——对员工基本价值、工作表现及贡献的认同。

综合补贴——对员工生活方面基本需要的现金支持。

春节奖金——农历新年之前发放，使员工过一个富足的新年。

休假津贴——为员工报销休假期间的费用。

浮动奖金——当公司完成既定的效益目标时发出，以鼓励员工的贡献。

销售奖金——销售及技术支持人员在完成销售任务后的奖励。

奖励计划——员工由于努力工作或有突出贡献所获得的奖励。

住房资助计划——公司拨出一定数额的资金存入员工个人账户，以资助员工购房，使员工能在尽可能短的时间内以自己的能力解决住房问题。

医疗保险计划——员工医疗及年度体检的费用由公司解决。

退休金计划——积极参加社会养老统筹计划，为员工提供晚年生活保障。

其他保险——包括人寿保险、人身意外保险、出差意外保险等项目，关心员工每时每刻的安全。

休假制度——鼓励员工在工作之余充分休息，在双休日和法定年节假日之外，有带薪年假、探亲假、婚假、丧假等。

员工俱乐部——公司为员工组织各种集体活动，以加强团队建设，提高士气，营造大家庭气氛，包括各种文娱、体育活动，大型晚会，集体旅游等。

资料来源　佚名.IBM企业文化和战略薪酬管理［EB/OL］.［2022-12-26］.https://www.xiexiebang.com/a13/201905156/a7518a9d852423aa.html.节选.

2.3.1　薪酬结构设计的目的

薪酬结构设计不仅是一种技术工作，还是一种与企业战略相辅相成的结果。因此，企业在设计薪酬结构的时候必须弄清楚其根本目的，而不是局限于解决企业眼前的薪酬问题和人力资源部的专业工作。否则，企业虽然暂时解决了眼前的问题，薪酬制度也建立起来了，但新的问题一旦出现，薪酬制度又会被认为无法适应环境，甚至会给企业带来震荡，引发一系列的问题，最终给企业带来灾难性的后果。企业薪酬结构设计的目的如图2-1所示。

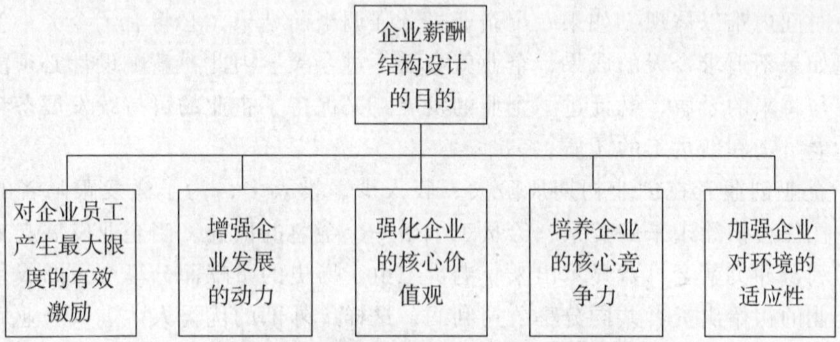

图2-1　企业薪酬结构设计目的示意图

1）对企业员工产生最大限度的有效激励

企业薪酬结构形式即薪酬分配的方式。企业进行薪酬分配将依据员工创造的价值成果不同而展开。为了对员工进行有效的激励，企业必须设计符合企业现实情况的薪酬制度，并合理地分配薪酬。一般来讲，在薪酬设计的过程中应该遵循以下两大原则：

（1）外部竞争性。

对于企业来说，招募合适的人才固然重要，但成功地保留住核心人才是企业发展的关键。由于同行业内存在着激烈的人才竞争，而且如今的劳动力市场是一个开放的市场，所以劳动者可以自由选择自己的职业和工作单位。如果企业的薪酬分配缺乏外部竞争性，必然会导致员工的不满，从而存在着人才流失的潜在威胁，特别是那些能够为企业创造大部分价值的核心员工，他们的离开对企业来说将会是巨大的损失。为保持外部的竞争性，企业在进行薪酬设计时首先必须考虑的是战略。如果一个企业采取的是成本领先战略，则薪酬设计就必须体现促进内部经营与管理效率提高的目的；如果一个企业采取的是成本差异化战略，则薪酬设计必须体现鼓励员工创新的目的。

（2）内部公平性。

企业任何战略或重大决策的实施，其过程都需要全员参与，任何一个环节出现问题，都可能毁掉全盘的计划，所以企业必须加强各部门的协作，尽量做到人尽其才、才尽其用。要想做到人尽其才、才尽其用，企业的薪酬设计就应充分考虑薪酬的内部公平性，企业就应客观地根据员工对企业的贡献度进行价值评价，然后根据其价值评价结果分配薪酬。如果出现意外的情况，可以做出适当的调整以保持内部相对的公平性。

2）增强企业发展的动力

企业薪酬分配既是管理活动的终结，也是管理活动的开始。当第一次的价值创造过程完成时，如果价值分配不合理，那么开始第二次价值创造就会遇到阻力。企业要想持续发展，就必须解决薪酬分配中三方面的内在矛盾：

（1）现在与将来的矛盾。

为了刺激员工的当前贡献，企业通过短期激励的方法可以强化员工的行为。典型的做法是企业“以成败论英雄”，使得每个员工都关注眼前的结果，但这样做的后果必然是员工会忽视一些重要的、不易很快见效的工作，如新市场的开拓、新技术的开发、经营创新与管理变革，但这些工作对于企业的长远发展有着决定性的影响，而工作成果往往又在短时间内难以体现。如果一个企业过分强调当前结果，必将有了今天，就没有了明天；但如果不追求今天的成果，企业就会活不过今天。因此，薪酬设计必须能够协调企业现在与将来的矛盾，既促进了企业的发展，又保持了企业的可持续发展态势。

（2）老员工和新员工的矛盾。

由于企业创业者在创业初期风险大、收入少、投入多，为了激发跟随者的创业激情，企业往往会描绘未来的美景，给员工承诺一个金色的世界。当企业发展起来后，新老员工的利益冲突就会日益显示出来。老员工由于历史的贡献而分享今天的成果，甚至与一些企业的初始出资者共同分享公司利润，这样，外部的优秀人才进入企业后不仅找不到创业的激情，甚至感到被老员工剥削，新老员工的矛盾由此产生。但是有一些实行谈判工资制的企业恰恰相反，新员工因善于谈判而获得高于老员工的薪酬，引发老员工的不满，也会导致新老员工的矛盾。一个企业如果不能不断地吸引外部优秀人才并激发其创业激情，企业机能必将逐步退化，最终导致企业的衰亡。因此，薪酬设计必须考虑内在公平性，考虑企业的现实情况与组织成员的群体心理状态。

（3）个体与团体的矛盾。

为了强化激励效果，企业往往过分地强调了对员工个人的评价与激励，但如果企业过分地强调某个人的作用，又必将会影响员工之间的协作，从而影响组织整体的运作，最终导致企业经营管理链条的断裂。如果企业过分强调团体利益，又必将会导致员工产生“吃大锅饭”的思想。因此，薪酬设计必须考虑如何将个人利益与组织利益协调发展，如何将竞争与团队合作协调发展。

3）强化企业的核心价值观

企业的核心价值观是企业的生命和灵魂。企业的核心价值观不是简单地写在墙上的口号，而是企业的战略抉择和是非判断的基点，表达了企业存在的意义，明确了企业倡导什么、反对什么。企业的核心价值观不能只装在企业家个人的头脑里，必须准确地传达给每一个员工，并渗透到员工的灵魂中。只有企业的核心价值观为员工所认同，企业内部才能创造一种共同的语言，才能从思想到行动形成一股合力。与此同时，员工才能将企业的核心价值观内化为自己的人生价值观并指导自身的行动，组织内人与人之间便会形成和谐的人际关系。

那么，企业如何通过薪酬设计来强化核心价值观呢？这又可以从两个方面来考虑：一是各种分配形式的设计。如果企业强化绩效导向的文化，则奖金的设置比例要高；如果企业强调能力导向的文化，则基本工资的设置比例要高。二是考核与分配相结合。企业有效的薪酬分配必须建立在客观的评价之上，企业通过设计各种评价要素及权重，就可以强化不同的文化特征，如企业想强化员工之间的团队协作，则应考虑在绩效考核要素中加大团队协作的考核权重。

4）培养企业的核心竞争力

由于外部市场环境的易变性和不可预测性，因此许多企业开始运用基于资源的竞争战略，即通过培育企业内部的核心资源优势，使得竞争对手在短时间内难以模仿，从而赢得竞争优势。企业的核心能力包括技术创新能力、管理创新能力、市场响应能力、资源配置能力、员工学习能力、响应变革能力、自我修正能力等。一个企业应该深入分析企业发展所依靠的核心能力是什么，并在价值评价中给予认可，通过适当的价值分配形式来培育和强化核心能力。

5）加强企业对环境的适应性

在快速变化的当今世界，唯一不变的就是变化本身。企业要生存求发展，必须不断地进行变革，而变革必然会给员工带来精神压力和利益变化，员工对变革的阻力就成为一种自然现象。如果企业在价值分配上不倡导变革，不对员工响应变革的行为给予鼓励，不对员工阻碍变革的行为给予处罚，则变革就会因失去群众基础而流于形式或中途夭折。

2.3.2 薪酬结构设计中应注意的价值评价要素

薪酬的评价要素决定了薪酬分配的导向，因此在薪酬结构的设计中，企业要弄清楚评价要素有哪些，然后通过设定各评价要素不同的权重来确定企业的价值导向。劳动力市场、工作绩效、工作能力和工作责任4个薪酬评价要素如图2-2所示。

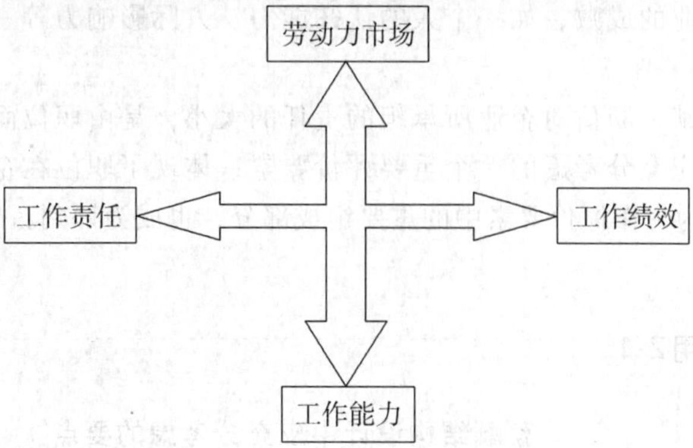

图2-2　4个薪酬评价要素

1）劳动力市场

招聘某一职位的人员，企业应支付的一般薪酬就是在一定地域内相应的竞争者所支付的平均薪酬水平。企业要生存和发展，就必须在市场上进行有效的竞争。市场竞争有很多方面，比如产品质量、产品售后服务等，产品或服务的价格是其中最重要的竞争领域之一。对产品或服务价格产生影响的一个重要因素就是生产成本，而生产成本的一个重要组成部分就是劳动力成本。劳动力成本由两部分组成：一是员工的平均人工成本，包括企业的直接支付（基本工资、奖金等）和间接支付（劳动保障、各种福利等）两部分；二是企业人员的使用水平，主要表现在工作时间的长短上。因此，如果企业要想在市场上进行价格方面的竞争，就会采取压低劳动力成本的方式进行生产经营。其具体做法是降低员工的薪酬水平或者是裁员等。因此，企业在确定薪酬水平时，必须考虑劳动力市场的因素。它主要包括两个方面：劳动力市场的平均薪酬水平和竞争对手的薪酬水平。前者主要帮助企业确定其薪酬水平的下限，企业在薪酬设计时，一般要让其薪酬水平高于或略高于市场平均薪酬水平，以吸引潜在的求职者；后者主要是帮助企业在与竞争对手竞争的过程中取得人才的优势，即以高于竞争对手的薪酬吸引高素质的人才。这里需要注意的是，一个企业在劳动力市场上的竞争对手，不仅包含那些提供类似产品或服务的企业，还包括那些虽然在商品市场上不是本行业竞争对手但雇用同类员工（比如会计人员、技术人员等）的企业。

2）工作绩效

企业针对工作目标制定绩效评价体系，根据绩效评价结果反映出员工的工作结果，工作结果又与薪酬分配紧密地联系在一起。一般这样的绩效评价体系中设定的绩效目标应该体现以下5项原则：明确具体、可量化、可以实现、与企业的经营目标一致、有时间限制。

3）工作能力

工作能力是在实现工作目标过程中体现出来的，同时对工作目标的达成具有重要的影响。工作能力与员工的工作结果密切相关，因此成为评判薪酬价值的要素之一。这里所说的工作能力包括两层含义：一是能看得见的行为方式或可用语言的形式表现出来，如组织能力与表达能力等；二是潜在的素质，潜在素质是隐性的，但往往发挥着重要的影响并决定员工事业的成败，如一个人的认知能力、人际影响力等。

4）工作责任

工作责任是指某一职位对企业所承担的责任的大小，是由职位而非人决定的，是在组织结构设计时就应充分考虑的一个重要评价要素，体现了职位在企业内相对责任的大小和难度，因此成为工作评价要素中的重要组成部分，也成为评判薪酬价值的要素之一。

观念应用2-1

薪酬结构设计中应充分考虑的要点

在薪酬结构设计中，必须要从整体上来考虑，不能局限于单一的分配方式，因为不同的分配方式有不同的作用，对应的评价要素也不一样。所以，在薪酬结构设计中，必须充分考虑以下4个要点：

第一，薪酬分配因人而异。

薪酬分配因人而异有两层意思：一是指对高层经营者、普通管理者、业务人员、操作工等不同职位的奖励应如何设定分配权重，这对公司是否能在内部形成协调关系非常重要；二是指对各分配对象的哪些表现应充分给予认可，如高层经营者的决策能力、管理者的组织能力、业务人员的专业能力和操作工的工作技能等。

第二，薪酬分配因事而异。

薪酬分配因事而异指的是对各分配对象做出的贡献以及贡献的大小给予评价。由于各分配对象贡献的形式不同，因此对他们贡献的评价标准也不同，这就要求建立分类分层的绩效评价体系，以使分配更加客观和合理。

第三，激励水平适当。

激励水平适当是指奖励量的多少。量太大，公司可能承担不起，而且会相应提高了产品成本，会使产品的市场竞争力有所下降；量太小，就起不到激励作用。因此，如何把握奖励量的大小也是薪酬结构设计中应考虑的因素。

第四，激励方式适当。

激励方式适当是指企业应以工资、奖金、股份、福利等中的哪种激励形式来分配更合适。对不同对象可考虑采用不同的分配组合形式，对高层可加大股份的比重，对中层可加大奖金的比重，对基层可加大基本工资的比重。不同的企业文化，其薪酬的组合选择也不一样。由于企业薪酬分配的目的是留住并激励员工，因此不管采用什么样的激励形式，企业只要能达到最终的激励目的即可。

2.3.3　4种典型企业的薪酬组合方式

薪酬一般有基本工资、奖金和福利3种形式，不同的企业对这3大薪酬组成部分有不同的付酬权重。接下来，我们将针对4种典型组织，阐述不同类型组织所适合的薪酬组合。

1）职能导向型组织的薪酬组合

从20世纪初到20世纪末期，企业的组织模式大致是单一功能型的结构。这种组织结构强调部门功能、管理层级、稳定与可靠性、规避风险，往往是简单地采用财务指标来评价企业或部门的业绩。拥有职能导向型特征的企业强调严密的自上而下的行政管理体系，其典型的特征是：清晰的责任体系；合理的控制跨度；强调技术和业务的专业化；基于委员会的团队，部门职责较清晰；强调依据预算和业务计划的财务结果。许多立足于传统产业的企业（如钢铁、汽车制造企业等）具有较强的职能导向型特征。

职能导向型组织的薪酬组合特点为：

（1）基本工资。

由于职能导向型组织强调严密的职位层级关系，一切工作依赖于组织行政关系，每个员工的工作就是承担职位所定义的责任，个人在组织所能发挥的价值取决于职位本身的价值，因此其工资等级的确定完全取决于职位，员工的工资等级就是职位的等级。根据对职位价值评价的精细程度不同，在组织内工资等级数目也不同，一般情况下，一个组织职位等级数目是20个左右。

（2）奖金。

在实施职能导向型组织里，奖金可以分为两种形式：一种是针对个人的突出表现而实施的奖励；另一种是针对团队活动的成功而实施的奖励。对于职能导向型组织来说，奖金的数额一般不会太大，占员工总报酬的比例也低，奖金发放一般是以年度为周期。很少奖励团队，对其团队活动的奖励一般表现为对预期成就的认可。

（3）员工福利。

职能导向型组织由于强调职位的重要性，其福利的数量和形式都是比较固定的，且占员工总报酬的比重也会很低。如员工退休金的多少，就与其工作的年限和职位有关。这种组织员工的假期会较多，其长短也与员工的服务年限有关，形式也比较固定。

2）过程导向型组织的薪酬组合

过程导向型组织最大的特点是使客户的满意度最大化。从外部来看，其具体表现为对客户的理解、重视对客户的承诺、获得客户的信任；从内部来看，其具体表现为从以产品为中心到以工作流程为中心，从部门间严格的责任划分到部门间的团队合作。过程导向型组织主要有以下5个特点：第一，以客户满意为导向来确定每个流程的价值；第二，基于团队和相互学习的工作关系，共同承担责任；第三，非常强调质量和改进；第四，以定量和定性方法来测量结果；第五，部门的设定围绕工作的流程和供应链。

目前，许多大中型企业都十分注重强调部门间的团队合作。如IBM公司，之前由于运作效率很低，而且员工只对其上级负责，外部的市场压力很难传递到员工身上，因此公司与客户的距离越来越远，“蓝色巨人”也逐渐被客户所抛弃。后来经过改革，将公司由部门责任严密的职能导向型文化转变为以客户为中心，且强调部门与团队合作的流程型工作文化，从而使IBM公司获得了新的活力。

过程导向型组织的薪酬组合特点为：

（1）基本工资。

过程导向型组织强调流程之间的配合，因而在评价中强调团队合作和员工的主动精神。但是有许多职位不可能在工作说明书中描述得很清楚，因此在这种组织中，个人的价值取决于其对工作过程的贡献。为了促使员工发挥更大作用，这种组织十分注重强调员工的能力发展，并在薪酬分配中充分给予认可。组织的工资带较宽且工资的等级相应较少，这样做的目的是淡化岗位价值对薪酬设计的约束，并强调员工实际做出的贡献、员工的能力及其担任的角色。

（2）奖金。

这种组织对员工个人实行绩效奖金，而且一般是临时性支付，并且没有固定的时间限制，但是对团队奖励则实行收益共享，即对小组和团队实行统一奖励。

（3）员工福利。

这种组织的员工福利比较固定并缺乏灵活性。一般情况下，这种组织的福利水平处于中下等，假期的长短也与员工服务的年限有关。

3）时效导向型组织的薪酬组合

时效导向型组织不仅满足于产品质量和客户满意，还想办法以最快的速度把新产品和服务推向市场，在组织战略中，速度是第一位的，其次才是技术和客户满意。因此，时效导向型组织鼓励员工培养多种能力，不是以传统的投资回报率来简单地评价组织绩效，而是用更灵活动态的方式来评价组织绩效，如经济附加价值、新产品或服务所达到的竞争地位等评价指标。因此，这种组织会尽最大可能利用人力和财力资源，以非常灵活的方式和最快的速度抓住现存的或潜在的市场机会，并使市场最大化。时效导向型组织主要有以下4个特点：第一，强调高增长和进入新市场；第二，项目驱动；第三，权力取决于对资源的控制；第四，跨部门团队，包括高水平的专家。

时效导向型组织的薪酬组合特点为：

（1）基本工资。

时效导向型组织强调市场的快速响应和机会导向特点，这种组织可能会随时组成临时性的工作团队，在这些工作团队中，员工原来的职位说明书已完全不能说明员工现在的工作了，因此对员工的工作评价不能基于职位说明书中所描述的职责，而要基于员工在工作团队中担任的真正角色。与过程导向型组织相类似，其工资带较宽、工资等级较少，淡化职位的作用，强调个人的实际贡献和角色作用。但是它与过程导向型组织不同的是，时效导向型组织把员工的基本工资中相当大的一部分拿出来当成可变工资，可变工资与个人的实际业绩挂钩来进行浮动，这样做的原因是强调员工绩效对薪酬的影响作用。

（2）奖金。

时效导向型组织支付奖金通常是在某个项目完成之后，没有固定的时间规定。奖励的对象既可以是员工，也可以是工作团队，员工和工作团队都可以分享组织的经营成果。

（3）福利。

时效导向型组织的员工福利具有较大的灵活性，并且与员工个人的表现有关，一般情况下，这种组织的福利水平处于中上等。员工的假期会很少，而且假期与员工服务的年限和职位有关，其灵活性也很强。

4）项目导向型组织的薪酬组合

这种类型的组织内部没有严密的层级关系，员工都是根据项目而临时被组织在一起的。项目导向型组织强调个人的特殊性贡献，组织通过与其他组织结成战略伙伴或充分利用外部资源及发挥员工个人的能力而使组织投资效益最大化，强调以团队合作方式共同为公司总目标服务。如律师事务所的合伙人或共享利润的公司，基本上都属于这种项目导向型的组织。其主要特点有以下3个方面：第一，以合伙人方式分配权利；第二，强调对公司总体目标的贡献；第三，以“合同”方式在主要合伙人间形成契约关系。

项目导向型组织的薪酬组合特点为：

（1）基本工资。

项目导向型组织内部没有非常明确的等级关系，而是强调个体对组织的总体贡献。在这种组织中往往没有明确的工资等级，而是根据劳动力市场价格进行工资定位。在员工总报酬中基本工资部分所占比例往往较小，员工的报酬主要来自组织总体效益回报，员工对基本工资的关注较少，基本工资的变动也不大。

（2）奖金。

项目导向型组织平时很少使用奖金这种方式来奖励员工，一般只有在投资取得收益时才分享奖金。

（3）福利。

这种组织福利的灵活性也很强，而且福利与员工个人的表现有很大关系。员工的假期也会很少，而且假期与员工在项目中所扮演的角色有很大关系。

知识链接2-3

薪酬制度设计的基本要求

设计薪酬制度时，要充分考虑以下7个方面的基本要求：（1）体现补偿、激励、调节、效益、统计与监督5大职能；（2）体现劳动的3种形态——潜在形态、流动形态和凝固形态；（3）体现岗位的差别——技能、责任、强度和条件（工作环境）；（4）建立劳动力市场的决定机制；（5）合理确定薪酬水平，处理好工资关系；（6）确立科学合理的薪酬结构，对人工成本进行有效的控制；（7）构建相应的支持系统，如机动灵活的用工系统、严格有效的绩效考核系统、学以致用的技能开发系统、动静结合的晋升调配系统。

资料来源　中国就业培训技术指导中心. 企业人力资源管理师（三级）[M]. 4版. 北京：中国劳动社会保障出版社，2020.

2.4　薪酬调查

薪酬调查是建立有竞争性的薪酬策略必须做的工作之一，解决的是薪酬的对外竞争力和对内公平性问题，是整个薪酬设计的基础。只有实事求是地进行薪酬调查，才能使薪酬设计做到有的放矢，从而解决企业薪酬激励的根本问题，使薪酬设计体现出个性化和针对性的特征。通常薪酬调查需要考虑以下3个方面：第一，企业薪酬现状调查。调查者通过科学的问卷设计，从薪酬水平的3个“公平”（内部公平、外部公平、自我公平）的角度了解现有薪酬体系中的主要问题以及形成问题的原因。第二，进行薪酬水平调查。调查者主要收集行业和地区的薪酬增长状况、不同薪酬结构对比、不同职位和不同级别的职位薪酬数据、奖金和福利状况、长期激励措施以及未来薪酬走势分析等信息。第三，薪酬影响因素调查。调查者应综合考虑薪酬的外部影响因素和企业的内部影响因素。外部影响因素指国家的宏观经济、通货膨胀、行业特点和行业竞争、人才供应状况等；而企业的内部影响因素指企业的盈利能力和支付能力、人员的素质要求及企业目前的发展阶段、人才稀缺度、招聘难度等。

2.4.1　薪酬调查的作用

薪酬调查是采集、分析竞争对手薪酬信息的过程。薪酬信息按照信息来源不同可分为内部薪酬信息和外部薪酬信息。其中，外部薪酬信息包括市场薪酬水平、薪酬管理所处的法律环境等，这类信息的用途在于保证企业薪酬水平具有市场竞争力，保证企业的薪酬体系能够符合合法性原则；内部薪酬信息是指关于企业薪酬体系运行的所有信息，包括企业的薪酬策略、薪酬制度、薪酬水平、薪酬等级、薪酬结构、员工的薪酬满意度情况等，这些信息的获取和应用能够保证薪酬体系具有内部公平和员工激励功能，人力资源部门通过这些信息也可以对整个薪酬体系的运行进行诊断，及时发现问题与解决问题。薪酬调查能为公司提供竞争对手的薪酬数据，从而有助于公司制定竞争性的薪酬策略，并根据薪酬策略制定公司的薪酬水平和薪酬结构。综上所述，薪酬调查的作用主要体现在以下几个方面：

1）为企业调整员工的薪酬水平提供依据

在市场竞争的条件下，大多数企业都会定期调整自己的薪酬水平，而调整的依据一般包括社会消费水平和生活成本变动、员工的绩效改善、企业的经营状况与支付能力变化、竞争对手薪酬水平的调整等。特别是当企业同行业的竞争对手调整薪酬水平后，企业一定要通过薪酬调查来了解竞争对手的薪酬变化情况，并有针对性地制定自己的薪酬调整对策，以避免企业自身在劳动力市场的竞争中处于不利地位。

2）为企业调整员工的薪酬制度奠定基础

企业外部的薪酬调查，其主要作用在于为企业总体薪酬水平的确定提供重要的参考依据，确保公司的薪酬制度对外具有更强的竞争性。因此，薪酬调查有助于企业了解劳动力市场的工资价位，并且朝着保持甚至超过劳动力市场价位的方向努力。

3）有助于掌握薪酬管理的新变化与新趋势

由于薪酬调查中所要了解的数据不仅包括其他企业员工基本工资方面的信息，还包括奖金、福利、长期激励、休假、加班时间、员工流动率、加薪频率等信息，这就有助于企业由此做出合理的薪酬管理决策。薪酬调查的最大价值就在于使用人单位不仅知道了劳动力市场的薪酬发展趋势，还了解了劳动力市场的现状。因此，用人单位在建立薪酬体系的过程中应该研究劳动力市场中的同行业竞争者的工资率，还要对组织的横向职位调换和纵向晋级的设计有一个很好的了解，并且要了解总体报酬与薪酬结构的关系。只有这样，用人单位才能够保持薪酬设计方案的可行性和连续性，才能建立起一个合理的薪酬结构。

4）有利于控制劳动力成本，增强企业竞争力

企业可通过薪酬调查数据，对竞争对手的劳动力成本进行财务分析，以此达到控制劳动力成本的目的，特别是可以较好地控制一般岗位的人工成本。企业控制并降低产品成本或服务成本后，就可以较快地达到产品市场或服务市场的扩张目的。通常情况下，员工都会对他们所获得的报酬进行绝对薪酬和相对薪酬的估量。因为绝对薪酬关系到他们能购买多少自身所需的商品和服务，在可相互比较的情况下，员工会将他们的薪酬与同事及亲朋好友的薪酬进行对比。如果他们觉得自己的薪酬是公平的，说明组织所支付的薪酬满足了他们的需求，劳动效率就会大大提高；否则，当他们感觉自身的劳动付出与所得同他人比较是付出多得到少时，就会感觉不公平，劳动效率也会大打折扣。

2.4.2　采集薪酬信息的方法

1）企业内部资料收集

企业主要从以下3个方面进行内部薪酬信息的采集：

第一，通过收集企业中长期发展规划、企业人力资源战略规划、企业薪酬策略文本等材料，可以明确企业薪酬管理制度运行的内部环境特征和企业对薪酬管理制度功能的

基本要求；通过收集企业各类绩效考评指标、企业财务支付能力、企业组织架构和职位说明书等材料，可以判断企业薪酬管理制度设计的技术性。

第二，组织召开企业战略规划、财务、设计、生产、销售、行政、人力资源等部门的薪酬专题会议，可以了解各部门、各类人员关于薪酬管理制度的基本期许与具体意见，有助于建立和完善科学合理的薪酬管理制度。

第三，开展薪酬满意度调查。通过设计薪酬满意度调查问卷，可以收集员工对薪酬水平、薪酬结构、薪酬差距、薪酬调整、薪酬发放方式、福利项目，甚至工作内容本身的满意度情况，为薪酬管理制度完善提供第一手、有价值的参考信息。

2）利用招聘收集信息

薪酬调查需要大量数据的支撑，数据的获得则需企业与外界不断沟通，而招聘则是和外界沟通的良好渠道。企业通过招聘活动，可以详尽了解应聘人员所在单位的薪酬水平。另外，对其他企业招聘活动的关注，也有助于获取薪酬信息。目前一些企业在媒体上发布招聘广告时，会公布部分职位的薪酬水平。一般来说，这些数据可以视为劳动力市场上该职位的最新价位。通过系统地收集这些数据，企业基本可以建立一个比较完整的外部薪酬数据库。这种做法相对比较耗时，而且在统计过程中，对于因时间而导致的数据差异如何调整需要较强的数据处理能力。

3）人际关系网络收集

企业人力资源管理人员应积极参加交流会、学术会等各项活动，建立人际关系网络；通过悉心建立的人际关系网络，以及本企业其他员工的亲戚、朋友、同学等各种关系，获取薪酬信息。

4）离职分析

做好离职员工的面谈工作不仅可以发现企业薪酬管理工作中存在的问题，而且可以发现公司现行的薪酬水平在市场上的位置。在其他条件不变的情况下，当公司薪酬水平高于市场水平时，公司对员工的吸引力就大，外部对员工的拉力就小；当公司薪酬水平低于市场水平时，公司对员工的吸引力就小，外部对员工的拉力就大。通过分析离职率和因薪酬问题离职人员占所有离职人员的比重，可以推算出目前企业的薪酬水平在市场上的位置，从而为薪酬决策提供依据。

5）标杆企业跟踪

选择一家经营目标相似、人才需求相似、薪酬水平定位相似、管理规范，并有定期的薪酬调查的企业作为标杆企业，集中人力、物力对该企业的薪酬水平进行细致调查，以该企业的薪酬水平为基准，根据本企业的薪酬政策、市场情况和利润状况对本企业的薪酬进行调整。标杆企业跟踪法的优点是节省费用，保证薪酬政策的有限理性。

6）网络检索搜寻

计算机、互联网、智能手机和其他智能电子终端的广泛使用，尤其是网络技术的迅猛发展，为薪酬信息的获取提供了前所未有的方便，通过互联网可以方便快捷、低成本地获取大量薪酬信息。例如我国一些大型的职业中介网站、招聘网站和人力资源管理网站，都会在相应的页面开展薪酬调查。企业可以借鉴这些薪酬调查数据，以确定自己的薪酬策略和薪酬水平。人力资源和社会保障部门的门户网站也会定期发布该地区的劳动力市场指导价位。这些数据可以作为企业进行薪酬改革或调整的重要参考依据。

网络检索搜寻过程主要包含4个步骤：首先网络信息搜索是基于网络信息采集系统自动完成的，信息搜索先要按照企业的信息需求或者主题，调用各种搜索引擎进行网页搜索和数据挖掘，将搜索的信息经过滤等处理过程剔除无关信息，完成网络信息资源的"采集"；其次通过计算机自动搜索、清洗等处理过程，剔除重复信息，再根据不同类别或主题自动进行信息分类，从而完成薪酬信息的"整合"；然后为分类整合后的薪酬信息编写检索目录，并采用数据压缩及数据传输技术实现本地化数据存储，从而完成网络信息的"保存"，并做到及时更新；最后经过索引编目组织的薪酬信息经企业组织正式确认后，即可为薪酬管理制度的建立与完善提供"服务"。

7）市场薪酬调查

薪酬调查是多数企业在薪酬改革或调整过程中所采用的一种了解人力资源市场薪酬行情、最终确定企业薪酬水平的常规方式。然而许多企业都实行了薪酬保密制度，从而为薪酬调查带来了很大障碍。在薪酬调查中，很多企业采用问卷方式进行市场薪酬调查。在设计调查问卷时，应将为实现目标所需要的所有信息设置在其中，然后请有关人员试填，以发现并解决调查问卷中存在的问题。有些调查者为了控制成本，希望通过一次调查获取所有的信息资料。但如果调查问卷设计得过长、过繁，会引起填写人的反感，反而难以收集到全面的准确信息。一般而言，填写问卷时间不应超过半小时。

8）购买薪酬数据

目前许多国内专业公司都提供薪酬数据服务，这些公司每年都要开展全国或者区域性的薪酬调查，以及行业专题调查。如果企业由于各种原因无法独立完成薪酬调查，可以考虑向这些专业公司购买数据，或与其合作进行专题调查，当然这种做法的成本相对较高。

知识链接2-4

企业薪酬信息的分类

按照内容不同，企业薪酬信息可以划分为薪酬政策信息、薪酬基础信息和薪酬结果类信息。

1. 薪酬政策信息：薪酬政策信息传递的是企业薪酬管理的基本导向和基本思路，明确薪酬等级划分的基本标准。员工可以从中认识到：薪酬政策的制定是有章可循的，并不是任由决策层的兴趣或主管的偏见来确定的。薪酬政策信息通过公开渠道进行公布，使员工能够在薪酬问题上达成共识。薪酬政策信息主要包括薪酬等级评定依据、薪酬组合方式、特殊群体的政策倾向等。

2. 薪酬基础信息：薪酬基础信息涉及薪酬设计的技术方法、手段、技巧等细节内容，表明企业支付给员工不同水平薪酬的具体依据与测算过程，主要包括影响薪酬水平的市场薪酬信息、岗位评价信息、技能等级信息以及绩效考核信息等。

3. 薪酬结果类信息：薪酬结果类信息是指能够静态地反映企业薪酬体系特征的信息，包括企业的薪酬策略、薪酬原则、薪酬水平、薪酬结构等。在薪酬水平的选择方面，企业可以根据实际情况，选择领先市场策略、追随市场策略或者低于市场策略等。薪酬结果类信息更为直接的表现方式就是员工的收入明细清单。薪酬的整体信息给员工的感受比个别信息更为精确和完整，并能达到两个方面的目的：一是员工可以根据自身在企业总体薪酬水平中的位置，对自己的贡献做出评判；二是理解企业在薪酬水平竞争力方面的努力。

资料来源 中国就业培训技术指导中心．企业人力资源管理师（四级）[M]．4版．北京：中国劳动社会保障出版社，2020.

2.4.3 薪酬市场调查的程序

不论企业的规模大小，实际上企业在确定一个或多个岗位的工资时，都需要进行薪酬市场调查。根据薪酬市场调查来确定员工的薪酬水平，已经成为当前流行于企业界的一种发展趋势。薪酬市场调查的流程如图2-3所示。

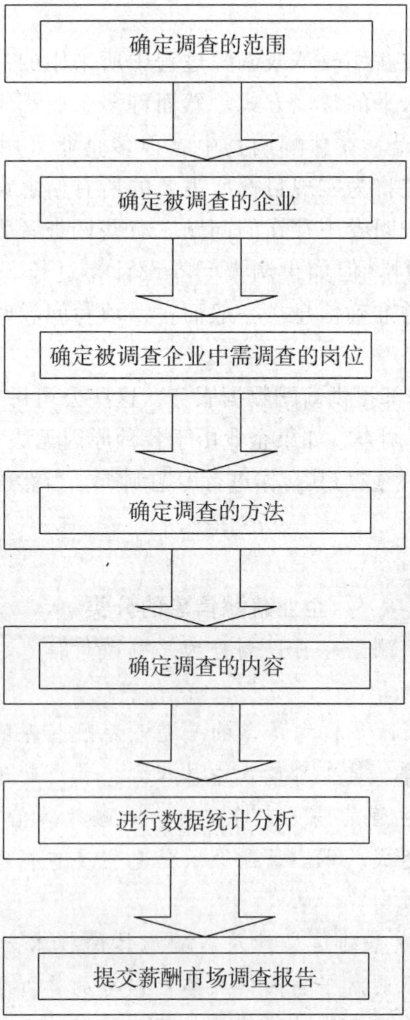

图2-3 薪酬市场调查流程图

1）确定调查的范围

企业一旦决定进行薪酬市场调查，第一步就是要确定薪酬市场调查的范围。企业首先需要了解下列问题：

（1）企业中最难招聘和最难留住的员工岗位有哪些？

（2）员工不满意的地方主要集中在哪里？

（3）哪些地方存在着严重的质量和生产效率的问题？

（4）哪些岗位的市场平均工资比本企业的相同或类似岗位的工资高？

（5）劳动力市场上哪些岗位的竞争最为激烈？

调查设计者确定了企业内部需求后，下一步要做的就是决定去哪寻找所需的数据。分析以下3个问题可以给予调查设计者一些指导：第一，当地劳动力市场是否需要调查劳动力的主要来源；第二，管理或专业岗位劳动力的竞争范围是某一特定区域还是整个国家的范围；第三，调查岗位是否仅在提供特定产品和服务的行业中才能找到。

研究过这些问题后，企业接下来需要做的就是要找出哪些员工是从劳动力市场中雇用来的，还必须确定这些员工是否来自同行业的竞争对手那里。这样做的关键是要得到劳动力市场中所有参与竞争企业的真实的薪酬支付情况。如果一项调查仅限于一类或大小一样的企业，那么其调查结果往往会有一定的偏差，这将导致形成没用的或不理想的薪酬决策。

2）确定被调查的企业

调查设计者确定了调查的范围后，接下来就是确定被调查的企业。在选择被调查的企业时，调查设计者应该本着企业薪酬可比性的原则进行选择，即要选择被调查企业雇用的劳动力岗位与本企业具有可比性的公司。一般来说，可供选择的被调查企业有5类：

（1）同行业中同类型的其他企业（与本企业竞争，提供同类产品或服务的岗位）。

（2）与其他行业中有相似岗位或工作的企业。

（3）与本企业雇用同一类型的劳动力，可构成人力资源竞争对象的企业。

（4）与本企业在同一地域范围内竞争员工的企业。

（5）经营策略、信誉、薪酬水平和工作环境均合乎一般标准的企业。

被调查企业的数目没有一个统一的规定。采取领先型薪酬策略的企业，一般应与几个支付高薪酬的竞争对手交换数据。一般企业可根据人力、财力、物力、时间及调查目的而与同行交换数据，但通常是调查10家以上的企业为宜。

3）确定被调查企业中需调查的岗位

因为在现实生活中，即使岗位名称相同，在不同的企业也可能有不同的工作权责和工作内容，所以在确定调查岗位时，应遵循可比性原则，即在选择调查岗位时，应选择其权责、内容与本企业需调查岗位的权责、内容具有可比性的岗位。调查时可选择被调查企业的主要岗位，并且主要岗位占被调查企业所有岗位的20%或更多，这样就可以根据市场价格确定主要岗位的薪酬水平，其他岗位可以根据与那些主要岗位在被调查企业中的相对价值的比较，确定其薪酬水平。

4）确定调查的方法

企业薪酬调查的目标不同、对象不同，那么所需的信息、选择的方法就有差别。通常，一些较明确、简单、规范的岗位，调查者只需获得简单的信息就可以实现调查目标，因此调查设计者可选择使用简单的调查方法，如企业之间相互调查、委托调查、调查公开信息等；反之，调查设计者则需要使用较为复杂的调查方法才能实现薪酬调查的目的，如调查问卷法。

知识链接2-5

常见的薪酬调查方法

一、委托调查法

委托调查法是指企业委托商业性咨询公司或专业协会进行薪酬调查的方法。商业性薪酬调查一般是由咨询公司完成的。专业性薪酬调查是专业协会或学术团体对薪酬状况所进行的调查，例如美国管理学会（AMA）的一项业务就是调查并提供各行业行政人员、管理人员以及专业人员的薪酬状况。

二、公开信息收集调查法

公开信息收集调查法是指企业通过收集政府、协会等公布的信息获得薪酬调查信息的方法。比如，我国政府每年定期公布的劳动力市场指导价位；美国劳工统计局（BLS）每年都要举行3类调查研究，包括地区性的薪酬调查、行业性的薪酬调查，还包括针对专业人员、管理人员、技术人员和办事员的薪酬状况所做的调查。还可以收集有关的专业协会或学术团体提供的数据，以及报纸、杂志、网络上的数据等。这些数据的缺点是针对性不强，因为政府所做的薪酬调查侧重对宏观信息的收集和调查，侧重点在面而不在点；专业协会或学术团体对薪酬的调查，也不可能面面俱到、完全满足企业的需要，只能用于对行业宏观方面的把握和参考。另外，企业不可能完全免费使用政府、协会等薪酬调查的数据，只是此法比委托调查法成本更低。

三、企业相互调查法

许多企业把自己的薪酬制度看成制胜的法宝，所以把薪酬制度当作企业的机密。大部分的企业不愿意透露薪酬数据，即使提供了数据也有很大水分。企业可以通过不同企业员工之间的相互联系进行调查与收集数据。那些有着良好的对外关系的企业，比较适合采用这种方法，因为它们与同行之间有着较为紧密的合作关系，能够较为轻松地获得所需的薪酬信息。

四、问卷调查法

前3种方法是简单的薪酬调查方法，对于少数的、规范的岗位薪酬调查是切实可行的，但对于大量的、复杂的岗位薪酬调查是不可行的。事实上，20%～25%的企业是通过正式的问卷调查来实现薪酬调查目标的。

案例2-3

薪酬调查问卷

说明：本问卷共有20个问题，问题主要采用单项选择的形式，简单易答。为保证数据的准确性、真实性，请您配合我们的调查。我们将对您所填的一切信息进行保密！感谢您的配合。

第一部分：基本信息

（一）企业信息

1. 贵公司的员工数量为（　　）。

A.20名以下　B.21～100名　C.101～500名
D.501～1 000名　E.1 001名以上
2.贵公司的营业额为（　　）。
A.50万元以下　B.51万～300万元　C.301万～1 000万元
D.1 001万～3 000万元　E.3 001万元以上
（二）员工信息
3.您的性别为（　　）。
A.男　B.女
4.您的年龄为（　　）。
A.18～25岁　B.26～35岁　C.36～45岁　D.46岁以上
5.您的工作年限为（　　）。
A.1年以下　B.1～5年　C.6～10年　D.11年以上
6.您的学历程度为（　　）。
A.中专以下　B.大专　C.本科　D.研究生以上
7.您所处公司的职位为（　　）。
A.中、高层管理者　B.基层管理者
C.办公室科员　D.一线工人
第二部分：薪酬调查部分
8.您平均每月的总收入是（　　）。
A.2 000元以下　B.2 001～3000元　C.3 001～4 000元
D.4 001～5 000元　E.5 001～6 000元　F.6 001元以上
9.您所在职位薪酬的构成是（可多选）（　　）。
A.岗位工资　B.技能工资　C.工龄工资
D.绩效工资　E.月度（季度）奖金　F.年终奖
G.职称补贴　H.五险一金　I.电话（交通）补贴
J.学历补贴　K.其他
10.您的公司福利有（可多选）（　　）。
A.社会保险　B.住房补贴金　C.交通补贴
D.餐补　E.手机通信费　F.其他
11.您的公司奖金的类型有（可多选）（　　）。
A.月度奖金　B.季度奖金　C.年终奖　D.其他
12.您薪酬中奖金部分占的比例为（　　）。
A.5%～10%　B.11%～20%　C.21%～30%　D.31%以上
13.您薪酬中固定工资部分占的比例为（　　）。
A.40%～50%　B.51%～60%　C.61%～70%　D.71%以上
14.您的基本薪酬为（　　）。
A.2 000元以下　B.2 001～2 500元　C.2 501～3 000元
D.3 001～3 500元　E.3 501～4 000元　F.4 001元以上

15.您所在公司的基本薪酬发放的依据是（　　）。

A.基于职位　　B.基于能力

16.您所在的公司的薪酬调整频率为（　　）。

A.半年一次　　B.每年一次　　C.两年一次

D.三年一次　　E.不定期

17.您对自己的工资收入（　　）。

A.非常满意　　B.较满意　　C.不确定

D.不满意　　E.非常不满意

18.您认为自己薪酬水平与同行业其他公司相比，（　　）。

A.远高于平均水平　　B.略高于平均水平　　C.与平均水平持平

D.略低于平均水平　　E.远低于平均水平

第三部分：开放式问题

19.您认为所在公司的薪酬管理还有哪些方面需要改进？

____

20.您是否还有其他需要表达的意见？如果有，请写下。

____

5）确定调查的内容

薪酬调查的内容主要包括：了解企业所在同行业的薪酬水平，是薪酬调查的一项重要内容；还要了解本地区的薪酬水平，不同地区因为生活费用水平、生产发展水平不同，薪酬水平可能差别较大；调查薪酬结构；帮助查找企业内部薪酬不合理的岗位；了解薪酬动态与发展潮流等。

6）进行数据统计分析

（1）统计抽样。

薪酬调查的结果取决于统计的有效性，调查者在统计分析调查数据时应选用哪些可靠的数据进行统计分析是实现统计有效性的关键。任何企业几乎没有可能也没有必要对整个劳动力市场进行调查，取而代之的是抽样调查方法，它可以帮助企业获取企业所需的薪酬数据。统计抽样有以下3种方法：

第一，随机抽样。随机抽样技术使用了各种不同的统计方法，这些统计方法可能包括对数据进行排序或使用一组随机的数字。随机样本是从总体中抽出来的，不考虑任何形式的预选（也就是说，总体中的每一个单位都有相同的被抽中的概率）。

第二，分类随机抽样。将总体分成几个不同的组，分组可以根据组织的大小（员工人数、企业资产等）、地理位置或其他一些特征来进行。分组之后就使用与随机抽样相同的抽样办法，也就是在某一组内进行随机抽样。

第三，分配权重。抽样方法的一个必不可少的步骤就是为所调查企业收集分配权重。很可能一个组织的数据比另一个组织的数据更重要。如果这样的话，分配权重就显得很重要。例如，在对总体进行分组时，将调查企业分成了两个组，从两个组中分别抽出一个公司，如果其中一个组含有调查企业中60%的职位，而另一个含有40%，那么在对整个总体进行分析时，代表第一组的那个公司将比代表第二组的公司多50%（60%

-40%=20%，20%÷40%×100%）的权重，抽样和赋予权重的目的就是将偏离样本的影响最小化，从而选择最适合的分析样本。

（2）数据分析。

数据分析的方法主要有3种：数据排列法、频率分析法和回归分析法。

第一，数据排列法，即将调查的同一类数据由高至低排列，再计算出数据排列的中间数据，即25%、50%和75%点处。薪酬水平定位高的企业应注意75%甚至是90%点处的薪酬水平；薪酬水平定位低的企业应注意25%点处的薪酬水平；一般的企业应注意中点或50%点处的薪酬水平。表2-11是人事专员的薪酬调查数据。

表2-11　人事专员的薪酬调查数据

工作名称	平均工资（元）	排列	
A	6 500	1	
B	6 200	2	（90%点处为6 200元）
C	5 600	3	
D	4 900	4	（75%点处为4 900元）
E	4 400	5	
F	4 000	6	
G	3 950	7	
H	3 950	8	（中点或50%点处为3 950元）
I	3 600	9	
J	3 600	10	
K	3 550	11	
L	3 500	12	（25%点处为3 500元）
M	3 500	13	
N	3 500	14	
O	3 300	15	

第二，频率分析法。如果被调查企业没有给出准确的薪酬水平数据，在调查者只能了解该企业的平均薪酬情况时，可以采取频率分析法。频率分析法即调查设计者通过了解记录在各薪酬额度内各企业平均薪酬水平出现的频率，就可以了解这些企业薪酬的一般水平。

第三，回归分析法。调查设计者可以利用一些数据统计软件如SPSS等所提供的回归分析功能，分析两种或多种薪酬水平数据之间的关系，从而找出影响薪酬水平或者薪酬差距的主要因素以及影响程度，进而对薪酬水平或者薪酬差距的发展趋势进行预测。

7）提交薪酬市场调查报告

薪酬市场调查报告应包括调查对象的基本资料和调查数据，具体内容可分为两大部分：一是薪酬市场调查概述，即包括薪酬市场调查的背景、调查对象的资料、调查开展的具体过程、调查方法、调查样本量的描述、调查的职位描述；二是薪酬数据统计资料，包括薪酬数据的汇总表格、结构图、趋势图，主要是通过最低薪酬额度、最高薪酬额度、频率、中位数、均值、众数等数据进行分析描述。薪酬市场调查报告还应包括薪酬市场调查分析，具体内容包括薪酬调查的组织实施情况分析、薪酬数据分析、政策分析、趋势分析、企业薪酬状况与市场状况对比分析，以及本企业薪酬水平或制度调整的建议等。

2.4.4 薪酬调查的工作要点

即使调查设计者了解了薪酬调查的整个流程，并不代表薪酬调查就能成功。为保证薪酬调查工作的有效性，在实施调查的过程中应该注意如下事项：

1）恰当的职位匹配

在调查中也许最容易出现的错误或不足的地方是对不同岗位的工资进行配比。许多组织对岗位界定和描述得不够详细，如果组织目前的上级不是很确切地知道他们的下级在做什么，那么人力资源部或其他部门又怎能正确地对工作进行描述呢？从而调查人员也不能对他们组织中的岗位进行正确的辨认。

例如，对于秘书这个职位，每个公司都有不同的定义，他们可能做着完全不同的工作内容，没有人能确切地知道秘书是什么岗位。又比如，任何一个根据简单的指令输入数据的人或分析计算机提供的各种报表、找出并解决其中计算机所不能解决的问题的人都被称作计算机终端操作员。岗位配比是有效的工资调查中的一个关键问题。在生产行业中，岗位已经被很好地进行了界定；而在服务行业，具有相似名称的岗位其职责却相差很大。因此，准确地进行岗位配比就显得更加困难，而且更加重要。

2）收集有用的薪酬信息

在进行薪酬调查过程中所收集的各种信息，有的不正确而且可能会产生误导，有的没有价值，有的却非常有用。对薪酬调查的参与者来说，收集无用信息往往耗费时间且徒劳无功。

调查可能要获得一个岗位的平均工资水平，而提供的数据往往是所有在职者的平均工资或者是工资等级中的中间值。尽管调查要求提供基本工资的数据，但有些提供者提供了各种各样的薪酬总额，其中包括加班加点工资及其他的各种补贴（这也可能是由于填写调查表的人不知道基本工资的含义所造成的）。虽然调查表中已经注明了所需的工资数据类别，但这并不意味着所有参与这项调查的人都能明白其中的含义并且提供所要求的数据。可见，收集有用的信息对薪酬调查是何等重要。

3）保证有一个可接受的组织和职位样本

不管组织规模有多大或多小，我们都不可能对它的每一个职位进行薪酬数据调查。在调查过程中，其他的一些基准也可能包括一些特定组织，而这些组织是特定的劳动力市场上的主要竞争者。通常，没有一个组织是所有职位的竞争者，有些组织可能是市场营销职位的主要竞争者，其他的可能是管理支持/文员职位的主要竞争者，而另一些组织是信息系统/数据处理领域的竞争者等。这意味着调查设计者为了获得不同种类职位的薪酬数据，就必须对不同的组织进行调查。除了劳动力市场上的主要竞争者的薪酬支付情况，调查设计者还应知晓其他提供类似产品和服务的企业对类似职位的薪酬支付情况。这些竞争者通常被称作产品竞争者，因为大多数企业都是在产品和服务市场中繁荣或者消亡的，而劳动力成本对企业的产品和服务价格与盈利能力有很大的影响。当企业在设定基本工资时，就必须知道劳动力市场上主要竞争对手的人工成本。当企业对调查总体中的样本进行统计推理时，样本的大小至少要求企业认识到总体与样本之间是否存在某种恰当关系的可能性，所以我们要保证在薪酬调查时能够有一个让被调查企业可接受的组织和职位样本。

4）将数据与组织的薪酬政策相联系

薪酬调查应该为组织薪酬政策的制定提供辅助和有价值的信息。

企业为了能使薪酬政策确实有用且被恰当地利用，在薪酬政策中应该说明薪酬调查所能做的和不能做的。许多组织的决策者觉得人力资源管理部门的员工能力不够，而且觉得他们的所作所为和所使用的工具不够好，决策者认为如果充分注意一下所调查的数据的话，完全有可能消除或至少减少一些干扰。薪酬政策的制定者和决策者相信市场，并且相信市场工资率比人力资源管理部门主观制定出来的工资率更能给人留下深刻的印象，因此他们十分注重将调查数据与组织的薪酬政策相联系。那些负责收集和分析薪酬调查数据的调查设计者就必须明白他们所提供的数据将怎样被使用。明白了这些，调查者就知道如何购买和使用其他组织的调查结果即第三者的调查结果。

5）了解调查设计者和执行者的调查动机

正像所需的数据不一定就是所收集到的数据一样，一个薪酬调查方案的设计者和执行者也有他们相异的调查动机。有些人设计一项调查，是为了收集特定的数据来证明事先确定好的职位薪酬是合理的；而另外有些人的幕后动机则可能是为了表明本企业雇员的薪酬水平太低，由此向不知情的支持者或薪酬评定委员会证明自己提高企业薪酬水平的建议是合理的。可是，使用这些调查数据的其他一些组织可能会发现这些数据是有疑义的，也有一些组织会使用这些数据，以至于他们会做出不可接受的甚至是不合理的主张。因此，充分了解调查设计者和执行者的调查动机，有助于我们在使用调查数据时进行理性的判断与选择。

6）准确预测市场工资率

大多数薪酬调查的一个主要目标就是准确地预测所谓的市场工资率，而准确的市场工资率离不开调查者对所收集的薪酬信息进行分析和推理。

7）福利水平的调查

调查者对工资数据的研究通常是在与薪酬的其他组成部分保持相互独立的情况下进行的。有时在薪酬政策制定者的眼中，工资代替了整个报酬系统。其中的主要问题是工资数据的使用者没有办法去获得特定组织的平均福利水平或薪酬系统中的其他报酬部分的数据。那么，调查者可以做的一个符合逻辑的假设就是：被调查者的福利和报酬水平与我们的相似。或者也有可能做出这样一个决定：我们的福利和薪酬水平比被调查组织的水平高（或低）。因此，在做薪酬调查时应该尽可能地获取被调查企业福利水平的数据。

8）让第三方进行调查

在选择第三方调查时，组织应该考虑以下几个问题：

（1）需要薪酬数据的职位或几组职位有哪些？

（2）应选择的组织：这些组织是按照什么样的标准选择的？这样做是为了将彼此进行对比，它们将是薪酬调查数据的主要来源。

（3）对调查结果的使用：企业使用调查结果是为了通过了解市场薪酬水平而进行薪酬结构的调整还是薪酬体系的设计？

职位类型繁多和可相互比较的组织适合使用第三方的调查数据，但是要注意广开言路，通常企业会不止使用一个“第三方”的数据。

2.5 薪酬调整

薪酬调整是指公司薪酬体系运行一段时间后，随着企业发展战略以及人力资源战略的变化，现行的薪酬体系可能不适应企业发展的需要，这时对企业薪酬管理做出诊断，确定最新的薪酬策略，同时对薪酬体系做出调整的措施。薪酬调整是保持薪酬动态平衡、实现组织薪酬目标的重要手段，也是薪酬管理的日常工作。

2.5.1 薪酬调整的四大影响因素

众所周知，一般来说，员工的薪酬具有不可逆向性，即员工的薪酬是刚性的，不可减少只能增加，否则将影响士气。而企业在做出调薪决定时，考虑的因素也是纷繁复杂的。薪酬的动态调整通常有两种：一是普遍调整，即基于市场薪酬变化、社会宏观环境、公司业绩的变化和公司发展状况等进行的公司整体薪酬水平的调整；二是个别调整，即针对员工能力变化和业绩的表现等进行的调整。企业通过调整薪酬，让薪酬动起来，不仅能充分打造企业薪酬的外部竞争力，有效地吸引和保留人才，还能充分实现企业薪酬的内部公平和个体公平，有效激励员工。在当今这个时代，企业的动态薪酬管理应成为一种常态。其中有四大基本因素，决定着企业的调薪政策。

1）绩效考核因素

这是影响调薪的最重要的一个因素。一个员工绩效考核结果的好坏、贡献价值的多少，将直接关系到是否调薪、调薪幅度等。好的员工调薪幅度将比较大，反之则比较小。一个员工的绩效表现是好是差、对企业的贡献是多是少，应该直接反映到他的薪酬上面，不能“干多干少一个样”，那样会严重影响员工的工作积极性。

2）劳动力市场薪酬定位

在市场化不断深入的今天，薪酬也变得越来越市场化。为了使企业关键岗位薪酬在市场上变得更加有竞争力，保证员工的稳定性，企业必须根据市场变化进行调薪。通常情况下，企业每年都会参考一些咨询企业或专业的薪酬调查机构的薪酬调查，然后根据这些调查所得的数据、企业目前所处的阶段、岗位在企业所占的权重等因素做出相应的调薪政策。随着市场竞争的深化，人才的市场竞争也日益激烈，企业的薪酬只有在市场上具有足够的竞争力，才能留住既有的人才，并有足够的吸引力吸引其他企业人才的加盟。

3）企业盈利水平

当企业盈利表现良好时，通过薪酬调整，将企业的经营成果与大家分享，员工才能保持高昂的士气。当企业盈利欠佳时，也可以通过薪酬调整将企业盈利欠佳的现状传达至每一个员工，由此激发员工的斗志，同心同德、共同奋斗，企业才可能有所转机。也就是说，让薪酬动起来并不是让薪酬升起来，而是以一种动态的管理使之与企业管理的方方面面相适应，实现投入与产出的最佳结合。

4）物价指数

物价指数上升时，表面看员工的薪酬数字没变，但是原定薪酬水平的购买力降低，员工的实际薪酬减少，是一种变相的减薪。如不进行调整，实际上相当于降低员工的薪酬水平，长此以往，员工必会另谋出路。因此，有些公司还会调查当前的物价指数，当物价指数上升时，会适当地对员工进行调薪。

2.5.2　薪酬调整流程

一般情况下，企业到了每年的年底就由人力资源部门开始积极准备调薪的工作。通常情况下，调薪由两个步骤组成，分别为准备阶段和执行阶段。

1）准备阶段

首先，建立本年度企业调薪工作的流程。每家企业的调薪政策都有一定的延续性，但是由于每年的情况各不相同，因此要对政策做出微调。调薪政策包括薪酬政策理念、调薪原则、调薪类别、调薪方式等。

其次，收集调薪相关资讯。最为关键的是，准备最新的薪酬调查报告，并且把企业具体岗位和职称的现有薪酬水平与市场上的平均值相比较。另外，要收集有关劳动力市场和经济发展的走势、相关法律规定、生活指数以及物价指数等信息。

最后，制定调薪建议报告，包含调薪前后的变化、调薪成本等，当然最关键的是调薪比率，并且呈报批准。

2）执行阶段

首先，收回员工绩效考核成绩和各部门主管的调薪建议表。调薪建议表包括现有薪酬金额、薪酬等级等信息。其中，对调薪起作用的是部门主管对调薪的建议、调薪金额与比率、调整薪酬等级、建议调整类别等。

其次，呈报企业负责人批准。当然，在呈报之前还需要做很多工作，主要是协调。主管与员工、企业负责人与部门主管等都有可能对调薪产生分歧，需要进行协调。

最后，公司负责人批准调薪建议表后，人力资源部一方面输入调薪后的薪酬资料进行更新，另一方面向员工发放个人薪酬变动通知单，即通过各部门主管发放给员工个人。

知识链接 2-6

收集薪酬调整测算信息的具体步骤

收集薪酬调整测算信息的具体步骤为：①收集薪酬市场调查的信息。②收集岗位分析、岗位评价、能力测评、绩效考核的结果以及员工定级的结果。③收集企业销售收入、总成本、各部门管理费用等数据。④收集往年的薪酬总额以及各构成项目所占比例等数据。⑤收集企业战略规划和各部门人力资源规划信息。⑥收集各员工的基本工资、能力、所处岗位、绩效考评等信息。

资料来源 中国就业培训技术指导中心. 企业人力资源管理师（四级）[M]. 4版. 北京：中国劳动社会保障出版社，2020.

2.5.3 薪酬调整的项目

公司在对岗位重新评估、公司薪酬结构调整、完成年度绩效考核、员工调派临时工作任务等情况下，将给员工调薪。调薪一般分为以下6种类型：

1）工资定级性调薪

工资定级是对那些原来本没有工资等级的员工进行工资等级的确定，包括：对试用期满或没有试用期但办完入职手续的新员工的工资定级；对原来没有的岗位或初次在企业中聘任的军队转业人员的工资定级；对已工作过但新调入企业的员工的工资定级等。

观念应用2-2

工资定级时的内部公平性与对外竞争力的平衡问题

处理这类问题，不妨采用工资加奖金的办法，公司可以承诺：如果按要求完成了任务，可以给老员工和新员工发放相应的奖金。不同的是，新员工的奖金可以提前支取，每月支取的奖金额度是他的工资与老员工的工资之差。这样，既可以满足新员工的工资要求，又不会引起老员工的情绪波动。与此同时，新员工的工资与公司同等能力的老员工基本持平，只是工龄工资低于老员工而已，尽量保持了内部分配的公平性。

2）业绩调薪

业绩调薪是在一年当中的某个特定的时间，企业为了反映员工的工作业绩和鼓励表现好的员工而进行的年度调薪。该类调薪以工作业绩为导向，以绩效考核为标准，与员工工作表现进行挂钩。通常情况下，表现差的员工一般不给予调薪。

3）能力调薪

这类调薪一般与业绩调薪合并进行，但是调薪幅度更大，以期能够更加激励能力突出且贡献大的员工。该类调薪基本包括两种情况：一是公司认可或者公司业务需要技能的提升，比如职称变化但职位未变；二是工作质量提升，比如熟练度提高等。

4）升职调薪

员工晋升，就是提升其工作职务而被指派担任主管或其他更重要的职务，也意味着其本身“价值”的提升，因此往往伴随着调薪。该类调薪比较常见，通常单独进行，调薪的幅度也依照公司的规章制度进行。

5）工龄调薪

在部分企业当中，人力资源部会根据员工在企业的服务年数，依据工龄做出调薪。

例如一些企业在新员工工作满一年后会给其加薪；有的企业基本工资根据工作年限逐年增加。但一般情况下，工龄调薪在员工服务企业5~10年之后出现得比较多，幅度也不是很大。这也是留住人才、稳定员工的重要措施之一。

6）结构化调薪

这类调薪的着眼点是市场，即根据市场的变化，企业的整体薪酬水平也相应跟着变化，包括为达到业界薪酬水平所做的调整、为符合同工同酬或最低工资的法令规定所做的调整等，其目的是保持企业薪酬在市场上的竞争力。

观念应用2-3

调薪幅度：不同企业不同原则

企业调薪幅度会受各类因素的影响。基本上，企业的薪酬政策分为两大类：市场化和非市场化。根据不同的薪酬政策，有不同的调薪幅度原则。市场化：这类企业确定调薪幅度时多实行“以市场为导向”的薪酬制度，它们确定调薪幅度比较容易，根据可靠的薪酬报告和行业整体的发展趋势，在现有的薪酬政策下，确定调薪幅度。基本上，大多数企业的底线是行业平均水平的80%，如果一旦发现低于这一数字，将会进行加薪，使薪酬达到行业平均水平的80%。非市场化：这类企业调薪幅度的确定要复杂得多，但是有一个原则是不变的，即“与企业当前的战略规划有关，以经济的支出实现当期的目标”。

基础训练

□ 选择题

1.工作评价的主要方法包括（ ）。

A.排列法 B.分类法 C.因素比较法 D.要素计点法

2.薪酬策略的三大类型是（ ）。

A.领先型策略 B.跟随型策略

C.滞后型策略 D.高福利型策略

3.外部环境的（ ）因素会影响企业薪酬策略的制定。

A.劳动力的供求状况 B.生活费用和物价水平

C.所在地域 D.社会经济环境

E.相关政策法规

4.企业内部（ ）因素会影响企业薪酬策略的制定。

A.企业工会的作用 B.企业决策层的薪酬态度

C.企业的支付能力 D.企业文化

E.工会

5.薪酬调整的影响因素有（　　）。

A.员工绩效　　B.劳动力市场薪酬定位

C.物价指数　　D.企业盈利

□ 简答题

1.薪酬设计的流程是什么？

2.薪酬策略会受哪些因素的影响？

3.薪酬结构设计的目的是什么？

4.薪酬调查的目标是什么？

5.薪酬调整的方式有哪些？

综合应用

□ 案例分析

（一）格力的薪酬管理

一、提供有竞争力的薪酬

格力的薪酬水平一直高于行业的薪酬水平。根据格力2018年年报，公司将近9万名员工的平均年薪达到了9.6万元，2018年广东制造业非私营单位就业人员的平均年薪是7万多。

二、提升员工的幸福感

格力努力给员工创造良好的工作和生活环境。

公司为员工购买五险，并提供丰富的诸如免费班车、免费午餐、节假日慰问金、中晚班津贴、工龄津贴、保健津贴、夏季高温津贴、特殊工种津贴，以及在职员工继续学历教育的费用报销和其他丰富的员工培训等各种福利。此外，格力努力为员工营造舒适的生活环境，让员工无后顾之忧。比如，格力先后斥资6亿元建设康乐园，为员工提供稳定充裕的生活环境。2018年8月，格力投资20亿元的“格力明珠广场”人才公寓正式奠基，力求让员工与公司同进步、共发展，稳步推进“格力员工一人一套房”工程。同年9月，格力学校落成开学。格力积极利用相关政府学位政策，解决公司技术研发人员、管理骨干、双职工等群体子女入学需求，为员工解决后顾之忧，有效提升员工幸福感和满意度。

三、及时调薪

在整个家电行业盈利能力持续下降的背景下，格力宣布将为员工平均加薪10%。格力宣称，提出为员工平均加薪10%的计划是格力长期以来关注员工生活、让员工分享发展成果的有计划、有步骤的行动，加薪是对员工价值的尊重。

格力2017年加薪的通知非常简单，《关于公司全员每人每月加薪1 000元的通知》内容显示：“从2016年12月起，在现有月工资的基础上，格力将对入职满3个月的全体员工（特殊议薪人员除外），每人每月加薪1 000元。”2019年年初，格力又根据不同岗位对员工的薪酬进行调整，总共增加薪酬总额在10亿元以内。按照格力员工人数来算，每人平均加薪超过1 000元。这次，格力加薪在具体执行方案上有了一些变化。针对不同类型的岗位，格力采取的加薪标准不一样。比如，技术岗位按照等级评定结果加薪；

管理岗位按照绩效和工作表现加薪等。这样的安排更能产生激励效果，也更加公平合理。

资料来源　HRsee. 格力的薪酬管理案例［EB/OL］.［2023-04-26］. https://www.hrsec.com/?id=1418. 节选.

问题：格力的薪酬管理给你什么样的启发？

分析提示：从提供有竞争力的薪酬和提升员工的幸福感入手分析。

（二）小米集团的高薪策略

网上曾经流传着一个段子，某个大学应届生同时接到了百度和小米的offer，百度开出的是月薪1.7万元，而小米给出的是月薪2.1万元，该生毫不犹豫地选择了小米。虽然此事未经证实，但是说明了一个问题，那就是小米采取的是高于竞争对手的薪酬激励政策，超出的比率是20%～30%。这可以说是一个非常“爽”的薪酬激励政策，对于小米争抢人才无疑是非常有利的。

除了员工薪资之外，小米提供的“软性福利”也能够对人才形成吸引力。小米提供的“软性福利”是公司不断壮大自身人才队伍的重要原因。

小米为员工提供的“软性福利”体现在衣、食、住、行等多个方面，员工能够从中感受公司的人性化关怀。

（1）衣。小米为员工准备了工装，并且会根据季节变化发放相应的工装，体现公司的周到之处。

（2）食。小米开办了自己的食堂，能够解决员工的就餐问题，而且价格非常优惠。与此同时，小米与周边的餐厅建立了合作关系，小米员工消费时可获得优惠。另外，员工可以在下午享受公司提供的下午茶，小憩之后，员工能以精力充沛的状态继续投入到工作当中。

（3）住。小米联手多家房产中介，向员工提供公司周边的房源，员工通过公司合作的房产中介入住时不用交中介费。

（4）行。员工可以乘坐公司专用车来往于公司与地铁站之间。

在衣、食、住、行以外的其他方面，小米也为员工提供了诸多福利，具体包括：公司推出电子产品内购活动，员工可以用优惠价格购买电子产品；公司为员工配备工程机型的手机产品，员工工作满一年则可转为私人财产；在小米工作满5年的老员工可荣获“金米兔奖”等。这些福利不仅不会给公司带来多大的成本消耗，而且能够给员工提供诸多便利，拉近了公司与员工之间的距离，激励员工全身心投入到工作中。此外，小米的这些举措能够提高员工对企业文化的认可度，增强企业内部的团结，帮助企业留住优秀人才，进而提高企业发展的可持续性。

资料来源　HRsee. 小米公司的人力资源管理案例［EB/OL］.［2023-09-26］. http://www.hrsee.com/?id=1137. 节选.

问题：该公司为了持续保持公司员工旺盛的斗志，采取了哪些配套的激励措施？

分析提示：（1）定期进行员工薪酬满意度调查，掌握员工的动态，运用多种激励方式和手段，最大限度地调动员工的积极性、主动性和创造性。

（2）强调外在激励的同时，更应当重视内在激励。强化基于岗位工作本身带给员工的胜任感、成就感、责任感、事业心、影响力、个人的成长和富有价值的创造等。

(3) 设计适合员工需要的福利项目。高薪只是短期内人才资源市场供求关系的体现，而福利则反映了企业对员工的长期承诺。

□ 实践训练

设计薪酬满意度调查提纲

请为你所在学校的教师设计一份薪酬满意度调查提纲。

提示：请根据10个评估指标设计一份薪酬满意度调查提纲。

这10个指标分别为：

1.薪酬是否反映了学校发展目标？

2.教师能否从薪酬制度中体会到校园文化？

3.薪酬是否考虑了教师的工作体验？

4.现有的薪酬制度是否有尊重人才、发展人才的思想？

5.薪酬体系是否与教师绩效挂钩？

6.薪酬制度是否很重视业绩表现优秀的教师的价值？

7.薪酬体系是否充分体现了教师的积极性与创造性？

8.薪酬体系是否充分体现了公平与激励原则？

9.领导层是否支持并服从薪酬管理制度？

10.领导层是否支持薪酬管理体系的改革和创新？

第3章 常见的工资制度类型

学习目标

知识目标：

1. 了解常见的工资制度类型；
2. 熟悉每种工资制度类型所包含的内容；
3. 明确运用每种工资制度的技能并提高工资制度设计水平；
4. 熟知每种工资制度的具体设计方法与步骤。

能力目标：

能够掌握常见的几种工资制度。

素养目标：

能够合理评价劳动贡献和技能要素贡献，树立“多劳者多得、技高者多得”的价值分配导向。

引例

人社部印发《技能人才薪酬分配指引》

本报北京3月17日电（中青报·中青网记者 李桂杰）记者今天从人力资源和社会保障部（以下简称人社部）获悉，人社部日前印发《技能人才薪酬分配指引》（以下简称《指引》），提出坚持按劳分配和按要素贡献参与分配原则，体现多劳者多得、技高者多得的价值分配导向，合理评价技能要素贡献。

人社部发布的最新数据显示，我国技能劳动者已超过2亿人，占就业总量比例从前几年的20%提高到26%，其中高技能人才超过5 000万人，占技能人才总量的比例达28%。

《指引》不是强制性规定，突出技能人才薪酬待遇与企业利益相一致的政策导向，不会增加企业负担，是政府提供工资收入分配指导服务的具体举措。完善符合技能人才特点的企业工资分配制度，有助于调动技能人才积极性，实现人尽其才、才尽其用，有助于促进企业健康发展。

《指引》提出，对于技能人才，可建立基于岗位价值、能力素质、业绩贡献的岗位绩效工资制，强化技能价值激励导向。同时，鼓励企业针对技能人才特别是高技能领军人才实行年薪制、协议薪酬制、专项特殊奖励，并探索实行中长期激励。

《指引》提出，对掌握关键操作技能、代表专业技能较高水平、能够组织技改攻关项目的，其薪酬可达到工程技术类人员的较高薪酬水平，或者相当于中层管理岗位薪酬水平，行业佼佼者薪酬待遇可与工程技术类高层级专家和企业高层管理岗的薪酬水平相当。

除了引导企业突出对技能要素和技能人才创新性劳动的认可，《指引》在薪酬体系、岗位工资、绩效工资、津贴单元、中长期激励设计等方面也提出了具体建议。技能人才工资结构可由体现岗位价值的岗位工资单元、体现能力差别的能力工资单元和体现绩效贡献的绩效工资单元等组成。根据需要，还可设置鼓励多学技能、向复合型人才发展的多能津贴或通岗津贴等。

资料来源　李桂杰. 人社部印发《技能人才薪酬分配指引》[N]. 中国青年报，2021-03-18（7）.

这一案例表明：技能人才具有稀缺性，企业建立起多层级的技能人才职业发展通道，完善符合技能人才特点的企业工资分配制度，有助于调动技能人才积极性，实现人尽其才、才尽其用，有助于促进企业健康发展。

《指引》关于企业技能人才发展通道设计中的定权责、定数量、定考评，以及薪酬分配中岗位评价要素、绩效工资、年薪制、协议薪酬制和特殊奖励等内容，均体现了企业需求和员工诉求之间的平衡，体现了技能人才按要素贡献参与分配、多劳者多得、技高者多得的分配导向。企业可以参考《指引》提供的思路和方法，结合企业实际，建立健全体现本企业特点的技能人才薪酬分配体系。

一个科学合理的薪酬制度应体现下列要求才能发挥激励员工的作用：第一，员工的薪酬分配必须体现企业发展战略的要求，成为实施企业发展战略、实现战略目标的重要支撑点；第二，员工的薪酬分配必须强化企业的核心价值观，只有企业的核心价值观被全体员工所认同，企业内部才能创造一种共同语言，才能从思想和行动上形成一股合力；第三，员工的薪酬分配必须解决好价值分配中的四对矛盾，即现在与将来的矛盾、老员工与新员工的矛盾、个体与团体的矛盾、领导与下属的矛盾，才能促进企业可持续发展；第四，员工的薪酬分配必须有利于培养和增强企业的核心能力；第五，企业应当逐步完善薪酬管理的基础工作，如确立薪酬的市场调查机制，健全工作岗位分析评价及绩效考评制度，实现薪酬制度的整体性和配套性。

3.1　岗位工资制

3.1.1　岗位工资制的概念和特点

1）岗位工资制的概念

岗位工资（post wage）制是指以岗位劳动责任、劳动强度、劳动条件等评价要素确定的岗位系数为支付工资报酬的根据，工资多少以岗位为转移，岗位成为发放工资的唯一或主要标准的一种工资支付制度。它是将劳动组织和工资制度密切结合的一种分配形式。一般是一个岗位一个工资标准，有技术业务熟练程度差别的岗位，则采用两个或两个以上的工资标准。

2）岗位工资制的优缺点

（1）岗位工资制的优点。

第一，工资分配较合理地体现了员工之间的劳动差别。比如，岗位工资制可以合理解决脏、苦、累、险工种岗位与其他岗位，生产技术一线岗位与简单辅助岗位，以及经营决策岗位与基础执行岗位的工资拉平或倒置的现象。第二，有利于合理配置人力资源。如针对一些脏、苦、累、险工种岗位实行岗位工资制，使这些岗位的工资高于其他岗位，可以起到引导员工流向这些岗位、稳定生产队伍的作用。第三，能有效调动工龄短、生产技术一线岗位工人的劳动积极性。第四，工资分配简便易行，透明度高，有利于统一管理。比如，员工工种岗位发生变化或职务升降时，只需要根据岗位或职务变动情况改变工资即可。

（2）岗位工资制的不足之处。

不易反映同岗位或职务内部的员工能力及劳动成果上的差别，不利于充分发挥员工特别是能力强的员工的积极性。因此，在现实生活中，企业需要结合计件工资或奖金来实行岗位工资制。

岗位工资制适用于生产专业化、自动化程度较高的生产流水作业，以及分工细、同一岗位技能要求差别不大的企业和工种，比如纺织工业等。

3）岗位工资制的特点

（1）岗位工资制按照各工作岗位的劳动测评情况确定工资标准，每个岗位都规定有明确的职责范围、技术业务要求和操作规程等，员工只有达到要求时，才能上岗工作。上岗工作后，按照岗位工资制规定的具体办法领取报酬。

（2）实行岗位工资制的员工的增资办法与等级制员工不同，员工的工资随工作岗位的变动而变动。员工上岗和下岗工资有区别，上岗发给岗位工资，下岗则按本人岗位工资的一定百分比支付工资。员工只有到高一等级的岗位工作，才能提高工资等级。岗位工资制不存在升级问题，员工只有变动工作岗位，即只有到高一等级的岗位上，才能提高工资等级。

（3）岗位工资制能有效地调节劳动力合理流向，与企业的专业分工、劳动组织和劳动定员相统一，做到“岗位靠竞争，报酬靠贡献”，有利于改善企业的经营管理。

（4）岗位工资制能使员工在能力最强、贡献最大的时候，得到相应的报酬。因此，它不仅符合劳动力消耗补偿规律，及时体现按劳分配原则，还能激励员工奋发向上，促进企业经济效益提高。

但是，采用岗位工资制要注意如何更好地反映各岗位内部员工的技术和业务水平，特别是实际劳动贡献的差别。这就需要把岗位工资制同其他工资形式结合起来，比如同计件工资制或者奖金制度有机地结合起来，以体现同一岗位内不同贡献的员工之间的实际劳动差别。

3.1.2 岗位工资制的形式

岗位工资制是一种传统的工资制度，早在20世纪50年代就已在纺织行业中实行。为了适应经济体制改革和计划商品经济发展的需要，随着企业工资制度改革的不断深化，一些行业、企业对岗位工资制进行了改进和改革，使岗位工资制的实行范围有了扩大，形式有了进一步发展。岗位工资制主要有3种具体形式：

1）新五岗岗位工资制

为了稳定纺织、丝绸行业的职工队伍，保证生产持续稳定发展，根据国务院国发〔1986〕39号文件《国务院批转国家经委、劳动人事部、纺织部等5个部门关于改善纺织、丝绸工人工资待遇的请示的通知》精神，从1986年起，在纺织、丝绸企业的运转生产工人中普遍实行新五岗岗位工资制。

新五岗岗位工资制对棉、毛、麻、针织、印染、丝绸等纺织企业的运转生产的各个工种，根据岗位责任、技术繁简、劳动强度、劳动条件确定各工种的岗位顺序，统一设一岗、二岗、三岗、四岗、五岗（棉印染、辊筒印花等技术比较复杂的工种设特岗）。各岗位顺序代表着各工种的工作物的等级差别。按照岗序和岗差制定岗位工资标准，即原劳动人事部印发的《国营大中型企业工人工资标准》（劳人薪〔1985〕31号文件）二类产业的六级半、六级、五级半、五级、四级半的标准。实行岗位工资，采取经过考核逐步过渡的办法，即一、二、三岗工人，熟练期满后，经考核合格，从岗位工资的60%开始，以后逐年均衡增加，即第二年70%，第三年80%，第四年90%，第五年达到岗位工资标准。四、五岗工人，熟练期满后经考核合格，第一年拿岗位工资的80%，第二年为90%，第三年达到岗位工资标准。一线运转生产工人实行岗位工资制的同时，要注意处理好同实行等级工资制的二、三线工人的工资关系，避免一线工人与二、三线工人之间在工资分配上产生新的矛盾。

2）“一岗一薪”岗位工资制

“一岗一薪”岗位工资制是指一个岗位只有一个工资标准，各岗位工资标准与其岗位相对应，排列顺序由低到高，组成一个统一的岗位工资标准体系的制度。它只体现不同岗位之间的工资差别，不体现岗位内部的工资差别。实行“一岗一薪”岗位工资制，岗内不升级。新工人上岗采取“试用期”或“熟练期”的办法，不实行“过渡期”。试用（熟练）期满后，经考核合格者，即可执行岗位工资标准。“一岗一薪”岗位工资制适用于专业化、自动化程度较高，流水作业，工种技术比较单一，工作等级和工作对象比较固定的产业、企业或工种。

3）岗位等级工资制

岗位等级工资制按岗位和岗内劳动差别确定工资，一岗数薪。它是在岗位工资的基础上发展起来的一种新的工资制度，兼有岗位工资制和等级工资制的特点，即根据职工在生产工作中的不同岗位确定工资标准幅度，再在同一岗位上按照技术复杂程度、劳动繁重程度及责任大小等将确定的岗位工资标准划分为几个等级，并据此支付报酬。以此适应生产岗位之间存在的劳动差别和岗位内部劳动者之间存在的技术熟练程度与劳动贡献的差异。

岗位等级工资制中的各个岗位，按照技术要求高低、劳动责任、劳动强度和劳动条件等因素划分，岗位内部还要按照技术、业务复杂程度等划分等级，然后相应确定各岗位各级工资标准。职工在本岗内可以考核升级，逐步提高岗位工资，直至达到本岗最高工资标准。在确定各岗位工资标准时，要注意与国家统一制定的职工工资标准相衔接、平衡。

岗位等级工资制一般适宜于专业化程度高、流水作业、分工细、岗位职责明确，并且在同一岗位中技术要求、责任大小、劳动强度和劳动条件等存在差别的行业和工种。一般技术水平高、实践经验丰富的职工在岗位中往往担任负责的或关键性的工作，其责任相对较重，工资也相应较高。

3.1.3　岗位工资制设计的一般程序

岗位工资制的制定和实施是一个系统工作，其大体步骤是：

（1）调查了解本企业中全部工种、岗位的工作性质、内容和劳动组织状况等，将工作性质、内容等相同或相近的归为一类，初步确定岗位种类。比如将铸造、机械加工、组装（装配）、后勤服务分别归为四大类岗位；或者将机械加工中的车、钳、刨、铣等细分为四类岗位。

（2）对各个岗位进行劳动评价，根据评价结果，确定各类岗的岗位数目及岗序。这是制定岗位工资制的关键。所谓岗位劳动评价，就是综合运用劳动组织管理、劳动生理、劳动卫生、环境监测、数理统计和计算机技术等多方面的知识与技术，对企业各工种、岗位的劳动技能、劳动责任、劳动强度、劳动条件等因素进行测定和评定，把劳动者在生产岗位上完成正常生产任务所需要付出的智力、体力及劳动环境的影响抽象化、定量化，以反映不同劳动岗位间的劳动差别，使岗位之间具有可比性。通过岗位劳动评价，以定量的数据确定了各岗位的等级，从而为实行岗位工资制提供了科学、可靠的依据，在实践中已被多数实行岗位工资制的行业、企业所采用。

（3）根据岗位顺序，确定相应的岗位工资标准。其具体办法是：

①先确定最高岗位与最低岗位的工资标准比例关系。

确定一定比例关系时，除了要考虑最高岗位和最低岗位的劳动差别、拟合理安排的最低岗位的工资水平、最高岗位已经达到的水平以及企业工资基金的负担能力外，还要考虑保证职工最佳年龄、最大贡献获得最佳工资的问题。因此，最高岗位与最低岗位工资差别一般应小于等级工资制最高与最低等级的工资差别。

②确定其他各岗的岗差系数。

③根据企业工资基金支付能力和职工现行工资水平，并考虑岗位工资制不升级和最佳年龄最佳报酬的因素，合理确定最低岗位工资标准。

④以最低岗位工资标准为基数，根据岗差系数，求出各个岗位的工资标准。

（4）确定各岗位的工资标准后，将各类岗位职工纳入工资标准进行模拟测算，对不合理部分进行调整，综合平衡各工种、各岗位之间的工资关系，以减少矛盾。

（5）实行岗位工资制，要制定各类岗位的考核标准，包括各岗位工作的职责范围、操作规程、技术业务要求和上岗职工必须具备的条件，以及上岗下岗的工资支付办法等。并且，要结合各类岗位的生产、工作特点，根据需要和可能，配合采取适当的工资形式，如计件工资、浮动工资等。同时，要加强企业定员定额管理，建立健全企业的各项规章制度，以期更好地发挥岗位工资制的作用。

3.2 能力工资制

能力（competency），也叫胜任力，是指任职者胜任其职位所需掌握的知识、技术及所需具备的心理、行为等方面的特征。能力工资制是以劳动者自身综合能力为主要指标，反映劳动质量差别、确定员工的工资等级和标准的工资制度。能力工资制就是要找出胜任某一职位所必需的能力要素，依据这些要素来支付员工的报酬。要找出某一职位所必需的能力要素，就必须将从事同一职位的员工进行优、良、中、差等的分类，从中找出成功员工所具备的特点和要素，依据成功员工的特点和要素评价该职位所有员工，支付其相应的工资。例如，一家商业组织有几个销售人员的销售业绩十分出色，组织就可以研究确定究竟是什么要素使那几个销售人员如此出色。一旦找到有利于销售成功的要素，就把这些要素归为某种能力。然后，将根据各销售人员在这些能力上的多寡来给予他们工资。能力工资制可以区分以下两种具体的工资制度：技术等级工资制，即以应用知识和操作技能水平为基础的工资，主要应用于生产制造性质的企业中的“蓝领”员工；能力资格工资制，即指以基础能力和特殊能力为基础的两部分工资，主要适用于企业的专业技术人员和管理人员，属于“白领”工资。能力工资制在鼓励员工掌握各项新知识、新技能，提高业绩表现，增强参与意识方面，具有明显的优势，尤其适用于那些提倡员工参与管理的企业；但是，这种工资方式给企业带来技术进步、生产率提高等好的变化的同时，可能会使人工成本日益增加。能力工资制是近年来引起越来越多企业青睐的一种基本工资制度，其优点是：能够有力地激发员工之间的竞争行为，有效地刺激员工提高工作效率。能力工资制的缺陷是：将能力量化并衡量一种能力的程度是十分困难的。

3.2.1 能力资格工资制

能力资格工资制又称职务等级工资制，是企业按照员工担任的职务等级规定工资等级和工资标准的一种工资制度，适用于企业中担任管理职务和专业技术职务的人员，不同职务有不同的工资标准，在同一职务内，又划分若干等级，每个员工都在本人职务所规定的工资等级范围内评定工资。

1）职务等级工资制的特点

（1）“一职数薪”制。职务等级工资制是按照职务规定工资，但它不是“一职一薪”制，而是在每个职务内部再细分为若干等级，每个等级规定不同的工资标准，以此反映出同一职务内的各个员工劳动熟练程度的差别。

（2）员工工资只能在职务工资规定的范围内升级。员工工资只能在职务工资所规定的工资范围内进行升级，当升到最高等级时，除非提升员工职务或将其调任其他职务，否则不再会有调薪的机会。

（3）调任新职务，即领取新的职务工资。职务等级工资制是以职务定工资，因此员工调任新职务，即领取新的职务工资，不用过多地考虑员工本人原有的工资水平与资历。

2）职务等级工资制的组成

（1）职务名称序列表。

职务名称序列表是在职能分工的基础上，由国家主管部门对各个职能工作的内容进行横向和纵向的分析、归类，然后制定出的明确的、统一的各种职务名称序列表。有了统一的职务名称序列表，才能在全国范围内对执行同一职务的员工，按统一标准评价，按同一职务确定工资。但我国不同类型的企业，其机构设置和职务序列的安排是不同的。

一般来说，大型企业的经营管理职务序列可由正、副厂长，总工程（会计、经济）师，正、副处（科）长（正、副车间主任），科员，办事员等组成；专业技术职务序列可由高级工程（会计、经济）师、工程（会计、经济）师、助理工程（会计、经济）师和技术员等组成。中型企业一般不设总工程（会计、经济）师，正、副处长和高级专业技术职务。小型企业正、副厂长以下，一般设正、副科长和办事员等职务。

（2）职务工资标准表。

职务工资标准表是职务工资标准的一览表，由职务工资等级数目、职务工资类别及其划分标准、职务工资标准和职务等级线组成。

第一，职务工资等级数目。这是指职务工资一共有多少个等级。职务工资等级的多少可完全由企业自定。一般来说，职务工资等级的多少同企业规模大小成正比关系。

第二，职务工资类别及其划分标准。职务工资类别是指对同一名称的职务根据用人单位的行政级别、产业类别、规模大小等不同造成的劳动差别规定不同的工资标准，是表现同一名称职务工资差别的一种方式，目的是更好地体现同一职务由于用人单位规模大小等不同而造成的劳动差别。

第三，职务工资标准及职务等级线。某个职务执行的最低工资等级和最高工资等级的界限称为职务等级线。

（3）业务等级标准。

业务等级标准是各个职务的业务规范文件，是评定员工职务工资的主要依据。它由应知、业务要求和职责规范三部分组成。应知是指员工从事某项职务所应掌握的专业理论与技能知识，对管理人员还应要求其掌握与其所担任职务有关的政策法规和企业规章制度等知识。业务要求是指从事某项职务所应具备的文化程度和专业知识的最低水平。在某些情况下，对某一职务或工作还要求有一定的工作经验。在实际工作中，也可以把应知、业务要求合并起来，提出一个总的要求。例如，我国对科研、文教等部门的工作人员提出的“职称要求”就是综合二者制定的。职责规范主要是列举各个职务的主要工作内容和从事该项工作的员工所应负的责任、权限，以及完成任务的标准。其内容应该反映出该职务的工作性质、复杂程度、负责程度、职责范围等。职责规范还要体现出企业对员工的明确分工，即指出员工“干什么”和“干到什么样”。

3.2.2　技术等级工资制

技术等级工资制是按照员工所达到的技术等级标准确定工资等级，并按照确定的等级工资标准计付劳动报酬的一种制度，其主要作用是区分技术工种之间和工种内部的劳动差别与工资差别。技术等级工资制是根据劳动者的技术熟练程度、精确程度、工作复杂程度和难易程度等因素将所有岗位或职务划分为若干等级，比如将技术工人工资等级划分为八级。劳动者的熟练程度、精确程度、工作复杂程度和困难程度越高，等级越高；反之，等级就越低。

这种工资制度适用于技术复杂程度比较高、劳动差别较大、分工较粗及工作物不固定的工种。它的最大优点是，能有效调动员工提高技术业务水平的积极性，并促进员工掌握多种技能。这对企业灵活使用劳动力、加强团队合作，以及提高应变能力都是有利的。因为员工掌握的技能越多，企业根据需要安排劳动力的灵活性就越大，员工胜任的工作就越多，团队合作的效率就越高。而且员工对整个生产过程及企业的整体运作了解得越多，其解决问题的水平就越高。技术等级工资制的缺点是，它不能准确地反映员工的实际劳动贡献。因此，企业需要结合奖金、计件工资等奖励工资来运用技术等级工资制。

1）技术等级工资制的组成

技术等级工资制由工资标准、工资等级表和技术等级标准组成。借助这三个组成部分，给具有不同技术水平或从事不同岗位的员工规定适当的工资等级。

（1）工资标准。

工资标准即表示某一等级在单位时间内的货币工资水平。按小时规定的为小时工资标准，按日规定的为日工资标准，按月规定的为月工资标准。我国工人的工资标准大部分是按月规定的，企业可以根据需要，将月工资标准换算为日工资标准或小时工资标准。按照规定的工资标准支付的工资，是员工完成规定的实际工作时间或劳动定额后所支付的工资，称作标准工资。

（2）工资等级表。

工资等级表是用来规定员工的工资等级数目以及各工资等级之间差别的一览表。它由工资等级数目、工资等级差别以及工种等级线组成，表示不同劳动熟练程度和不同工种之间工资标准的关系。

制定工资等级表必须遵循如下原则：

第一，工资增长的幅度，即级差，应当是逐步递增的，或者是累进的。

第二，工资等级的数目应当适当。一般来说，企业实行技术等级工资制，设置普通工、初级工、中级工、高级工、技师、高级技师六个等级就可以了。

第三，工资差额，即最高工资标准与最低工资标准相差的倍数要合理。

制定工资等级表的步骤：首先，要在分析和比较各产业、各工种劳动差别的基础上确定工资等级数目；其次，划分工种等级线；再次，确定工资等级表的幅度，即确定最高工资等级标准与最低等级工资标准的倍数；最后，制定工资等级系数，确定级差。

（3）技术等级标准。

技术等级标准，简称技术标准，是按生产和岗位分类的所有技术工种员工的技术等级规范，是用来确定员工的技术等级和员工工资等级的尺度。它包括应知、应会和工作实例三个组成部分。应知是指员工完成某等级工作所应具备的理论知识，可以同时规定员工应达到的文化水平。应会是指员工完成某等级工作所必须具备的技术能力和实际经验。工作实例是根据应知、应会的要求，列举本工种某等级员工应该会做的典型工作项目。

我国技术等级标准由国家或国家产业部门统一制定。技术等级标准分别明确了各工种的初级工、中级工和高级工应具备的专业和技术能力尺度。员工按照技术等级标准的要求，经过书面考试和实际操作考试，达到某一技术等级标准的要求，就可以评定某一技术等级，并相应地执行某一等级的工资标准。

2）技术等级工资制的操作步骤

在实际工作中，技术等级工资制的一般操作步骤如下：

（1）划分与设置工种，并进行定义。

工种是根据劳动管理的需要，按照生产劳动的性质和工艺技术的特点而划分的工作种类。工种划分与设置的原则包括规范化原则、实用性原则、适用性原则、简化和统一原则，以及行业归口原则。

（2）划分工种等级线，规定学徒期、熟练期。

工种等级线是工种技术复杂程度的客观反映。学徒期是员工掌握本工种基本专业技术理论和操作技能，达到能独立工作所需的培训期限。熟练期是指从事技术操作比较简单并且不实行学徒制度的员工，转正定级以前进行熟悉生产环境和业务技术的期限。

（3）确定技术等级标准。

《中华人民共和国工种分类目录》将工种等级线分为初、中、高三级。各企业可根据工资等级数目的要求，分别将初、中、高级技术标准做相应细分，以适应员工等级考核和确定工资等级的要求。

（4）对员工进行技术等级考核，确定其技术等级。

确定员工的技术等级是确定员工工资等级的基础，所以在实行技术等级制的企业或岗位，应严格按照各等级技术标准对员工进行考核，并以员工达到的技术等级确定其工资标准。可以这样认为，严格按照技术等级对员工考核定级、考核升级是技术等级工资制的灵魂。

（5）制定工资等级标准表。

制定工资等级标准表，要做到如下两点：一是确定工资等级系数；二是计算工资等级标准。工资等级标准要依据工资等级系数、各等级员工数目及企业可能支付的工资总额计算，并应考虑市场的工资行情。

（6）制定技术等级工资制实施细则。技术等级工资制实施细则除包括上述内容外，应将重点放在保证其健康运行的企业管理机制上。

案例3-1

格力科学制定薪酬政策

格力采用固定工资与浮动绩效工资相结合的薪酬制度，综合考虑员工的岗位性质、工作成果、工作地域、技术难度等，按时为员工核定并发放薪酬。同时，员工的薪酬政策会根据宏观经济环境、行业发展趋势、公司战略方向等做动态调整。

格力为进一步拓宽员工职业发展通道，促进人才梯队的建设，按照不同关键领域员工群体，搭建基于员工能力、业绩双提升的职业发展通道。针对专业技术类员工，积极引导其不断提高专业技术水平，围绕关键行为、绩效表现、工作能力、工作经验等内容构建专业技术等级评定体系，并于2018年正式全面铺开，标志着格力员工职业发展通道的全面打通。针对技能型员工，完善技能工种人才储备机制，建立技能工等级评定体系，不断提高技能工专业技能素质。公司共设计出100余条员工职业发展通道，并成功完成任职资格标准体系、培养体系、评定体系及激励体系的全流程体系搭建，实现评定工作常态化运行。2018年，格力获评等级员工共计13 000余人，并实现评定结果在薪酬方面的突破应用，进一步优化基于员工能力的薪酬调整机制，全方位激发员工提升能力，更为人才甄别及发展保驾护航，形成动态长效的激励和发展机制。

资料来源 三人行管理咨询.格力创新答疑支招篇：格力创新对中小企业有哪些启示？[EB/OL].[2023-05-21].https：//www.sohu.com/a/677341199_120362443.

3.3 绩效工资制

3.3.1 什么是绩效工资制

绩效工资制是建立在科学的工资标准和管理程序基础上的工资体系。绩效工资的计量基础是员工个人的工作绩效。

1）绩效工资制的基本特点

（1）与传统工资制相比，绩效工资制的主要特点如下：一是有利于雇员工资与可量化的业绩挂钩，将激励机制融于企业目标和个人业绩的联系之中；二是有利于工资向业绩优秀者倾斜，提高企业效率和节省工资成本；三是有利于突出团队精神和企业形象，增大激励力度和增强雇员的凝聚力。

（2）绩效工资制的不完善之处和负面影响主要是：容易导致对绩优者的奖励有方，对绩劣者约束欠缺的现象，而且在对绩优者奖励幅度过大的情况下，容易造成一些雇员瞒报业绩的行为，因此对雇员业绩的准确评估和有效监督是绩效工资制实施的关键。

2）绩效工资制的主要内容

绩效工资的计量基础是员工个人的工作绩效，因此绩效评估是绩效工资的核心。评估手段可以分为非正式评估和正式评估。非正式评估主要是管理人员对员工工作的个人主观判断；正式评估则建立在完善的评估系统之上，强调评估的客观性。

（1）评估目标及其制定原则。

业绩评估的目的不仅是为付给雇员合理的劳动报酬提供依据，更重要的是发挥雇员个人的能力和创造性，达到雇员个人发展目标与企业发展目标的一致。制定切实可行的评估目标是绩效工资的基础。在评估目标制定中，要遵守以下原则：

第一，雇员对评估目标一定要接受认可，业绩评估目标一定要在上下级之间、主管和雇员之间充分交流的基础上制定；

第二，业绩测量手段要可靠、公正和客观，评估后，要将规划业绩和实际业绩的差距及时反映给被评估者，达到及时沟通的目的；

第三，对业绩非优秀者，要帮助和监督被评估者制订完善的计划，根据计划有针对性地进行培训，或提供改进的条件，达到鞭策后进的目的；

第四，对业绩优秀者，不仅要给予外在奖励（增加收入），还要给予内在奖励（提供晋升和发展机会），从内、外两方面鼓励优秀者为企业做出更大的贡献。

（2）业绩要素。

业绩评估要选择一些有代表性的业绩要素，这些要素能够全面、客观地反映被评估者的业绩，也有利于评估者做出公正的评价。不同企业在业绩要素的选择上侧重不同。此外，在业绩要素的选择上要注意：

第一，要和评估方式相结合。

第二，避免选择一些与工作关系不大，纯属个人特点和行为的要素。

第三，培养关注业绩评估的文化氛围，业绩评估的作用不仅限于工资发放，其最终目标是为了激励雇员实现企业目标的积极性和创造性。

（3）评估方式。

业绩评估的方法很多，但先进的评估方法一是体现规范化和程序化的特点；二是注重评估效果，突破为评估而评估，为报酬而评估的传统框架。

（4）实施条件。

业绩工资的实施需要具备一些条件，包括：

第一，工资范围足够大，各档次之间拉开距离。

第二，业绩标准要制定得科学、客观；业绩衡量要公正、有效，衡量结果应与工资结构挂钩。

第三，有浓厚的企业文化氛围支持业绩评估系统的实施和运作，使之起到奖励先进、约束落后的作用。

第四，将业绩评估过程与组织目标实施过程相结合，将工资体系运作纳入整个企业的生产和经营运作系统之中。

3）事业单位绩效工资制的推行方式

绩效工资分配应坚持“按劳分配、效率优先、兼顾公平”的原则，严格程序，强化监督。

（1）实行总量控制。

事业单位的绩效工资总量由当地规范的津补贴和上年度十二月份基本工资及单位保留的自主决定的工资组成，同级政府人事部门和财政部门核定后下达到单位，各单位只能在核定的总量内，按规范的分配程序和要求进行分配。

（2）完善分配程序。

一是制订分配方案。分配方案涉及每个工作人员的切身利益，必须广泛征求工作人员意见，尽量做到公平合理。在制订方案时，要将工作目标、考核办法及各岗位职责等进行细化和量化，并提到职代会上反复讨论、修订，确保方案的科学性和可操作性；要突出“责、权、利”相结合的原则，制定完善的考核细则；要层层签订责任书，将责任落实到人。此外，方案的制订必须考虑离退休人员的利益，离退休人员应参照机关离退休人员的标准执行。二是严格考核。方案顺利实施的关键是加强内部考核，抓好责任追究，公平兑现奖惩；要成立考核领导小组进行严格考核；要及时公开考核制度、考核办法、考核结果、运作程序等；要按月对工作绩效进行评价打分，兑现绩效工资；要认真分析考核方案中的合理性和可操作性，方案有缺陷的要及时讨论修正。另外，要做好工作人员的思想工作和解释工作，从思想上进行疏导，化解局部矛盾，保证绩效考核的正常运行。

(3) 强化监督检查。

一是规范审批程序。各单位实行绩效工资制，方案必须经职代会通过后，由行业主管部门审批，报人事、财政部门备案。人事、财政部门根据当地经济发展和总体工资水平核定单位的绩效工资总量，最后根据考核情况予以公示和兑现个人的绩效工资。二是纪检、组织、人事、财政、审计部门要加强检查、审核、监督力度，对违纪违规现象及时纠正。三是通过公开举报电话、设立意见箱和意见簿、聘请社会监督员等形式接受社会监督，并经常召开座谈会，听取单位工作人员的意见和建议，以便及时修改方案中不合理的地方，保证事业单位绩效工资分配的公平合理。

4）事业单位推行绩效工资制的意义

绩效工资制度改革是事业单位工资制度改革的重要内容，推行绩效工资制度具有以下重大意义：一是有利于进一步推进事业单位人事制度改革，加大内部管理力度，促进完善岗位设置、岗位聘任、工资基金管理等制度。二是有利于强化事业单位的服务意识和内部成本核算，提高社会效益、经济效益和人民群众的满意度。三是有利于避免年度考核走过场的现象，倡导讲服务质量、重实际贡献的新风尚，建立公正、科学、规范的竞争机制和激励机制。四是有利于充分调动员工的工作积极性和主动性，形成工资随事业单位经济效益好坏自行调节的新机制，更好地发挥工资的杠杆作用，革除事业单位干多干少一个样、吃“大锅饭”的痼疾，充分体现多劳多得、奖优罚劣、奖勤罚懒的分配原则。

5）绩效工资制常见的弊端

问题一：公司内部工资标准和发展不平衡。

同一岗位因处于不同单位，绩效工资标准从制定之初就各自为政，在起点不尽相同的基础上差距越拉越大，每年的增长幅度也有快有慢，这就造成了员工的心理落差和失衡。如果不进行协调和控制，产生不合理的苦乐不均甚至高低悬殊，很可能导致员工间互相攀比和牵制，互相拆台内斗、人心失和，极大地影响着公司整体实力的提升与发展。

问题二：绩效评价缺乏科学依据和规范操作。

绩效管理不能通过评估员工的绩效以及团队、组织的绩效，来确定绩效工资标准，也不能通过跟踪、考核、反馈、分析绩效差距来实现员工绩效的提升，进而改善企业管理水平和经营业绩。绩效评价缺乏科学依据和规范操作。

问题三：绩效考核主观随意性大、流于形式。

其一，绩效考核标准大而笼统，与工作职能严重偏离；考核条款用词含混不清，内容大多千篇一律；不同类型部门考核内容差别不大，针对性和应变性不强；考核标准本身漏洞百出，无法避免考核人员考核的主观随意性。

其二，考核方法不合理、考核标准不稳定、考核人员水平不高、考核执行不严谨、人为操纵成分多，使得考核结果争议大，失去了绩效考核的公正性与有效性，很难令员工信服，最终使考核流于形式。

问题四：横向比较仍然存在绩效分配平均主义。

横向来看，无法体现同岗不同绩效的差异。岗位职能是由员工来执行的，员工的能力有强有弱，同样的工作也有干得优劣之分，因而执行岗位职能的水平和效果均存在差距。

3.3.2 计件工资制

计件工资制是根据员工完成的合格产品数量（或作业量）和计件单价来计算报酬的一种工资形式。计件工资是定额工资的一种典型形式，计件工资也是计时工资的一种转化形式，但计件工资的特点在于它与计时工资的计量方式不同。计件工资一般适用于自动化和机械化程度较低、采取体力劳动与手工操作的企业和工种。而自动化和机械化程度较高、产品数量主要取决于机械设备的企业和工种，则不适宜实行计件工资。计件工资的具体形式有很多，按计件对象可分为个人计件和集体计件。

1）实行计件工资制的条件

合理的计件工资制，必须在具有一定管理水平基础的企业中实行。实行计件工资制的主要条件是：

（1）必须是计件单位的产品数量（或作业量）能够被单独准确地计量，并且产品数量（或作业量）能准确反映劳动者支出的劳动量的工种。

（2）计件工资是按照质量合格的产品数量（或作业量）计酬，因此必须是产品（或作业）质量容易检查的工种。

（3）必须是能够准确制定先进合理的劳动定额，并能准确反映劳动者消耗量的工种。

（4）必须是生产任务饱满，原材料和动力供应正常，成批生产，产、供、销正常，因而能够鼓励员工争取达到最高产量或达到最多工作量的工种。

（5）员工工作的性质主要是增加产品数量（或作业量）。

2）计件工资制的组成

计件工资制由工作物等级、劳动定额和计件单价三个要素组成。

计件工资的计算公式是：

工资数额=合格产品数量（或作业量）×计件单价

（1）工作物等级，又称“工作等级”，是根据某项工作的技术复杂程度及劳动繁重程度而划分等级。

（2）劳动定额。在计件工资中，劳动定额是员工在单位时间内完成合格产品数量（或作业量）的标准尺度，是合理组织员工劳动和计算单位产品（或作业）工资的依据之一，是实行计件工资的关键。

（3）计件单价。计件单价是完成某种产品（或作业）的单位量的工资支付标准。它是支付计件工资的主要依据之一。

3）计件工资制的种类

计件工资制有直接无限计件工资制、直接有限计件工资制、累进计件工资制、超额计件工资制、包工工资制、提成工资制、间接计件工资制、综合计件工资制等形式。

（1）直接无限计件工资制是指按照员工单位时间内所完成的合格品的数量（或作业

量）和统一的计件单价计算劳动报酬的计件工资形式。员工完成的合格产品（或作业），不论数量的多少，均用同一个计件单价计算。这种工资形式只有在企业的经营管理尤其是定额管理比较科学合理的条件下实行，效果才比较好。

（2）直接有限计件工资制是指实行计件工资的每个员工，均规定其超额工资不得超过本人标准工资的一定百分比或有绝对金额的限制。实行这种计件工资，一般是由于劳动定额不够准确，为防止超额工资过多而采取控制的一种办法；有的也是为了保护员工身体健康而采取的办法。

（3）累进计件工资制是指员工完成产量定额部分按一般的计件单价计算，超过定额部分按更高的、累进的计件单价计算的工资形式。这种工资形式与生产任务结合密切，对员工物质鼓励作用较大，适用于劳动强度大、劳动条件差、增产特别困难但又迫切需要增产的企业或工种。

（4）超额计件工资制是指按照本人的标准工资和完成定额的比例计发工资，完成定额可以拿到本人的标准工资，完不成定额酌减，但前提是保证本人80%或85%的标准工资，超额部分，不同等级的员工按照同一单价计发超额计件工资。超额计件工资制一般是在工资总额有严格控制、员工的实际技术等级和工资等级脱节的情况下采用的方法。它有利于同时调动不同等级员工的积极性，也有利于避免企业实行计件工资制后工资总额增加过多。

（5）包工工资制是指把一定数量和质量的生产或工作任务包给员工（班组或工程队），预先规定完成工作的期限和工资总额，在包工员工（班组或工程队）按期完成任务后，就可领取全部包工工资。

（6）提成工资制是指员工的工资总额按照企业的盈利或毛利等的一定比例提取，然后按照各个员工的技术水平和作业量进行分配，也可以是直接按个人的营业额和所创利润提取一定的比例作为本人的工资。

（7）间接计件工资制是指依据员工所服务的主要生产工人的生产（或作业）成果计算工资的形式。它适用于某些辅助工种，条件是本工种的生产（或作业）成果无法被直接计量，而生产（或作业）成果的好坏又与主要生产工人的生产（或作业）成果有直接的联系和影响。因此，可根据其所服务的主要生产工人的生产（或作业）成果计算工资。

（8）综合计件工资制，即计件单价不仅以产量定额来计算，而且要把质量、原材料消耗以及产品成本综合考虑进去。比如，为了确保并提高产品质量，实行按质量分等计件单价等。这样，对于企业来说，在改善产品质量、减少废品和原材料消耗、降低产品成本等各方面均有良好的效果。

以上8种计件工资形式，企业到底采用哪一种形式较好，除考虑生产的特点和工作性质外，企业应当把着眼点主要放在是否有利于经济效益的提高上。

案例3-2

出租车司机的工资支付

一种最为普遍的支付出租车司机报酬的形式是“包车法”，即司机在支付租金和汽油费之后，得到100%的佣金。应该说这种方式最能激励司机增加工作量。“包车法”会促使司机在交完租金之后，自觉延长工作时间，可能会干11～12小时的工作。因为他干得越多，得到的剩余收入越多。但是，在这种情况下，多干对公司是没有好处的。不仅无法使公司从司机的多干中得到一些好处，而且如果车是公司的，司机可能只知道开，而不注意保养。那些按天交租金的司机是不保养汽车的。因此，解决的办法有两个：一是将车卖给司机，那租车公司就没有存在的必要了。二是收取折旧费。如果磨损情况是容易判断的，那就好办，困难的是磨损情况不好判断。因为租金仅是一个平均程度，所以比较好的办法是使公司和司机之间建立一种长期的合作关系，让司机承担养护成本。

另一种是“分成法”，即出租车公司简单地将车交给司机，然后平均分享收入。因为公司无法监督出租车的实际载客量，平均分配收入的方法不如“包车法”好。在50%分成的情况下，司机在完成一定的工作量之后可能就不干了，因为再干，自己也只能拿一半的收入。这样他就会在工作和闲暇之间做出选择。

资料来源 作者根据道客巴巴相关资料整理。

3.3.3　销售提成工资制

提成工资也称分成工资，是按照一定比例从企业的销售额、营业额或纯收入中提取一部分货币进行工资分配的工资形式。提成工资既可以按超过考核基数的营业额或纯收入来提成，也可以按全部营业额或纯收入提成。提成工资在零售业、服务业、保险业、证券业等行业中运用得较为普遍。

提成工资的优点是：员工工资与企业或员工个人的绩效直接挂钩，按劳分配透明度高，能有效调动员工的劳动积极性；提成工资简便易行，制定成本和执行成本较低。但提成工资也有以下几个缺点：第一，它导致员工过分注重销售额和销售量较大的产品，而忽视培养固定客户和努力推销销路差的产品；第二，它容易导致员工之间的收入差距过大，影响员工之间的和睦关系；第三，它容易导致员工忽视售后服务等；第四，员工收入稳定性差。

销售提成工资制是根据销售人员工作时间自由、开放度大、完全以市场为导向等工作特点，将销售人员的工资与个人绩效和顾客满意度联系起来的一种特殊的工资制度。在销售人员的工资构成中，通常有很大比例是与绩效紧密联系的提成工资。

1）销售提成工资制的3种类型

（1）纯佣金制。

所谓纯佣金制，就是指在销售人员的薪酬中没有基本薪酬部分，其全部薪酬收入都是由佣金构成的。佣金通常是以销售额的一定百分比来提取的，所以在实践中又经常被称为销售提成。提成的百分比即为佣金比率，佣金比率的高低取决于产品的价格、销售量以及产品销售的难易程度。

这种薪酬制度的优点在于，它把销售人员的薪酬收入与其工作绩效直接挂钩，因而激励作用很明显。而且，佣金的计算很容易，成本控制得较低。但是，纯佣金制也会造成销售人员收入不稳定，因为销售人员的收入受经济环境和外部因素影响较大。

纯佣金制在那些产品标准化程度较高，但市场广阔、购买者分散、难以界定销售范围的行业（如人寿保险、营养品、化妆品行业等）中比较常见。

（2）基本薪酬加佣金制。

在这种薪酬制度下，销售人员每月领取一定数额的基本薪酬，然后按照销售业绩领取佣金。它一方面为销售人员提供了基本的薪酬收入，解决了纯佣金制下销售人员因收入不稳定而可能会出现的生活困难问题；另一方面吸收了佣金制的优点，保留了其激励作用。

在基本薪酬加佣金的薪酬制度中，佣金部分的计算又可以分成直接佣金和间接佣金两种不同形式。基本薪酬加直接佣金制是根据每位销售人员的销售业绩计发佣金，佣金的计算方式是销售额的一定百分比。基本薪酬加间接佣金制是在薪酬设计中，佣金的计算是首先将销售业绩转化为一定的点值，然后根据点值来计算佣金的数量。

（3）基本薪酬加奖金制。

这种薪酬制度与第二种制度类似，但存在一定的区别。区别主要体现在：佣金直接由绩效表现决定，而奖金和业绩之间的关系是间接的，虽然它也是根据销售额、利润额、销售目标实现率等指标来衡量员工的业绩，然后支付奖金，但通常情况是，销售人员所实现的业绩只有超过了某一销售额，才能获得一定数量的奖金。此外，除了优良的销售业绩之外，新客户开拓、货款回收率、市场调查报告、客户投诉率、企业规章执行等诸多因素都可以影响销售人员所得到的奖金数量。

2）销售提成工资制的制定原则

（1）公平性。

企业员工对薪酬的公平感，也就是对薪酬发放是否公正的认识和判断，是设计薪酬制度和进行薪酬管理时要考虑的首要因素。

（2）竞争性。

竞争性是指在社会上和人才市场中，企业的薪酬标准要有吸引力，才足以战胜竞争对手，招聘到企业所需的销售人员，也能留住优秀的销售人员。

（3）激励性。

在企业内部，不同职务、不同级别、不同销售业绩的销售人员之间的薪酬水平应该有一定的差距，从而不断地激励员工提高工作绩效。同时，具有激励性的薪酬可以增强员工的责任感，并调动他们的积极性和工作热情，创造一种奋发向上、积极进取的企业氛围。

（4）经济性。

佣金水平的高低不能不受经济因素的制约，也就是要考虑销售产品的毛利大小。具体地说，就是“花最少的钱办最多的事”。

（5）合法性。

这是指企业销售人员的薪酬制度必须符合现行的法律规定。如一些中小企业的销售人员的薪金往往是不足千元的底薪加提成，如果销售人员该月没有业绩，就只有那么一点点底薪，这就不符合最低工资标准的规定。

知识链接 3-1

IBM的个人承诺计划

在IBM，每一个员工工资的涨幅，会有一个关键的参考指标，这就是个人业务承诺计划——PBC。只要你是IBM的员工，就会有个人业务承诺计划。制订个人业务承诺计划是一个互动的过程，你和你的直属经理坐下来共同商讨这个计划怎么做更切合实际。几经修改，你其实和老板立下了一个一年期的军令状，老板非常清楚你下一年的工作及重点，你自己对下一年的工作也非常明白，剩下的就是执行。到了年终，直属经理会在你的军令状上打分，直属经理当然也有个人业务承诺计划，上头的经理会给他打分，大家谁也不特殊，都按这个规则走。IBM的每一个经理掌握了一定范围的打分权力，他可以分配其领导的那个team（组）的工资增长额度，他有权力决定将额度如何分给这些人，具体到每一个人给多少。IBM在奖励优秀员工时，是在践行自己所称的高绩效文化。IBM的个人业绩评估计划从三个方面来考查员工工作的情况：一是win，制胜。胜利是第一位的，首先你必须完成你在个人业务承诺计划里面制订的计划，无论过程多艰辛，达到目的最重要。二是executive，执行。执行是一个过程，反映了员工的素质。三是team，团队精神。在IBM埋头做事不行，必须合作。在IBM有非常成熟的矩阵结构管理模式，一件事会牵涉很多部门，有时候会从全球的同事那里获得帮助，所以团队意识应该成为第一意识，工作中要随时准备与人合作。

资料来源 HRsee. IBM高绩效的薪酬文化［EB/OL］.［2022-12-27］. https://www.hrsee.com/? id=51.

3.3.4　浮动薪酬制

所谓浮动薪酬制，是指一种将员工的劳动报酬与企业经营业绩以及员工劳动贡献大小紧密地联系起来，并随之上下浮动的薪酬形式。

浮动薪酬制作为一种新的薪酬形式，主要包括三个要素：一是员工劳动报酬的一部分或全部是浮动的，而不是固定不变的；二是薪酬浮动的直接依据是员工本人的劳动贡献率；三是薪酬浮动还取决于企业（车间或其他经济核算单位）的经营业绩状况。

1）浮动薪酬制的特点及作用

浮动薪酬制的突出特点是：将员工的标准薪酬和奖金、津贴捆在一起，根据员工劳动贡献大小和本单位经营状况的好坏考核浮动工资，改变了完全按照标准发放基本薪酬的做法。这一做法把员工的劳动报酬与其本人的劳动成果和本单位经济效益更直接、紧密地联系起来。浮动薪酬制的作用主要体现在以下几个方面：

（1）在一定程度上克服了薪酬分配的平均主义。

浮动薪酬制是根据企业经营业绩和员工劳动贡献的大小来发放薪酬，这就改变了薪酬“旱涝保收”的现象，拉开员工之间的薪酬差距，体现了按劳分配的原则，鼓励员工多劳多得。

（2）有利于促进管理水平的提高。

实行浮动薪酬制，就要求对单位的经营业绩和员工的劳动贡献进行严格的考核与计量，从而做到有工作标准、有绩效考核、有奖惩标准。这样不但可以健全岗位责任制，还可以使责任落实，提高单位的管理水平。

（3）有利于提高员工队伍的素质。

浮动薪酬制将员工的劳动贡献与个人薪酬挂钩，将单位经济效益的好坏与个人薪酬挂钩，从而激励员工更加关心个人劳动成果与单位的经济效益，促使员工能积极进取，努力提高专业技能知识和业务水平，更关注集体利益。

2）浮动薪酬制的形式

浮动薪酬制的形式主要有以下几种：

（1）薪酬浮动。

薪酬浮动的基本做法是：把员工基本薪酬的一部分（或全部）与奖金捆绑在一起，随着企业经济效益的好坏和员工劳动成果的大小而上下浮动。按浮动的程度又可将薪酬浮动分为全额浮动和部分浮动两种具体形式。

全额浮动，即把员工的全部标准薪酬同奖金及部分工资性津贴捆在一起，按企业的经营成果和个人完成或超额完成工作量的情况浮动发放。

部分浮动，即把员工的标准薪酬的一部分拿出来和奖金捆在一起，根据经济责任完成情况，考核浮动发放。其做法有三种：一是按相对额浮动，即按同一百分比提取每一员工的标准薪酬的一部分与奖金一起浮动；二是按同一绝对额浮动，即从每个员工的标准薪酬中，拿出同一数额进行浮动；三是分档次按不同绝对额浮动，即从不同等级员工中的标准薪酬中，各拿出不同数额进行浮动。

（2）浮动升级。

浮动升级的基本做法就是：在员工现有薪酬等级的基础上，根据企业的经济效益情况和员工的技术业务水平、劳动熟练程度、贡献大小等因素，用企业自有资金对员工进行考核升级。浮动升级是在经济体制改革的新形势下，我国现行薪酬等级制度中定期升级制度的变通做法。

（3）浮动薪酬标准。

浮动薪酬标准的基本做法是：企业在国家规定的参考薪酬标准的弹性幅度内，自行规定一个上限和下限，根据企业经营状况和员工的技术等级、劳动贡献等因素，在规定的幅度内上下浮动。若企业经济效益好且支付能力强，则可实行较高的薪酬标准；反之，企业经济效益下降，则实行较低的薪酬标准。浮动薪酬标准只在本企业内有效。

3）浮动薪酬制的实施

企业浮动薪酬制的实施要按以下几个步骤进行：

（1）根据企业的实际情况和需要，选择适合本企业的浮动形式。从时间看，多数企业采用了薪酬浮动形式，有的企业则将薪酬浮动和浮动升级结合使用，还有的企业采用了三种浮动形式。

（2）要根据企业员工薪酬状况和生产、工作的需求，确定参与浮动的基本薪酬份额的大小。一般来说，以计量考核的工种居多的企业采用基本薪酬浮动的比例可大一些，甚至全额浮动；反之，则采用浮动比例小的形式。

（3）薪酬浮动比例确定后，再对浮动的基本薪酬和奖金、津贴等进行合理的再分配，并相应确立其以何种薪酬形式与员工的个人劳动贡献紧密联系起来。

（4）建立并健全企业的各项规章制度，使员工个人现行的等级标准薪酬与浮动薪酬有案可查，并完善企业的计量考核措施，做到考核有指标、发放有依据，使员工的浮动薪酬与其本人劳动贡献和企业的经济效益紧密地联系起来。

知识链接 3-2

单项薪酬制度制定的必要程序

单项薪酬制度制定的必要程序为：①准确标明制度的名称。②明确界定单项薪酬制度的适用对象和范围。③明确薪酬支付与计算标准。④涵盖该项薪酬管理的所有工作内容，如支付原则、等级划分、过渡办法等。

资料来源　中国就业培训技术指导中心．企业人力资源管理师（三级）[M]．4版．北京：中国劳动社会保障出版社，2020.

3.4　结构工资制

结构工资制又称多元化薪酬制，是指在综合考虑影响薪酬决定的不同因素的基础上，将具有不同功能的薪酬单元进行有机组合而形成的薪酬制度。组成结构工资制的不同单元都有其质和量的规定，并各有其职能和结构系数。结构工资制在实践中运用较广泛，大多数组织的工资形式都可归类为结构工资制。比如，在我国企业运用较多的岗位技能工资制，就是由岗位工资、技能工资、工龄工资等工资单元组成的结构工资制。岗位效益工资制又是以绩效工资和岗位工资为主，兼顾基础工资、工龄工资等工资单元的结构工资制。图3-1是某公司的工资结构图。

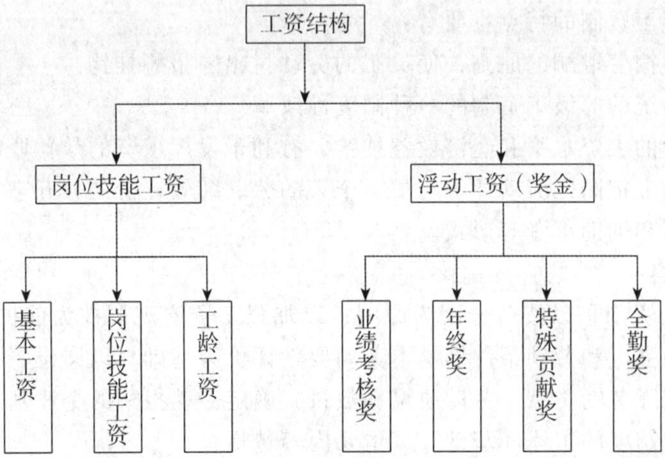

图3-1　某公司的工资结构图

结构工资制有以下几个特点：第一，工资由若干个工资部分或工资单元组成。最常见的工资部分有基础工资、岗位（职务）工资、技能（职能）工资、工龄工资、奖励工资等。第二，通过复合的劳动衡量尺度考评每一个员工的劳动差别，并确定其相应的劳动报酬。各种劳动因素在结构工资中都能得到体现。第三，各工资部分或工资单元之间的比例关系没有固定模式。企业可根据实际情况选择不同的工资单元数目以及不同工资单元之间的比例关系。比如，对生产工人，可采取以岗位工资、技能工资为主，兼顾基础工资、绩效工资的结构工资制；对企业管理人员，可采取以职务工资和绩效工资为主，兼顾基础工资、技能工资的结构工资制；对事务员、公务员，则可采取以职务工资为主，兼顾基础工资、工龄工资以及绩效工资的结构工资制。

结构工资制的优点是：兼容了岗位工资、技能工资、绩效工资、基础工资等不同工资的长处，有助于将员工报酬与其从事的岗位、实际技能水平以及实际劳动贡献全面联系起来。同时，结构工资制具有较灵活的调节作用，有利于合理安排各类员工的工资关系，调动员工的劳动积极性。结构工资制的适用范围较为广泛，既适用于管理职务、技术职务的工种，又适用于事务职务、技能职务的工种；既适用于自动化、专业化程度高的组织和工种，又适用于技术程度不高、分工不细的组织和工种。

3.4.1 岗位技能工资制

岗位技能工资制是我国企业改革中普遍采用的工资制度。它是一种以劳动技能、劳动责任、劳动强度、劳动条件等基本劳动要素为评价依据，以岗位或职务工资和技能工资为主要内容，根据劳动者的实际劳动质量和数量确定报酬的多元组合的工资类型。

1）性质与特点

从性质上讲，岗位技能工资制是一种把劳动者的收入与企业经济效益挂钩的收入分配制度，是我国国有企业工资制度改革中推行的一种主要工资形式。它的实施目的主要是改变原有的以行政级别制定企业员工收入的计划经济模式，建立一种与市场经济接轨的、与现代企业制度配套的员工劳动报酬分配制度。因此，其目的是双重的：第一，建立国有企业与国家之间合理的收入分配关系；第二，合理调整企业员工之间的工资关系，建立有效的内部竞争和劳动激励机制，从收入分配的角度促进企业经济效益的不断增长。岗位技能工资制的特点主要有：

（1）体现了按劳取酬的原则，使员工的劳动付出与报酬挂钩。

（2）是对传统的等级工资制的一种制度性改革。

（3）把企业的工资水平和经济效益挂钩，有利于发挥工资的效益职能。

（4）从结构上把岗位劳动评价与员工个人的劳动绩效评价区分开来，即把员工的收入分为基本工资和辅助工资等形式。

2）基本内容

岗位技能工资制是以按劳分配为原则，以加强工资宏观调控为前提，以劳动技能、劳动责任、劳动强度和劳动条件等基本劳动要素评价为基础，以岗位、技能工资为主要内容，按员工实际劳动贡献（劳动质量和数量）确定劳动报酬的企业基本工资制度。它是企业内部分配制度的主体和基础。其主要内容包括：

（1）建立岗位劳动评价体系。

岗位劳动评价是一个系统，由评价指标、评价标准、评价技术与评价方法等子系统组成。岗位劳动评价是将各类岗位、职务对员工的要求和影响归纳为劳动技能、劳动责任、劳动强度、劳动条件四个基本要素，通过测试和评定不同岗位的基本劳动要素，科学评价不同岗位的劳动差别，并以此作为确定工资标准的主要依据；然后评价者将四大要素进行分解、细化，就成为便于具体测评的若干子要素，即岗位劳动评价指标。岗位劳动评价体系主要由以下四部分组成：

第一，劳动技能要素评价。劳动技能要素评价主要反映不同岗位、职务对员工素质的要求，评价指标包括受教育程度、时间经验和实际工作能力等。根据不同岗位的需要，还可以再将指标细分。例如，受教育程度可分解为高等、中等、初等和文盲等不同层次，实践经验也可按照工作年限分为不同档次。

第二，劳动责任要素评价。劳动责任要素评价主要反映不同岗位、职务对员工劳动责任的要求。评价指标包括产品的质量、数量、成本和消耗，以及设备、财产、安全卫生、经营管理等方面的劳动责任程度。

第三，劳动强度要素评价。劳动强度要素评价主要反映不同岗位、职务的负荷强度，主要通过劳动紧张程度、劳动疲劳程度、劳动姿势和工作利用率等指标衡量。

第四，劳动条件要素评价。劳动条件要素评价主要反映不同岗位、职务的危险程度、危害程度以及自然地理环境和不同工作班次对劳动者生理、心理的损害程度。

（2）设置工资单元。

岗位技能工资制属于基本工资制度，主要由以下工资单元组成：

第一，技能工资。技能工资主要与劳动技能要素相对应，确定依据是岗位、职务对劳动技能的要求和雇员个人所具备的劳动技能水平。技术工人、管理人员和专业技术人员的技能工资都可分为初、中、高三大类别，每类又可分为不同的档次和等级。

第二，岗位工资。岗位工资与劳动责任、劳动强度、劳动条件三要素相对应，它的确定是依据三项劳动要素评价的总分数，划分几类岗位工资的标准，并设置相应档次，企业一般采取一岗多薪的方式，即视劳动要素的不同，即使同一岗位的工资也有所差别。

我国大多数企业在进行岗位技能工资制改革中，只设置技能和岗位两个工资单元，主要是便于与上述四个劳动要素相对应，从而有利于满足特殊岗位对劳动者质量和数量的客观要求，而且操作起来简单易行。

第三，辅助工资。岗位技能工资制是一种基本工资制度，在推行中，还要以辅助工资单元作为补充。辅助工资包括三个工资单元。

①年功工资单元。它是随雇工工龄增长而变动的工资部分。年功工资也称工龄工资，是对长期从事本职工作的雇员的一种报酬奖励形式，目的是承认雇员以往劳动的积累，激励雇员安心于本职工作。年功工资单元以雇员的连续工龄作为工资上升的依据，定期提高工资档次。例如，1992年我国铁路系统年功工资的计算方法见表3-1。

表3-1　**年功工资的计算方法**

企业工龄	年功工资
5年以下	5元
5～8年	10元
8～10年	15元
10～15年	20元
15～20年	25元
20～30年	30元
30年以上	40元

②效益工资单元。它是随企业经济效益而变动的工资部分。为了体现员工报酬与企业效益挂钩，就设定了效益工资单元，它随企业效益的波动而增加或减少。在企业具备了长期支付能力的前提下，效益工资有可能转为基本工资。

③特种工资单元。特种工资主要是指津贴，是对在特殊作业环境、劳动条件、劳动强度下员工生活、生理和心理损害的工资性补偿。津贴一般分为4种：特殊工种的岗位津贴、流动人员的野外作业津贴、从事有毒或有害作业的保健津贴和到边远艰苦地区作业的补偿津贴。

（3）确定岗位技能工资标准。

鉴于我国目前的市场经济发展情况，企业制定工资标准一般会参考国家控制下的岗位工资标准方式，即由国家制定最低、最高标准，提出标准参照系，也即确定各类工资标准和工资单元比重的制定原则，并对企业实行工资总量控制。企业在国家政策的允许下，制定和选择本企业的工资制度与工资形式，以平衡企业各类雇员，特别是工人与管理人员、专业技术人员之间的工资关系。

（4）实施岗位技能工资制度的管理。

企业岗位技能工资制度的正常运行，需要一系列外部和内部环境的支持，一个良好的运行机制是基础，包括：第一，工资标准调整机制，即根据经济发展、劳动生产率提高、物价变动和劳动就业变化等适时进行工资标准调整；第二，正常增资机制；第三，岗位工资动态管理机制；第四，工资结构调整机制。企业良好的运行机制是岗位技能工资制度成功实施的关键。

案例3-3

HS公司制造工程机械产品，人员规模为2 000余人，主要面向华北和西北市场。由于中国工程机械市场在2001年爆发性增长，企业销售规模增长迅速，在2002—2005年，销售收入从16亿元增长到30亿元左右，成为行业内的领先品牌。然而，企业内部的薪酬问题仍然存在。该企业有几种适用于不同类型岗位的工资制度。例如职能部门采用的是以岗位工资为主导的工资制度，即在每月发放的工资中，岗位工资约占80%，绩效工资约占20%；技术部门实行的是组合工资制，由基本工资、岗位工资和项目奖金3部分组成；车间工人采用的是计件工资加奖金的工资制度。

随着企业的发展，高学历、高素质的员工越来越多，企业对产品研发、市场销售人员以及一线生产工人的操作技能和专业能力的要求越来越高。于是，分管人力资源管理工作的副总开始关注工资制度的改革问题，并计划在企业推行岗位技能工资制，试图通过构建岗位技能工资体系，调动员工提升个人能力素质的主动性，从而促进学习型组织的建立。

请结合本案例，说明企业推行岗位技能工资制应当注意哪些问题？

分析提示：（1）首先，应当明确岗位技能工资制的特点、种类及其适用范围。

（2）推行岗位技能工资制必须具备以下前提：

①企业在推行岗位技能工资制时，必须考察自身的生产经营的情况、管理体制的环境，尤其是企业文化这一因素，岗位技能工资制要求企业要有一种比较开放的、有利于

员工参与的企业文化，这样才能保证企业能够充分利用员工获得的新技术和新知识。

②必须建立健全相关工作岗位的技能要求和能力标准体系。

③必须制定实施与岗位技能工资制相配套的员工技能评估体系。

④必须构建完整的员工培训开发体系，将工资计划与员工培训计划有机地结合起来，为员工提高技能等提供机会，创造条件。

（3）必须关注企业人力资源成本的核算，推行岗位技能工资制会引起人力资源成本的增长。

（4）必须注意技能工资制度与岗位工资制度的配套性。

3.4.2 岗位薪点工资制

1）岗位薪点工资制的含义

所谓岗位薪点工资制，是指以管理岗位为主要实施对象，以薪点数为标准，根据企业经济效益情况，按企业结算工资总额确定薪点值，以岗位贡献为依据，以员工贡献大小为基础，确定岗位劳动报酬的一种弹性工资分配制度。岗位薪点工资制坚持以经济效益为中心，以市场为导向，以完善的考核制度为保障，以按劳分配为主体，突出岗位要素在薪酬分配中的作用，合理拉开收入差距，收入分配向关键岗位和重要岗位倾斜，坚持“一岗一薪、岗变薪变”原则，鼓励岗位人员的内部正常流动。岗位薪点工资制是采用比较科学合理的要素计点法进行工作评价，按员工岗位的要素测出每个岗位的点数，然后将其与员工的劳动报酬相联系的制度。其优点是每个岗位的价值直接以工资报酬形式标出，可以使劳动所得与劳动付出更相符合。岗位薪点工资制比较适合岗位比较固定、岗位劳动以重复性劳动为主的岗位工种。

收入=点数×点值

点值=月度工资总额÷总点数

例如，某岗位点数为500点，每个点值为2元，则：

收入=500×2=1 000（元）

总点数由岗位要素点和个人要素点两个部分构成。

总点数=岗位要素点数+个人要素点数

岗位要素点是按照岗位规范，通过科学合理的岗位评价体现员工在岗位工作中劳动“四要素”的薪点。它既表示各岗位本身的劳动“含量”，又用于区分岗位间的劳动差别，上岗定点、易岗变点。

个人要素点是体现员工工作技能和潜在劳动素质的薪点，主要由年功点、技术职务或任职资格点组成，重点突出同一岗位内不同上岗人员之间的劳动差别，发挥工资激励员工提高劳动素质的导向功能，也是对员工积累的劳动贡献、个人技术业务水平提高的补充性报酬。

2）实施岗位薪点工资制的原则

（1）要以实现企业战略目标为核心，以便强有力地支持业务部门开展工作，从而更好地实现企业战略目标。

（2）在建立科学合理的企业管理组织结构的前提下，积极开展“定岗定编”和“工作分析与工作评价”工作。

（3）企业的“定岗定编”必须坚持“因事设岗、因岗定编、因编定员”的原则，合理设置企业的岗位数和编制数，真正实现“精干高效”的目的。

（4）“工作分析与工作评价”必须通过工作分析完善工作说明书，建立岗位评估标准，对岗位责任、岗位强度、岗位条件和岗位技术复杂程度等方面进行评价，体现岗位劳动区别，从而确定岗位薪点数。

（5）改革企业用工制度，实行竞聘上岗及全员定期考核评价制度，完善优胜劣汰的用人机制。

3）岗位薪点工资制的主要内容

（1）岗位薪点工资制的构成。

岗位薪点工资制由基本薪点工资、辅助薪点工资和保障工资三大部分构成。基本薪点工资包括岗位薪点工资、技能薪点工资和学历薪点工资。辅助薪点工资包括工龄薪点工资和效益薪点工资。

（2）基本薪点工资和辅助薪点工资是由薪点值和薪点数等共同确定的。

基本薪点工资=（岗位薪点数+技能薪点数+学历薪点数）×固定薪点值

辅助薪点工资=工龄薪点数×工龄薪点值+基本薪点数×效益薪点值×员工的个人考核贡献系数

员工的个人考核贡献系数参照年终绩效考核管理办法执行。

（3）薪点值的确定。

薪点值=结算工资总额÷（基本薪点数×2）

结算工资总额由企业根据战略需要、同行业的市场价位和企业经济效益情况制定相应的计算管理办法，可成为企业各种工资制度之间的一个重要纽带。薪点值的多少主要取决于企业的结算工资总额的多少，而结算工资总额的多少取决于企业的核定工资总额大小。

薪点值分为固定薪点值和浮动薪点值。固定薪点值的大小依据企业的经济实力、企业过去的历史工资和企业的战略需要等因素相对固定或调整。

浮动薪点值=薪点值-固定薪点值

（4）薪点数的确定。

薪点数可根据企业战略需要和现实需要，经测算和预估后由企业统一确定。其中岗位薪点数的确定，可根据等差递减法加大岗位之间的薪点数的差距，体现关键岗位和重要岗位的作用，从而真正发挥岗位价值的重要作用。

点数的确定是在计点法工作评价基础之上的，考核的基础是个人的岗位职责和实际业绩，它的具体构成因企业情况不同而有所区别。在实践中，通常有3种点数：职位点数、表现点数和加分点数。

①职位点数的确定，即根据岗位责任、岗位技能、岗位强度、岗位条件等要素，对每个岗位用经验评估或以仪器设备手段进行测评，并分析得出每个岗位的点数。其具体方法是：首先拟定职位评价的标准，再根据职位评价的要素（可以进一步细化）对每个职位进行测算，并经过综合分析后获得每个职位的点数，即获得计算薪酬的职位点数。

②表现点数的确定，一般分别按操作人员和管理人员制定计分标准。计分标准的确定一般也要参考岗位劳动差别及岗位的重要性程度等情况。其具体方法是：根据员工的

工作标准，经过考核评定，得出员工在考核期内的表现点数。

③加分点数的确定。对职位点数和表现点数两个部分所不能体现的，而又必须鼓励、强调、照顾的合理因素，主要通过加分点数来体现。例如，员工在本企业的工龄、学历、职称、突出贡献等，就可采取加分点数的办法来酌情增加点数，从而体现岗位薪点工资制的灵活性。

4）岗位薪点工资制具体操作流程

（1）工作分析。

对每一岗位具体工作职责、权限、内容、强度、环境、任职资格等进行全面的分析，并编制工作说明书。

（2）岗位评价。

对每一岗位依据该岗位责任、岗位技能、岗位强度和岗位条件等进行评价。

（3）员工考评。

员工考评主要是以工作说明书规定的岗位职责履行情况为标准，对员工在考核期内的表现和业绩进行考核评价，得出每个员工的表现点数。

（4）综合评价。

对员工进行综合评价，得出员工的加分点数，并对员工所在岗位的职位点数、表现点数和加分点数进行汇总，得到员工的个人总点数。

（5）确定工资率。

影响工资率的因素很多，主要有企业所在行业的特征、所在地区的生活水平、企业自身的经营状况等，企业据此对近期的工资率进行测算，最终确定合理的工资率，即点值。

（6）计算薪点工资。

通常情况下，企业为了增强薪点工资的激励作用，还会对其进行必要的组合，例如将薪点工资的一部分固定发放，剩下的部分则根据业绩考核发放。薪点工资的计算公式：

薪点工资=员工个人总点数×工资率×考核系数

也有的企业将经济效益体现到员工的薪点工资中，由此得到另一个薪点工资的计算公式：

薪点工资=员工个人总点数×工资率×企业效益系数

还有的企业将多种方式加以组合，以激励员工产生良好的个人业绩，从而有助于个人目标的实现和企业发展的良性循环。

案例3-4

Z公司的岗位薪点工资制

Z公司的集团总部机关原先实行岗位等级工资制，由年功工资、岗位工资、效益工资和特殊工资四个工资单元组成。其中，岗位工资是主体，效益工资等是补充。其公式如下：

员工月岗位工资=岗位工资基数×对应岗位系数

员工月效益工资=效益工资基数×对应岗位系数

岗位等级工资制运行后，出现了以下几个问题：一是效益工资与企业当年经营成果脱钩，存在严重的滞后性，无法体现效益工资的激励作用；二是效益工资无法体现员工的个人贡献；三是效益工资无法体现企业业绩、部门业绩和个人业绩的有机结合，不能有效地保证企业战略目标的实现；四是对应岗位系数的调整变动缺乏科学的理论依据，而且不是特别便利；五是出现工资总额支出的僵化现象，等级森严，无法体现岗位价值的重要作用，更不能充分调动员工的工作积极性。岗位等级工资制只是拉开了工资差距，但是等级依旧森严，没有充分体现岗位价值的重要作用，对岗位任职者也没有给予充分的激励，更没有考虑企业人工成本的支出以及企业战略目标的实现需要。

Z公司为了调动骨干人才和关键岗位管理人员的积极性，今年起在总部机关管理岗位实施岗位薪点工资制。岗位薪点工资制突出的是岗位，实施的前提是必须建立在科学定岗定编、编制工作说明书并对工作进行评价的基础上，而做好工作评价是成功实施岗位薪点工资制的关键一环。为了能够切合实际地进行工作评价，Z公司按岗位工作特点、工作责任和任职要求等构建了工作评价指标体系；组织了包括员工代表、部门负责人及专家等多人参加的工作分析评价小组，对各岗位工作进行定量评价，尽可能客观、公正地反映某一岗位工作对公司的真实价值。实施岗位薪点工资制后，各岗位薪酬基本与市场接轨，关键岗位高于市场平均薪酬，管理人员责任心、服务意识显著增强。岗位薪点工资制的作用明显发挥出来。

问题：Z公司实施岗位薪点工资制后对公司发展有什么作用？

分析提示：我们可从以下八个方面分析岗位薪点工资制的作用：

（1）薪点数的确定，能充分体现岗位价值的重要作用，突出关键岗位和重要岗位的作用。

（2）固定薪点值的确定和调整，有助于提高企业的应变能力，根据宏观环境的变化对全体员工的固定工资及时做出相应的调整，也有助于企业统一工资标准。

（3）效益薪点值的确定，有助于使员工的利益与企业的利益紧密结合起来，有效地激励员工的工作积极性。

（4）通过员工的个人考核贡献系数，实现了员工的个人利益与员工的个人业绩、部门整体业绩的紧密结合，从而进一步发挥了企业内部的团队凝聚作用。

（5）通过工资总额的核定，使企业有效地预测和控制人工成本的支出，并在企业内部建立起有效的公平竞争杠杆和激励导向机制。

（6）能与岗位动态管理有机结合，为岗位的内部正常流动提供了非常迅速、方便的工资计算。

（7）员工的岗位薪点数可随年终绩效考核结果进行相应的调整，完全实现岗位薪点工资的动态管理。

（8）建立岗位薪点工资制，可以进一步完善企业的基础管理工作，树立“一岗一薪”、“岗变薪变”、“岗位价值”和“系统工程”观念，改善企业的内部管理流程，以便更好地支持企业战略目标的实现。

3.4.3 岗位绩效工资制

1）岗位绩效工资制的含义

岗位绩效工资制（post performance salary mechanism / post performance wage system）是以员工被聘上岗的工作岗位为主，根据岗位技术含量、责任大小、劳动强度和环境优劣确定岗级，以企业经济效益和劳动力价位确定工资总量，以员工的劳动成果为依据支付劳动报酬，将劳动制度、人事制度与工资制度密切结合的制度。

2）岗位绩效工资的构成

（1）岗位工资：体现岗位责任、岗位技能、岗位强度、岗位环境等劳动差别的工资单元，是岗位绩效工资制的主体部分。

岗位工资标准=岗位工资基数×岗位系数

岗位工资基数依据企业支付能力和市场劳动力价格确定，适时调整。

岗位系数通过岗位分析综合评价确定。

（2）年功工资：依据员工为企业累计贡献年限来核定的工资单元，不随岗位的变化而变化，用以调整新老员工分配水平，保护老员工的切身利益，鼓励员工长期稳定地为企业工作，加强员工的稳定性和向心力。

（3）绩效工资：根据企业的效益和员工的业绩而确定的工资单元。

（4）基础工资：企业依据地方物价水平及最低工资标准来确定，主要体现工资的保障功能。

（5）津贴：国家规定的政府性津贴及在特殊作业环境、劳动条件、劳动强度下对员工生活、生理和心理损害的工资性补偿。

3）实行岗位绩效工资制的必要性

（1）建立现代企业制度的需要。

随着世界经济一体化的推进和我国市场经济体制的确立，我国企业面临更为严峻的挑战。这就迫使我国企业必须尽快转换经营机制，建立现代企业制度，走入国际市场并广泛地参与国际竞争。作为转换经营机制一个非常重要的方面，工资管理直接服务于企业的人事政策并最终要有利于企业的生产经营发展，实行岗位绩效工资制是建立现代企业制度的需要。

（2）企业参与市场竞争的需要。

由于市场上人力资源的竞争以及工资对劳动者的特殊意义，企业的工资管理必须考虑劳动力市场的一般行情、劳动者的最低生活费用要求以及企业的人工成本承受能力，企业在处理工资问题时，还有更加细微的因素需要全面地加以考虑。这一切都在提醒着我们，必须牢牢把握市场经济的客观规律，建立与社会主义市场经济客观规律相适应的、规范有序的、充满活力的工资分配制度，发挥劳动力市场机制的作用，根据企业自身的经济条件自主地决定工资分配制度和分配方式，追求工资效益。

（3）企业追求利润最大化的需要。

在市场经济体制下，企业成了真正独立的商品生产经营者，成为经济活动中生产经营决策的主体。企业要实现利润最大化的经营目标，必然努力降低包括工资在内的产品成本，力求提高劳动力投入的经济效益。工资不再是作为福利来使用的，而是作为提高生产力的一种方法、工具和手段来使用的。员工工资也就是劳动力价值的体现。市场的竞争、企业的竞争归根结底是人力资源的竞争。人是创造财富的能动力量，运用各种手段激励、调动劳动者的积极性和创造性是管理好现代企业的核心。因此，人才的开发是第一发展战略。企业要发展，就必须树立“以人为本”的观念，摆脱传统等级工资制的束缚，打破单一的分配形式，逐步实行以岗位绩效工资制为主要形式的工资制度。通过加强岗位分析，科学地区别岗位之间的劳动差别，合理确定岗位工资，理顺不同岗位之间的工资分配关系，使工资分配向关键岗位倾斜。工资分配必须坚持将员工工资收入与企业的经济效益和员工的实际劳动贡献挂钩，向劳动力市场价格靠拢，建立起工资分配的激励机制和约束机制，才能进一步适应市场竞争的客观要求。

（4）企业贯彻按劳分配原则的需要。

如果工资制度在各单元相对比重的设置上不科学，顾此失彼，就会出现工资价格不能一目了然，难以把全部工资标准同实际劳动量联系起来，一些工资单元往往成为与劳动无关的“死工资”的现象，造成同工不同酬、不同工同酬，工资分配关系背离了市场劳动力价格，急需的骨干人才收入低于市场价位，从而使得高层次人才流失，而简单劳动岗位人员的收入大大高于市场价位，人浮于事，工资分配的保障功能过强，激励功能不足，只有执行以岗位为主体的岗位绩效工资才能解决这个问题。

4）岗位绩效工资制的特点

（1）直观科学地发挥了工资的“按劳分配、多劳多得”的功能。岗位绩效工资制虽不制定技术标准，但各岗位都有明确的任职条件、职责范围、技术要求和操作规程，员工只有通过考试（考核）达到岗位要求时，才能竞争上岗。它对岗不对人，依据企业经济效益和员工竞争上岗的岗位及岗位劳动成果支付工资，兼顾效益与公平的原则，突出了岗位劳动和技术要素在工资分配中的地位。

（2）减少了平均分配的项目，简化了工资单元，优化了工资结构，有利于发挥工资的调节功能。将原技能工资和各种企业津贴补贴工资单元并入岗位工资，既解决了岗位工资比重低、力度小，对岗位流动导向不利的矛盾，又解决了日益突出的岗位与技能分离的问题，进一步强化了工资的激励和调节职能，也加强了工资管理。

（3）引入市场机制，调整了工资关系，使工资分配逐步向市场劳动力价位靠拢，强化了市场机制的基础调节作用。调整岗位分析各子因素的分值，向经营、科研、管理、营销和生产骨干倾斜，降低一般简单、重复性劳动的岗位系数，从岗级划分上拉开了差距。岗位劳动收入趋向市场劳动力价格水平，发挥了工资的“经济杠杆”作用，有利于稳定经营、科研、管理、营销和生产骨干，促进劳动力资源的优化配置，激励员工提高自身素质。

（4）把员工工资与企业效益捆在一起，使员工和企业形成了利益共同体。岗位工资突出一个“变”字，由企业支付能力和市场劳动力价格两个变量决定；在运行中，强调易岗易薪、岗变薪变。绩效工资突出一个“挂”字，由企业超额利润提成形成，按员工超额劳动进行分配，与企业效益和员工业绩双挂钩。

5）实行岗位绩效工资应坚持的基本原则

（1）以岗定薪，岗变薪变。

实行以岗位工资为主体的分配办法，员工工资收入要与员工的岗位职责、工作业绩和实际贡献挂钩，使员工工资收入随岗位的变动而相应变动。

（2）岗位管理，绩效考核。

依据岗位职责和工作目标，制定岗位考核细则；依据岗位职责和岗位业绩完成情况，实施定期考核；根据考核结果，按照内部分配方案兑现岗位工资和绩效工资，实现岗位绩效工资的动态管理。

（3）效率优先，兼顾公平。

员工的收入分配既要重实绩、重贡献，合理拉开分配档次，也要兼顾公平，努力提高全体员工的收入水平和工作积极性。

6）岗位绩效薪酬设计五步法

基于岗位价值和业绩导向的薪酬结构即岗位绩效薪酬形式是目前薪酬设计的主流。通过下面五个步骤进行岗位薪酬的设计，相信对于企业自己建立合适的薪酬体系会起到一定的指导作用：

（1）第一步：梳理工作岗位。

从企业整体发展需要出发，基于工作流程的顺畅和工作效率的提高，梳理目前的工作岗位。分析不同岗位之间划分的合理性：工作职责是否清晰，各个岗位间的工作联系是否清晰、合理。工作分析的结果是形成岗位清单和各个岗位的工作说明书。

（2）第二步：进行岗位价值评估。

选择某种岗位价值评估工具，并组织企业内部专家和外部专家逐个对岗位进行评价，在此过程中如果企业认为自身力量不够，可以考虑另请外部专家进行培训和指导。岗位价值评价方法和工具有很多，分为量化的和非量化的两类。评价的岗位较多时，建议优先考虑计分法。计分法的优点是结果量化直观，便于不同岗位间的价值比较。对于一般制造型企业的评价工具可以考虑北大纵横的二十八因素法。

（3）第三步：岗位分类与分级列等。

首先，对岗位进行横向的职系分类；其次，根据评价结果按照一定的分数段进行纵向的岗位分级；最后，考虑不同岗位级别的重叠幅度。分级时应当考虑两个平衡：不同职系间岗位的平衡和同类职系岗位的平衡。不同职系和级别的岗位薪酬水平不同。

（4）第四步：设定薪酬水平。

根据上一步的岗位分级列等的结果，对不同级别的岗位设定薪酬水平。薪酬水平的设定要考虑企业薪酬策略和外部薪酬水平，以保证公司薪酬的外部竞争性和公平性，保障公司薪酬的吸引力和控制公司重点岗位员工的流失。

（5）第五步：确定薪酬结构。

以设定的岗位薪酬水平为该岗位的薪酬总额，根据不同职系岗位性质确定薪酬结构构成，包括确定固定部分与绩效浮动部分比例以及工龄工资、各种补贴等其他工资构成部分。一般来讲，级别越高的浮动部分比例越大，岗位对工作结果影响越大的浮动部分比例越大。

7）岗位绩效工资制的管理办法

（1）根据市场变化和工作需要，按照精简高效的原则定编、定岗，并通过岗位规范明确每一个岗位的责任和上岗条件。通过加强岗位工资的动态管理，实行定期考核，竞争上岗，以岗定薪，建立规范的培训、考核、使用、待遇相结合的机制，以促使员工钻研科学技术，提高业务技能水平。

（2）岗位工资实行系数标准。

岗位按工作性质可分为技术岗位、管理岗位、生产操作服务岗位三个序列。技术岗位序列根据科研攻关项目（课题）的性质、技术含量、经济效益和社会效益等划分岗级；管理岗位序列按所承担的企业经营指标、管理责任和工作量等划分岗级；生产操作服务岗位序列根据工作岗位的劳动特点、技术复杂程度、劳动力市场可替代性等划分岗级。岗位工资系数要根据企业经济效益和工作任务完成情况、工资支付能力、劳动力市场价位等情况适时调整。

（3）推行岗位职务聘任鉴定制。

各类人员都要实行竞争上岗，职称、学历、资历只能作为聘任的前提条件。要签订上岗合同，明确岗位职责和上岗相应待遇。坚持岗变薪变，易岗易薪，岗位工资随员工岗位的变动而调整，在岗执行岗位工资，试岗执行试岗工资，下岗执行下岗工资。

知识链接 3-3

国企负责人的绩效考核应与业绩挂钩

如何考核国企负责人，绩效年薪和任期激励收入将发挥什么样的作用？从各省公布的国企负责人薪酬改革方案看，多省明确提出了与企业职工收入、企业经营状况直接挂钩的考核机制。湖北的改革方案提出，企业在岗职工当年平均工资不增长的，企业负责人的绩效年薪不得增长。广东、湖北、山西等地的改革方案都明确，任期内出现重大失误、给企业造成重大损失的，根据其负责人承担的责任，追索扣回部分或全部已发绩效年薪和任期激励收入，并规定追索扣回办法适用于已离职或退休的省管企业负责人。此外，广东的改革方案中还明确，经营性亏损企业负责人的基本年薪应适当下调，年度综合考评为不胜任的不得领取绩效年薪及任期激励收入。广东省属某企业负责人介绍："如绩效完成优异，按照方案规定的最上限计算，则总薪酬能与此前基本持平。但如绩效较差或不及格，则总薪酬下降幅度可能达到50%。"

资料来源 佚名. 地方国企负责人薪酬改革全面启动［EB/OL］.［2022-01-06］. https://www.sohu.com/a/71783888_161788.

3.5 奖金制度

3.5.1 什么是员工奖金

员工奖金也称员工激励工资或者员工可变工资，是根据员工超额劳动或超额贡献的大小支付报酬的一种工资形式。奖金可以与员工的个人业绩挂钩，也可以与他所在团队的业绩挂钩，还可以与组织的整体业绩挂钩。但需要注意的是，奖金不仅要与业绩挂钩，也要与员工在组织中的岗位价值有关，它通常等于两者的乘积。

1）员工奖金的含义和特点

（1）员工奖金有两层含义：

第一，员工奖金是员工工资的一种必要补充形式，可以补充基本工资形式的不足，更好地落实企业按劳分配原则和公平原则。

第二，员工奖金是员工超额劳动的报酬。

（2）员工奖金具备如下特点：

第一，单一性。这是相对于薪酬的综合性来说的。由于奖金可以根据工作特点和企业需要确定，可以设置单一的指标，如质量指标、物资消耗指标、安全指标等作为奖励条件，因此奖金仅仅反映员工某一方面的劳动差别。

第二，灵活性。奖金的灵活性表现为奖励条件的多种多样。奖金可及时根据生产的需要，对奖励的范围、项目、标准、周期进行调整，可以有针对性地奖励某项工作的持续运行，也可以抑制某方面的问题，有效地调节企业在生产经营中对工作数量和质量及工作过程的要求。

第三，及时性。奖金虽然是对员工以往绩效的奖励，但奖金的及时性特征使其具有较强的奖优罚懒功能。一些奖金项目的周期可以定得很短，奖励条件也可以灵活制定，奖金额和受奖人数还可以随生产需要而变化，只要完成一个预定的考核周期，奖金就可及时发给本人，从时间上强化了奖金的及时性。

第四，荣誉性。奖金是对那些为企业做了贡献、提供超额劳动的劳动者进行的奖励。谁得到的奖金多，就证明谁劳动好、贡献大。所以奖金还有表扬先进、鞭策落后、树立劳动光荣新风尚的作用。

2）现行奖金方式

奖金的种类较多。按奖励对象分，有产出奖金和投入奖金。比如，为奖励员工超额完成产品数量、销售额、利润而设立的超额奖，就属于产出奖金。投入奖金包括：为促进员工技术革新，提高企业的技术水平而设立的革新发明奖；为鼓励员工节约成本，减少消耗而设立的成本节约奖；为鼓励员工改进企业管理而设立的合理化建议奖等。奖金还可按奖励兑现的时间长短分为长期奖金和短期奖金等多种形式。现行奖金发放方式按照奖金支付对象的不同，分为以下两种发放形式：

（1）面向员工个人的发放形式。

全勤奖金：每月以员工出勤状况来分配奖金，但缺点在于只注意表面是否缺勤，而不关心实际的工作绩效。

超产奖金：该奖金以一个月为周期设定目标，达到目标以上者给予一定数额的奖金，未达目标的就不给。其缺点在于领不到奖金的员工多，有的员工对其不感兴趣。

增产奖金：设计一个目标，达到目标以上者，每增加一定数量就给一定百分比的奖金。其缺点是，有的员工对此兴趣也不大。

绩效考核奖金：设计考核项目并予以评估，根据考核结果发放奖金。该奖金发放方式比较能体现公平合理的业绩挂钩原则，但操作起来有一定困难。其缺点是，若考核项目不客观，考核办法不得当，就会引发员工的不满。

（2）企业团队或全员奖金制度。

收益分享：收益分享是让员工参与分享超过常规收益的那部分额外收益。企业收益分享部分的派发可以按月份、季度、半年和年度进行，具体情况取决于企业对工作业绩的衡量方式。额外收益的分配越是经常进行，员工对奖励的感受度就越高。因此，在可能的情况下，多数具有收益分享计划的企业都选择比年度分配要频繁的分配次数。

利润分享：利润分享是指将企业的部分利润在员工间进行分配。分配给员工的利润百分比，一般在年底分配之前由劳资双方协商来确定。在有些利润分享计划中，员工在年底可直接获得应分享的部分；在另一些计划中，利润分配被推迟并置入企业年金，员工可在退休或离开企业时取走。

员工持股计划：员工持股计划是一种比较普遍采用的利润分享方式。员工持股计划使得员工成为其所在企业的持股人，这种方式增强了员工对企业的认同、忠诚和责任心。短期奖金都注重一时一事，对员工的短期行为具有激励作用，但短期奖金有可能导致员工过分追求短期利益，而忽视长期利益。因此，为了鼓励员工在一个较长的时期内关心企业的长期利益，企业可以对员工实行长期奖金制度。而员工持股计划就是常见的、以鼓励员工长期努力工作为目的的长期奖金形式。所谓员工持股计划，就是指企业以赠送或低价出售公司股票的形式来支付员工部分报酬的一种奖金形式。但企业同时规定，赠送或低价出售给员工的股票，必须持有一定年限后才能出售。因为股票的价格和企业的经济效益密切相关，员工持股后，为了自己的利益，希望股票升值，就会更加关心企业的长期利益，并为之努力工作。目前，采取员工持股计划的企业在世界范围内大幅度增加。据调查，20世纪90年代中期，采取员工持股计划的美国企业约有1万个，员工超过1 000万人。我国近年来采取员工持股计划的企业也开始大幅度增加。

3.5.2 奖金的制定程序

1）确定奖金总额、奖金项目和采取的形式

奖金总额要按照企业经营计划的实际完成情况来制定，在制定奖金总额的基础之上，企业还要根据自身经营、生产、管理的需要，结合企业的实际情况确定奖励项目和采取的奖励形式。如企业为提高产品质量，强调质量意识，可设立质量奖，并决定一季度评奖一次或每月评奖一次等。

2）确定奖金分配原则

企业可根据企业战略和企业文化来确定奖金分配原则。奖金分配原则有目标明确原则、基本薪酬与奖金兼顾原则、科学合理分配原则、物质奖励与精神奖励相结合原则等。

3）确定奖金发放条件

奖金发放条件是奖金制度的核心，反映了奖金制定的目的和方针，是考核员工业绩和计算奖金的依据。奖金发放条件可以根据企业生产的性质和需要，以及各类员工的劳动特点等具体情况来确定。另外，企业的奖金发放条件应有主次之分，评奖指标既要合理，又要尽可能地运用量化评比，以便于计算。

4）确定奖金发放范围

奖金发放范围是指可享受该项奖金的对象。企业应该根据奖金发放条件来决定发放范围，只有与奖金发放条件有直接关系的员工才能获得奖励。

5）确定奖金计算方法

奖金的计算方法有以下4种：

第一，职务比率分配法。根据职务高低，不同职务分配不同比例的奖金。通常是先根据职务高低定出各个职务的点数或分数，再根据点数或分数比例确定各职务的奖金额。

第二，绩效考评分配法。根据奖金分配的目的和需要，确定绩效考评的内容和指标，然后通过对这些内容和指标的考核，评定分数或等级，再依分数或等级高低支付奖金。绩效考评奖金可针对部门或小组进行，也可针对个人进行。

第三，薪酬比率分配法。个人应得的奖金数额，依据其基本薪酬高低而定。它又分为固定分配法和相对比率分配法。固定分配法即根据工作情况，规定基本薪酬的一定倍数作为奖金；相对比率分配法即个人所得奖金多少取决于其个人基本薪酬在薪酬总额中的比重。

第四，绩效分配法。企业分配个人奖金，不再对员工进行专门考核，只依据员工的平时考绩或年终考绩结果来分配奖金。

基础训练

□ 选择题

1.职务等级工资制由（　　）组成。

A.职务名称序列表　　B.职务工资标准表

C.业务等级标准　　D.工作说明书

2.计件工资制由（　　）组成。

A.工作物等级　　B.劳动定额　　C.计件单价　　D.业务等级标准

3.以下属于计件工资种类的有（　　）。

A.计件工资制　　B.超额计件工资制

C.包工工资制　　D.提成工资制

4.浮动薪酬制主要有（　　）形式。

A.全员浮动　　B.浮动升级　　C.浮动薪酬标准　　D.部分浮动

5.结构工资制主要有（　　）形式。

A.岗位技能工资制　　B.岗位绩效工资制

C.薪点工资制　　D.组合工资制

□ 简答题

1.岗位工资制的特点是什么？岗位等级工资制的形式有哪些？

2.绩效工资制包括哪几种类型？

3.销售提成工资制包括哪几种类型？

4.能力工资制包括哪几种类型？

5.浮动薪酬制的形式有哪些？其实施的步骤有哪些？

6.简述岗位技能工资制的特点及其内容。

7.简述岗位效益工资制的具体内容。

8.奖金的概念和特点是什么？奖金的发放形式有哪些？

综合应用

□ 案例分析

（一）腾讯的薪酬管理

一、薪酬体系设计原则

市场：选取了外部标杆公司作为公司薪酬水平外部比对对象，以保证公司薪酬水平的外部竞争性。

职位：薪酬体系同员工职业发展通道体系相结合，体现不同职位价值和级别对应的薪酬水平。

任职资格：同一职位的员工因为能力和经验的不同在固定工资上有一定的差异。

绩效：绩效奖金体现员工绩效和贡献，体现薪酬激励的绩效导向。

二、腾讯薪酬结构的组成部分

1.基本薪酬

腾讯提供富有竞争性的基本薪酬。不仅如此，腾讯还会定期调查市场上的薪酬情况，并在此基础上为员工调整基本薪酬。

2.绩效奖金

年度考核结束以后，腾讯会根据员工的绩效表现发放绩效奖金。

3.年度服务奖金

腾讯会根据员工当年的工作情况，为其发放年度服务奖金。基本形式是年底双薪，即每年的最后一个月可以拿到双倍薪酬。

4.专项奖金

腾讯专门设计了一些专项奖金，如“星级员工奖金”“突出贡献奖金”等。通常情况下，专项奖金的形式一共有两种，分别为精神鼓舞和实物激励。

5.保险及住房公积金

腾讯为员工提供所有的法定保险及住房公积金，还提供了团体商业补充医疗保险、意外伤害保险、重大疾病保险、定期人寿保险等额外的保险，主要目的就是有效解除员工基本生活的后顾之忧。

6.假期

有双休、带薪年假、带薪病假、婚假、丧假、产假、陪产假、哺乳假、年休假、事假、派驻假、未出勤假、调休假等。

7.年度旅游

腾讯的年度旅游形式是以部门为单位的集体旅游。

8.“安居计划”

该计划的主要内容是为符合条件的员工提供第一套住房首付款的无息贷款，从而使员工尽快购买到自己的住房。

9.股票期权

腾讯为绩效表现持续优秀，并且希望能够长期在企业发展的员工提供股票期权。此举的主要目的就是通过分享企业股票，实现员工个人利益与企业长远利益的完美结合，进而留住更多的优秀员工。

资料来源　胡华成. 薪酬管理与设计全案［M］. 北京：清华大学出版社，2019.

问题：请谈谈你对腾讯的薪酬体系的看法。

分析提示：可以从腾讯薪酬管理的特点分析：（1）富有竞争性的基本薪酬；（2）体现公平的绩效奖金；（3）极具多样化的补偿薪酬。

（二）麦当劳多元化的薪酬制度

麦当劳在薪酬方面相对于同行具有较强的吸引力。麦当劳每年都会做薪酬水平的调查，根据调查的结果对薪酬标准进行调整，使得麦当劳在人才的吸引和保留方面具有较强的竞争能力。

麦当劳实行的是按工作表现支付薪酬的原则，薪酬标准主要分为5个等级。至于员工会在哪个等级上获得薪酬取决于该员工的上级主管，他根据员工的工作表现来确定员工的薪酬等级。麦当劳的各个餐厅对每一个员工都建立了评价手册，由每一个店的店长分别在每年的1月、4月、8月和11月对每一个员工做一次评价，对员工的工作表现定出不同的等级，然后由店铺经理考查，由店长做最后审查。评价的依据是根据不同员工的职位内容，来考查员工完成工作的情况。绩效考核充分听取员工本人的意见，做出一分为二的评价，体现对员工的尊重。麦当劳的薪酬制度是公开的，每一等级的薪酬都是有明确规定的，不仅减少了员工心里的不平衡感，而且可以让员工清楚地看到自己未来的努力方向。当考核结束后，店长就会根据评价的等级来具体确定员工的薪酬等级以及薪酬增长的百分比，薪酬增长的百分比会根据每年的情况做适当调整。

在薪酬奖金激励方面，麦当劳还为员工提供了形式多样的特殊奖励计划，只要员工个人努力，工作表现优异，就有机会获得丰厚的奖励。具体奖励包括总裁奖、金色拱门奖、团队奖、服务工龄奖、优胜奖、年度杰出经理奖、积极管理奖等。除此之外，麦当劳还十分注重精神激励的作用，而且做得颇有特色。比如“麦当劳员工奥林匹克岗位大赛”，参赛人员是在中国的400多家餐厅的数万个员工中，经过几轮比赛层层选拔、脱颖而出的，这些被选出的员工作为各地区的代表参加奥林匹克岗位大赛。比赛主要分为柜台、煎区、炸区以及大堂几个赛区，内容是关于品质、服务、卫生、训练和团队合作等。大赛的主要目的不是评出优劣，而是通过这种形式鼓励员工不断充实自己，提高自己的能力。同时，公司会从中选拔出有潜力的优秀人才，对人才的培养也起到了重要的作用。

资料来源　佚名. 麦当劳多元化的薪酬制度［EB/OL］.［2023-10-25］. http://www.oh100.com/ahsrst/a/201404/9314.html.

问题：麦当劳的薪酬制度给你什么样的启发？

分析提示：从麦当劳的多元化入手分析麦当劳的薪酬制度带给员工的激励作用。

□ 实践训练

建立适合贵校的教师工资制度

要求：请同学们以小组讨论的方式结合教师的岗位特点及岗位评价，最终设计一个贵校教师的岗位及绩效工资制度方案。

第4章 福利管理与津贴

学习目标

知识目标：

1. 了解福利的本质、分类以及具体内容；
2. 熟悉法定福利、住房公积金以及其他福利的内容；
3. 明确福利管理的原则和福利管理的主要内容；
4. 熟知各种福利法规的具体内容。

能力目标：

能够掌握五险一金的计算办法及企业福利制度的设计。

素养目标：

深刻理解“社会保障体系是人民生活的安全网和社会运行的稳定器”，它为人民创造美好生活奠定了坚实基础。

引例

阿里的员工福利

一、经济保障

1. 无息贷款

凡在阿里服务期限满2年的员工，可向公司申请上限为30万元人民币的无息购房贷款。

2. 教育基金

阿里用5亿元设立了教育基金，集团除了与杭州市已有学校进行合作，为阿里员工的孩子提供入学名额之外，还利用基金对硬件设施进行投资建设，联合相关教育机构共同办学。

3. 物价及子女教育补贴

阿里的员工均可领取一次性2 000～3 000元不等的物价补贴和子女教育补贴。

4. “iHelp蒲公英计划”和iHope彩虹计划”

该计划为罹患重大疾病的员工及员工家属提供5万～10万元援助金；“iHope彩虹计划”则为家庭特别困难的员工提供3万～5万元的特困援助金。

5. “亲橙里”项目

阿里为改善员工居住、工作环境打造了“亲橙里”项目，符合条件的阿里员工可以按6折的市场价格购买“亲橙里”项目的住房，每平方米1万元的售价被誉为“行业里的顶级福利”。

二、生活保障

1.美食餐饮

阿里的食堂可以吃到来自全国各地的食物，而且价格非常亲民。

2.免费健身房

阿里中心拥有一个1 000平方米、功能齐全的免费健身房。

3.孕妇休息室

阿里中心每层楼的安静位置都安排了妈咪休息室和备奶间。

4.阿里日

每年5月10日为阿里日，员工家属可以来参观公司、了解公司，阿里日也是集体婚礼日，马云会亲自做证婚人。

5.子女教育

阿里为员工提供的“iBaby”子女教育关怀项目，帮助解决员工子女的学前和小学教育入学困难的问题；定期开展丰富的员工活动，如进行育儿培训、组织亲子活动、制作亲子杂志等。

三、健康保障

1.健康大讲堂&沙龙

邀请行业内资深专家或知名人士，为员工及员工家属提供疾病防治、职场压力、亲子教育、婚恋家庭等一系列课程或沙龙。

2.补充医疗保险

公司为员工购买了综合医疗保险，门急诊及住院费用可以根据药品种类按相应的比例进行报销。

3.重疾就医协助

一旦确诊为重大疾病，阿里将最大限度帮助员工解决就医通道、疾病解读、愈后评估等，并有资深心理专家为员工及员工家属共筑心理桥梁，共渡生命难关。

4.“康乃馨”的关爱父母计划

阿里员工除了自己享有每年一次的公费体检外，每人还享有2个公费体检的名额，可用于父母或配偶体检。

四、假日福利

男员工有陪产假，女员工有超长带薪孕假，哺乳期还可以每天提前半小时下班。

五、其他福利

按照员工进入公司年限不同发放纪念品。马云会给工龄满一年的员工一枚“一年香”纪念徽章，给工龄满三年的员工一个“三年醇”白玉吊坠，给工龄满五年的员工一枚“五年陈”白金戒指，而且都由马云亲自颁发。

资料来源 HRsee. 阿里巴巴的员工福利案例［EB/OL］.［2021-12-04］. http://www.hrsee.com/?id=820.

这一案例表明：阿里为员工提供的福利丰富多样，考虑了员工对于经济、生活、健康等方面的诸多要求，可以说非常周全，也体现了阿里对于员工真心实意的关爱，可见阿里获得成功并不是偶然。

员工福利作为薪酬的重要组成部分，企业进行员工福利管理对于吸引人才、留住人才、激励人才与保障员工的身心健康具有举足轻重的作用。

4.1　福利管理

4.1.1　福利的本质和含义

福利泛指工资、奖金之外的所有待遇，包括社会保险在内。企业员工福利是企业基于雇佣关系，依据国家强制性法令及相关规定，以企业自身的支付能力为依托，向员工提供的用以改善其本人和家庭生活质量的各种以非货币工资和延期支付形式为主的补充性报酬与服务。

根据福利的本质释义，我们可以将福利的含义概括为以下几点：

（1）福利是总报酬的重要组成部分。

（2）福利大多表现为非现金收入（各种保障计划、休假、服务以及实物报酬）。

（3）福利通常采取间接支付的薪酬发放形式。

（4）几乎所有正式员工都可以得到福利（它的享受对象通常是企业的所有员工，而且员工与员工之间的差别并不是很大）。

（5）福利通常为非劳动性收入。

4.1.2　福利的分类

1）法定福利与补充福利

法定福利是指按照国家法律和政策规定必须有的福利项目。其特点是只要企业建立并存在，就有义务、有责任且必须按照国家统一规定的福利项目和支付标准为员工支付，而且不受企业所有制性质、经济效益和支付能力的影响。法定福利亦称基本福利，包括社会保险、法定带薪假日、特殊情况下的工资支付、工资性津贴及工资总额外的补贴项目等。

补充福利的项目五花八门，常见的有交通补贴、房租补贴、工作午餐、通信补贴、贷款担保等。

2）集体福利与个人福利

集体福利主要是指全体员工可以享受的公共福利设施，主要包括：员工集体生活设施，如员工食堂、托儿所、幼儿园等；集体文化体育设施，如图书馆、阅览室、健身室、体育场等；医疗设施，如医院、医疗室等。向全体员工以优惠价提供本企业产品或服务。

个人福利是指在个人具备国家及所在企业规定的条件时可以享受的福利，如冬季取暖补贴、子女医疗补助、生活困难补助、伤残补助、重伤补助、房租补贴等，还包括针对特殊优秀人才设计的高档轿车服务与星级宾馆住宿等。

3）经济性福利与非经济性福利

经济性福利包括：住房性福利（以成本价向员工出售住房、房租补贴等）；交通性福利（免费乘坐公共汽车、地铁，以及班车接送员工上下班等）；饮食性福利（免费供应午餐等）；教育培训性福利（员工的脱产培训和短期培训等）；医疗保健性福利（免费为员工进行例行体检等）；带薪节假福利；文化旅游福利（为员工过生日或集体旅游等）；金融性福利（为员工购买住房提供低息贷款，为部分员工设计的股票期权、股票优惠购买权等）；企业补充保险和商业保险等。

非经济性福利包括：咨询性服务（免费提供法律咨询和员工心理健康咨询等）；保护性服务，如平等就业权利保护（反性别和年龄歧视等）、隐私权保护等；工作环境保护等。其目的在于全面保障员工的工作与生活质量。

4.1.3 福利管理的主要原则

设计一套好的福利制度要遵循以下几个原则：

1）合理性原则

企业的福利水平设计要恰到好处，对外要具有竞争性，不落后于同行业或者同类型的其他企业，这样才能吸引人才、留住人才；对内要符合本企业的实际情况，与企业的战略、规模、经济实力相适应，以避免给企业造成财务负担，力求以最小费用达到最大效果。合理性要从两个方面考虑：一方面，企业要根据自身的经营状况和财务能力来规定福利项目的范围；另一方面，员工要能够接受每个福利项目的设计，对于效果不明显的福利应当予以撤销。

2）必要性原则

国家和地方规定的福利条例，企业必须坚决严格执行。此外，企业提供的福利应当最大限度地与员工的需求保持一致。

3）计划性原则

福利方案的设计要灵活，要尽量满足不同员工的不同需求；同时，福利制度的实施要建立在福利计划的基础上，如企业可通过福利总额的预算报告对其进行调整和控制。

4）协调性原则

企业在推行福利制度时，必须考虑与社会保险、社会救济、社会优抚的匹配和协调。已经得到满足的福利要求没有必要再次提供，以确保资金用在刀刃上。企业向员工提供各种福利，意味着企业要增加投入，因此企业福利要与企业的支付能力和薪酬政策相协调。

4.1.4 福利方案的制订步骤

员工福利的管理思想，主要体现在“以人为本”方面。“以人为本”思想的根本精髓之一，在于对人的尊重、对人的关怀，以实现人的价值和利益为根本目标。员工福利本身就是对员工的报酬补偿与激励，体现了企业对员工的关怀。因此，员工福利的管理应遵循“以人为本”的思想，从员工的需求出发，以员工对福利的满意为目标，体现对员工的尊重和重视，这样做比较符合办和谐企业、创和谐社会的时代潮流。

福利方案的制订包括以下几个步骤：

1）明确实施福利的目标

组织实施福利管理首先要明确目标。虽然每个组织福利管理的目标各不相同，但有些内容是相同的，主要包括：必须符合组织的长远目标，符合组织的薪酬政策，满足员工的眼前需求和长远需求，能激励大部分员工，符合组织的经济负担能力，符合政府政策、法规的规定。

2）确定福利总额

确定福利总额是福利管理的重要内容，主要涉及以下几个方面：

(1) 通过人工费率或附加价值劳动分配率以及薪酬结构，计算出公司最高可能支付的福利总额。

(2) 与外部福利水平进行比较，尤其是与竞争对手的福利水平进行比较。

(3) 做出主要福利项目的预算。

(4) 估算出每一个员工福利项目的费用。

(5) 制订书面的员工福利方案、计划。

3）确定福利支付形式和对象

福利的支付形式多种多样，具体形式企业可依具体情况而定。

福利的支付对象一般是全体员工，但有时企业可根据激励的重点对象不同，把正式员工和临时员工分开激励，或者把管理者和一般员工分开激励等。这种做法根据企业的具体情况而定。

4）评价福利措施的实施效果

要使福利措施的实施效果达到最佳，就要对福利措施进行评价和反馈，可以采取福利满意度调查和沟通等方法。有研究显示，并不是福利投入的金额越多，员工就越满意，员工对福利的满意度与对福利需求的满意程度呈正相关。其具体方法如下：可以用问卷调查的形式对员工福利满意度进行调查反馈和分析；可以找一些典型的员工进行面谈，反馈某一层次或某一类型员工的福利评价及需求。

4.1.5　员工福利的作用

从国外的情况来看，在雇员的全部收入中，福利所占的比例普遍在38%以上，有的企业已经上升到50%以上。总之，福利对吸引员工、促进组织的发展具有十分重要的意义，具体包括以下6个方面：

1）吸引优秀员工

优秀员工是组织发展的顶梁柱。以前一直认为，组织主要依靠高工资来吸引优秀员工，现在许多企业家认识到，良好的福利有时比高工资更能吸引优秀员工。

2）提高员工的士气

良好的福利使员工无后顾之忧，使员工有与组织共荣辱之感，士气必然会高涨。

3）降低员工辞职率

员工过高的辞职率必然会使组织的工作遭受一定损失，而良好的福利会使很多可能流动的员工打消流动的念头。

4）激励员工

良好的福利会使员工产生由衷的工作满意感，进而激发员工自觉为组织目标奋斗的动力。

5）凝聚员工

组织的凝聚力由许多因素组成，良好的福利无疑是一个重要因素，因为良好的福利体现了组织高层管理者以人为本的经营思想。

6）提高企业经济效益

良好的福利一方面可以使员工得到更多的实惠，另一方面用在员工身上的投资会产生更多的回报。

◆◆◆◆➡ 案例4-1

联想的贴心福利计划

在保证全国各地福利投入一致的情况下进行总额控制，各地区可以根据当地政策确定不同的福利组合。

（1）公司福利主要有免费午餐、实物发放、带薪休假及出国旅游等。

（2）为从外地来到联想工作的新员工配备宿舍。

（3）在带薪休假方面，除国家规定的法定休假外，根据在联想的工龄，员工每年可享受对应天数的带薪休假；每人每年能享受500元的春游或秋游费；工作满4年的员工还可以出国休假。

（4）认购股权是公司为激励员工，使员工的个人利益与公司的整体利益有机结合起来，允许满足一定条件的员工认购一定数量的公司股票的制度。其目的是吸引优秀人才，有效地激励员工参与公司的发展。同时通过对股权的分期兑现，激励骨干员工长期稳定地在公司工作，将对员工过去业绩的部分奖励变为对未来盈利和收益能力的预期长期激励。

（5）随着公司业务的连创佳绩，联想在自身高速发展并实现了高度办公自动化的同时，开始关注如何给员工带来全方位的信息化生活空间，创造更好的家庭办公和娱乐环境。

资料来源　佚名. 联想、惠普、贝尔员工福利案例[EB/OL]. [2022-12-26]. https://wenku.baidu.com/view/0b532a36a000a6c30c2259010202074 0be1ecd34. html? _wkts_ =1703643381480&needWelcomeRecommand=1.

4.2　社会保险

《中华人民共和国宪法》第十四条、第四十五条规定，国家建立健全同经济发展水平相适应的社会保障制度；公民在年老、疾病或者丧失劳动能力的情况下，有从国家和社会获得物质帮助的权利。社会保障体系包括社会保险、社会福利、社会救济、社会优抚和社会救助等。而社会保险是社会保障体系的重要组成部分，在整个社会保障体系中居于核心地位（如图4-1所示）。其中，社会保险针对劳动者，社会救济主要针对社会贫困者或生活在贫困线以下的人，社会福利是针对全体居民的，社会优抚则主要针对军人及其家属，以上4个部分互为补充，又有很大的差别。

2010年10月28日，《中华人民共和国社会保险法》（以下简称《社会保险法》）由十一届全国人大常委会第十七次会议通过，自2011年7月1日起施行。2018年12月29日，《关于修改〈中华人民共和国社会保险法〉的决定》由十三届全国人大常委会第七次会议通过，自公布之日起施行。《社会保险法》确立了广覆盖、保基本、多层次、可持续的社会保险制度，从法律上破除了阻碍各类人才自由流动、劳动者在地区之间和城乡之间流动就业的制度性障碍，有利于形成和发展统一规范的人力资源市场；《社会保险

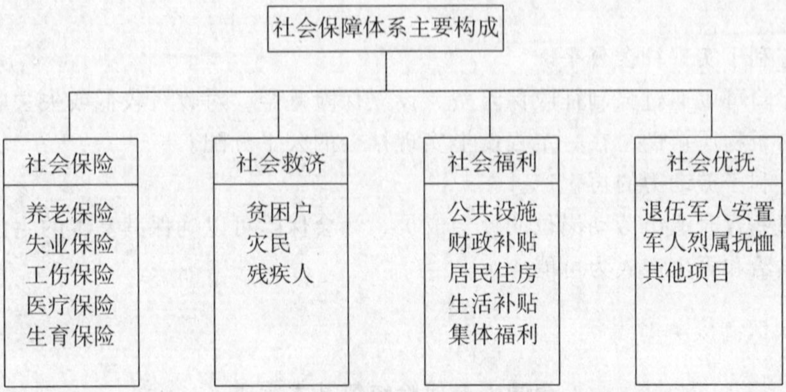

图4-1　社会保障体系主要构成

法》进一步规范和明确了劳动者与用人单位的社会保险权利义务关系，有利于促进劳动关系的稳定与和谐。《社会保险法》的出台，与以前颁布实施的《中华人民共和国劳动法》、《中华人民共和国公务员法》、《中华人民共和国劳动合同法》、《中华人民共和国就业促进法》和《中华人民共和国劳动争议调解仲裁法》等一起，构成了我国人力资源社会保障法律体系完整的顶层架构，对推进人力资源社会保障事业在法治轨道上实现科学发展具有重要意义。《社会保险法》规定，国家建立基本养老保险、基本医疗保险、工伤保险、失业保险、生育保险等社会保险制度，保障公民在年老、疾病、工伤、失业、生育等情况下依法从国家和社会获得物质帮助的权利。社会保险事业的发展和经济社会的发展之间是相互依存、相互协调、相互补充、相互促进的关系。

4.2.1　社会保险的特点与功能

1）社会保险的特点

（1）社会共济。

社会保险在全社会范围内统一筹集资金，建立保险基金，实行互助共济，集合多数人的力量来均衡分担少数人遭遇的社会风险。

（2）责任分担。

社会风险应由全体社会成员共同承担，个人、用人单位、国家都应承担社会保险责任。

（3）国家干预和主导。

社会保险具有强制性，通过立法强制单位和个人参加，政府参与社会保险的组织和运作。

2）社会保险的功能

（1）防范风险，包括人身风险与工作风险。

人身风险包括年老、疾病、工伤、生育风险；工作风险包括失业风险。社会保险将个人风险转化为社会风险，让社会为个人风险买单，避免个人遭遇风险时因独木难支而

陷入困境甚至绝境，保障其生存尊严。

（2）维持社会稳定。

社会保险是社会稳定的“调节器”，不仅可以使社会成员有安全感，还能缓解社会矛盾。

（3）有利于实现社会公平。

社会保险可以通过强制征收保险费，设立保险基金，对收入较低或失去收入来源的社会成员给予物质帮助，在一定程度上实现社会的公平分配。

（4）有利于劳动力的再生产。

对于那些暂时退出劳动岗位的社会成员，社会保险可以确保其基本的生活需要，使劳动力的供给和再生产成为可能。

知识链接4-1

全国养老保险统筹基本完成

北京人社局官方发布公告，北京社保管理系统于2023年9月25日18时至10月20日0时停机，切换至全国养老保险统筹信息系统。随着北京社保管理系统切换结束，新系统正式上线，这也标志着全国养老保险统筹基本完成。

根据党中央、国务院的决策部署，从2022年1月开始，各省市社保管理系统就逐渐切换至全国养老保险统筹信息系统。养老保险全国统筹就是要把全国各地区的养老保险政策统一起来，一起进行管理运作，包括缴费政策的统一和退休待遇的统一。这样，养老保险的运转会更加高效，作用进一步放大。城镇职工基本养老保险和城乡居民基本养老保险都在全国统筹的范围内。因此，无论大家缴纳哪一种养老保险，都可以享受全国养老保险统筹后带来的福利。

养老保险全国统筹有什么好处？

1.养老金足额发放有保障

有的城市经济发展好，年轻人多，老年人少，养老金缴费多，余额充足；也有的城市经济发展差，劳动力少，留守老人多，缴费收不抵支。

国家这个时候就能把多余养老基金进行合理利用，对一些经济发达、养老基金比较充裕的地区，可将其多余养老基金划拨到养老基金压力较大的地区，城市发展差的城市也不用担心因为养老保险费收益少，养老基金严重亏空，导致发不出钱、涨不起养老金。养老资源实现全国共享，可以让老年人以后能按时足额拿到养老金，确保老年人的基本生活质量。

2.异地办事更便利

全国统筹就相当于全国联网了，你在全国各地交的社保信息都能查到。

全国使用统一的养老保险统筹信息系统，资料若有错误，能及时更改，要办理转入转出也能跨省直接办理。不用担心哪里交费、哪里退休、社保如何转移等问题，也不会出现社保重复缴纳的情况，换工作不再是一件麻烦事儿。

之前跨省换工作，要把原来的社保转移到新工作地，以后这一步可以省略，节省了大量时间和路费成本。不仅办理“社保异地转移”会方便很多，而且社保挂靠、代缴等违法行为，也将会受到严厉打击。

3.参保安全性更高

全国有统一的养老保险统筹信息系统后，养老保险的办理和发放更透明，监管也更方便了。强化监督考核后，工作人员必须依法合规地办理收费和养老金发放，切实地保证参保人的利益。直接从源头避免部分人员中饱私囊，导致已退休人员养老金少领、难发放的情况。

4.缩小地域差异

基本养老保险是重要的基本公共服务，是二次分配的重要组成部分。实现基本养老保险全国统筹，可以更好地使全国人民分享我国社会经济发展的成果，缩小老龄人口区域之间、行业之间的收入差距。

资料来源 佚名.今日起，全国养老保险统筹基本完成！各地到手的养老金一样了？[EB/OL].[2023-10-20]. https://www. sohu. com/a/729896033_120284820? scm=1102. xchannel: 1479: 110036.0.3.0~9010.68.1956003.0.0.

4.2.2　养老保险

“五险一金”中的“五险”包括基本养老保险、基本医疗保险、失业保险、工伤保险和生育保险，“一金”是指住房公积金。

1）基本养老保险制度改革

基本养老保险制度是指缴费达到法定期限且个人达到法定退休年龄后，国家和社会提供物质帮助以保证年老者有稳定、可靠的生活来源的社会保险制度，其目标是实现“老有所养”。《社会保险法》总结了我国养老保险制度改革的经验，对职工基本养老保险制度的覆盖范围、基本模式、资金来源、待遇构成、享受条件和调整机制等做了比较全面的规范，并规定了病残津贴和遗属抚恤制度。根据开展新型农村社会养老保险试点这一重大实践的进展，《社会保险法》对新型农村社会养老保险的主要制度做出规范。此外，《社会保险法》还规定国家建立和完善城镇居民社会养老保险制度，同时授权省、自治区、直辖市人民政府根据实际情况，将城镇居民社会养老保险和新型农村社会养老保险合并实施，为逐步建立统筹城乡的养老保障体系奠定了法律基础。

企业职工是参加基本养老保险的主力，职工基本养老保险由国家、企业和个人共同筹集资金，采取社会统筹和个人账户相结合的基本模式。灵活就业人员是指以非全日制、临时性、季节性、弹性工作等灵活多样的形式实现就业的人员，包括无雇工的个体工商户、非全日制从业人员以及律师、会计师、自由撰稿人、演员等自由职业者等。灵活就业人员可以自愿参加职工基本养老保险，保险费也全部由个人承担。企业职工基本养老保险是由单位和个人共同缴纳的，个人缴纳的部分存入个人养老金账户，单位缴纳的部分全部存入统筹基金，在职职工社保累计缴费满15年退休后，每个月都会有一笔养老金。而且，养老金的标准会适时上调。

（1）“统账结合”模式更新。

个人账户基金积累，统筹账户现收现付，是当前“统账结合”模式的核心。由于诸多历史原因，个人账户“空账运行”成为饱受各方争议之处。自2001年起，“做实个人账户”试点艰难运行，但至今收效甚微。究其原因无非两点：地方财政做实账户的支出压力大，做实之后的管理压力更大。在如此巨大的管理规模下，要在确保资金安全的同时追求不低于GDP增速和工资增速的投资收益，需要强大的投资能力作为支撑。

因此，实施名义个人账户或是下一步完善养老保险个人账户的重要方向。名义个人账户运行的核心是个人缴纳部分只记账，资金进入统筹。在发放时则根据个人记账的缴纳水平实施差异化标准，多缴多得。在这种模式下，财政收支匹配，管理压力得到极大缓解。同时，个人账户激励约束机制将进一步强化，缴费者和管理者的目标一致，更加有利于养老保险的收缴。

（2）渐进式延迟退休年龄方案即将出台。

延迟退休可以有效延长缴费时间，延缓养老金领取时间，相应降低抚养比，是缓解养老保险兑付压力的有效手段。美、德、英、日等主要发达国家均采用了延迟退休制度，因此称其为国际惯例并不为过。国际上通行的延迟退休往往是附带奖励制度的弹性退休制度，即越晚退休，得到的养老金比例相应越高。弱化行政强制，增加鼓励性因素，将是顺利推行延迟退休的捷径。

2）我国基本养老保险的模式

我国实行社会统筹和个人账户相结合的模式。基本养老保险基金和待遇分为两部分：一部分是用人单位缴纳的基本养老保险费进入基本养老保险统筹基金，用于支付职工退休时社会统筹部分养老金，统筹基金实行现收现付，体现社会互助共济。另一部分是个人缴纳的基本养老保险费进入个人账户，用于负担退休后个人账户养老金的支付，体现个人责任。

养老金由社会统筹养老金与个人账户养老金组成：

第一，社会统筹养老金。社会统筹养老金来自由用人单位缴费和财政补贴等构成的社会统筹基金，根据个人缴费年限、缴费工资指数、当地职工平均工资等因素确定。

第二，个人账户养老金。个人账户养老金月标准为个人账户储存额除以计发月数，计发月数根据城镇人口平均预期寿命和本人退休年龄等因素确定。

3）基本养老保险的缴费基数和缴费比例

第一，2019年国务院政府工作报告要求，从2019年5月1日起各地区可将城镇职工基本养老保险单位缴费比例由原来的20%降至16%，同时要求各地核定调低社保缴费基数，由过去依据城镇非私营单位在岗职工平均工资，改为以本省城镇非私营单位和私营单位加权计算的全口径就业人员平均工资，核定缴费基数上下限，使缴费基数降低。

第二，职工个人的缴费基数和缴费比例。职工个人按照本人缴费工资的8%缴费，记入个人账户，缴费工资为本人上一年度月平均工资。月平均工资超过当地职工平均工资300%的部分，不计入个人缴费工资基数；低于当地职工平均工资60%的，按60%计算缴费工资基数。职工个人缴纳的养老保险费全部记入个人账户，形成个人账户基金，用于退休后个人账户养老金的发放。目前，个人账户实际上是“空账”运行，每年按照一年期存款利率计算收益，辽宁省自2001年开始试点做实个人账户。

4）关于享受基本养老保险待遇条件的规定

（1）享受基本养老保险待遇的条件：

① 必须达到法定退休年龄。

② 累计最低缴费满15年。

（2）法定退休年龄：

① 退休年龄男职工为60周岁，女干部为55周岁，女职工为50周岁。

② 从事井下、高空、高温、特别繁重体力劳动或者其他有害身体健康的工作，退休年龄男年满55周岁、女年满45周岁，连续工龄满10年的。

③ 男年满50周岁、女年满45周岁，连续工龄满10年，经医院证明，并经劳动鉴定委员会确认，完全丧失劳动能力的。

④ 因工致残，经医疗证明，并经劳动鉴定委员会确认，完全丧失劳动能力的。

（3）最低缴费年限。

缴费满15年是享受基本养老保险待遇的“门槛”，但并不代表缴费满15年就可以不缴费，只要职工与用人单位建立了劳动关系，就应按规定缴费。职工达到法定退休年龄但缴费不足15年的，可以在缴费满15年（一次性补缴或者继续缴费均可）后享受基本养老保险待遇，也可以采取转入新型农村社会养老保险或者城镇居民社会养老保险的办法，解决其养老保障问题。

5）基本养老保险的其他规定

（1）个人账户养老金不得提前支取。

个人账户养老金是个人工作期间为退休后养老积蓄的资金，是基本养老保险待遇的重要组成部分，是国家强制提取的，退休前个人不得提前支取。

（2）个人账户记账利率的相关规定。

个人账户养老金从缴费到退休后支取长达数十年，通货膨胀的风险无法避免。若个人账户养老金不能实现保值、增值，通货膨胀会降低其购买力，造成个人账户资金的贬值。目前个人账户资金按照同期银行定期存款利率计息，但仍低于通货膨胀率，不能实现保值、增值。

（3）个人账户养老金余额可以继承。

个人账户养老金具有强制储蓄性质，属于个人所有，个人死亡的（包括退休前和退休后），个人账户养老金余额可以继承。

知识链接4-2

意外去世养老金能退吗？

在缴纳养老保险的时候，都会有一个疑问，如果家里人不幸去世，但是还没有到领取养老金的年龄，那以前交的钱怎么办呢？能退还吗？正常情况下，要想领取养老金，是有一定的年龄限制的，比如男性60岁、女性50岁之后，并且累计缴纳满15年，这两个条件缺一不可。如果出现参保人非在职情况下去世，以前所缴纳的养老金会退回一部分，只不过会按照民法典中的受益人来合法继承；如果参保人是在职期间不幸去世的，受益人就直接继承养老保险中个人缴纳部分的本金和利息，说清楚点就是退还参保人自己缴纳的那一部分，公司缴纳的是不会退还的。参保人退休了，但是个人账户中的养老金没有领完就不幸去世了，那又该怎么办呢？如果没有领完，受益人按照一定的比例合法继承。

资料来源 作者根据相关政策整理。

（4）关于基本养老保险金调整机制的规定。

① 基本养老保险待遇不仅取决于参保人员的缴费基数和缴费年限，还取决于退休养老期间国家的经济发展水平。基本养老保险金标准应当随着经济发展水平而逐步提高，让退休人员也能享受经济发展成果。

② 基本养老保险金调整参考的因素为职工平均工资增长情况和物价上涨情况。基本养老保险是养老责任的代际转移，建立基本养老保险的目的，就是让退休人员与在职职工一样参与社会财富的分配，分享经济发展成果，因此职工平均工资增长情况是调整基本养老保险金标准的重要指标。物价上涨尤其是居民生活消费品的价格上涨直接影响养老金的购买力，进而影响退休人员的生活水平，因此应根据物价上涨情况及时调整基本养老保险金的标准。

（5）关于基本养老保险关系转移接续制度的规定。

①缴费年限累计计算。

缴费年限对于参保人员享受权利至关重要，个人跨统筹地区就业的，其基本养老保险关系随本人转移，缴费年限应累计计算。

②基本养老保险金分段计算、统一支付。

由于各统筹地区收入水平差距较大，缴费基数差距也较大，如果不分段计算，可能会导致不公平或者会导致劳动者选择收入较高的地区退休，故有必要实行分段计算。所谓分段计算，是指参保人员以本人各年度缴费工资、缴费年限和待遇取得地对应的各年度在岗职工平均工资计算其基本养老保险金。为方便参保人员领取基本养老保险金，《社会保险法》规定了统一支付原则，即无论参保人员在哪里退休，退休地社保经办机构应将各统筹地区的缴费年限和相应的养老保险待遇分段计算出来，将基本养老保险金统一支付给参保人员。

知识链接 4-3

关于养老金领取的最新规定

养老金计算公式：每月到手的养老金=月基础养老金+月个人账户养老金

（1）月基础养老金=当地上年度在岗职工月平均工资×（1+本人平均缴费工资指数）÷2×缴费年限×1%。

可以看出基础养老金主要跟当地上年度在岗职工月平均工资、本人平均缴费工资指数、缴费年限3个因素挂钩，所以大家的养老金并不会变成一样。公平分配意味着仍然遵循“多缴多得，长缴多得”的原则进行分配。

（2）月个人账户养老金=个人账户的余额÷计发月数（50岁为195、55岁为170、60岁为139）。

资料令牌：作者根据社保网相关资料整理。

知识链接 4-4

关于因病或非因工死亡时应享社保待遇规定

因病或非因工死亡的，其遗属可以领取丧葬补助金和遗属抚恤金。丧葬补助金和遗属抚恤金也是职工参保享受养老保险待遇的一部分。

（1）丧葬补助金，是职工死亡后安葬和处理后事的补助费用，目前全国没有统一标准。从某些地方规定来看，丧葬补助金一般按照职工死亡时当地职工月平均工资的一定月数计发。如大连，丧葬补助金为本市上一年度3个月的社会平均工资。

（2）遗属抚恤金，是职工死亡后给予其家属的经济补偿和精神安慰。遗属抚恤金各地规定不一样，有的没有规定抚恤金，只规定按月发给遗属救济费；有的规定了一次性抚恤金，还规定按月发给遗属生活补助费。如大连，除了按照本市上一年度10个月的社会平均工资的标准发给供养直系亲属一次性抚恤金外，供养直系亲属还可以按当地生活困难补助标准以及物价补贴之和领取遗属救济费。

资料来源 作者根据相关政策整理。

4.2.3 医疗保险

基本医疗保险制度是指按照国家规定缴纳一定比例的医疗保险费，在参保人因患病和意外伤害而发生医疗费用后，由医疗保险基金支付其医疗保险待遇的社会保险制度，其目标是实现“病有所医”。基本医疗保险制度由3部分组成，即职工基本医疗保险制度、新型农村合作医疗制度和城镇居民基本医疗保险制度。《社会保险法》对职工基本医疗保险制度和城镇居民基本医疗保险制度的覆盖范围、资金来源、待遇项目及享受条件、医疗保险费用结算办法等做了比较全面的规定，对新型农村合作医疗制度做了原则性规定，并授权国务院规定管理办法。

1）医疗保险的覆盖范围、缴费基数和缴费比例

城镇所有用人单位及其职工都要参加基本医疗保险，包括企业、机关、事业单位、社会团体、民办非企业单位及其职工。基本医疗保险费由用人单位和职工双方共同负担，用人单位缴费比例控制在职工工资总额的6%左右，其中的30%左右划入个人账户；职工缴费比例一般为本人工资的2%。

无雇工的个体工商户、未在用人单位参加职工基本医疗保险的非全日制从业人员以及其他灵活就业人员可以参加职工基本医疗保险，由个人按照国家规定缴纳基本医疗保险费。

2）关于医疗保险支付的相关规定

我国城镇职工基本医疗保险基金实行社会统筹和个人账户相结合的形式。基本医疗保险基金由统筹基金和个人账户构成。职工个人缴纳的基本医疗保险费，全部记入个人账户。用人单位缴纳的基本医疗保险费分为两部分：一部分用于建立统筹基金，一部分划入个人账户。划入个人账户的比例一般为用人单位缴费的30%左右，具体比例由统筹地区根据个人账户的支付范围和职工年龄等因素确定。

统筹基金和个人账户要划定各自的支付范围，分别核算，不得互相挤占。要确定统筹基金的起付标准和最高支付限额，起付标准原则上控制在当地职工年平均工资的10%左右，最高支付限额原则上控制在当地职工年平均工资的4倍左右。起付标准以下的医疗费用，从个人账户中支付或由个人自付。起付标准以上、最高支付限额以下的医疗费用，主要从统筹基金中支付，个人也要负担一定比例。超过最高支付限额的医疗费用，可以通过商业医疗保险等途径解决。

3）关于医疗保险的缴费年限的规定

参保职工达到退休年龄时累计缴费达到国家规定年限的，退休后仍可享受基本医疗保险待遇，但无须再继续缴纳基本医疗保险费。目前，国家对最低缴费年限尚无统一规定，由各统筹地区根据本地情况自行确定，一般男职工为30年，女职工为25年。经济较发达统筹地区规定的缴费年限比较短，如北京，男职工为25年，女职工为20年。参保职工退休时未达到规定的缴费年限的，可以缴费至规定的年限，补缴费用包括其实际缴费年限与规定的最低缴费年限相差的期间内，应当由用人单位和个人缴纳的全部医疗保险费用。

4.2.4 失业保险

失业保险制度是指国家为失业而暂时失去工资收入的社会成员提供物质帮助，以保障失业人员的基本生活，维持劳动力的再生产，为失业人员重新就业创造条件的一项社会保险制度。

1）失业保险的特点

第一，普遍性。参保单位不分行业、所有制性质，不分城镇职工还是农民工，所有参加失业保险的职工，在解除或终止劳动关系后，只要符合条件都有享受失业保险待遇的权利。

第二，强制性。失业保险是通过国家立法强制实施的，在失业保险制度覆盖范围内的单位及职工有参加失业保险并缴费的义务。

第三，互济性。失业保险基金主要面向社会筹集，由单位、个人共同负担，筹集的失业保险资金，全部并入失业保险基金，在统筹地区内统一调度使用以发挥互济功能。

2）失业保险费的缴纳规定

根据《失业保险条例》的规定，城镇企业、事业单位按照本单位工资总额的2%缴纳失业保险费，职工按照本人工资的1%缴纳失业保险费。

失业保险基金由下列各项构成：第一，城镇企业、事业单位及其职工缴纳的失业保险费；第二，失业保险基金的利息；第三，财政补贴；第四，依法纳入失业保险基金的其他资金。

3）失业保险的领取条件及领取期限

享受失业保险待遇的条件为：失业前所在单位和本人按规定履行缴费义务满1年；非本人意愿中断就业；已办理失业登记并有求职要求。同时具备以上3个条件者才有申请资格。

根据失业人员失业前用人单位和本人累计缴费期限，《社会保险法》规定了3档领取失业保险金的期限：失业人员失业前所在单位和本人按照规定累计缴费满1年不足5年的，领取失业保险金的期限最长为12个月；累计缴费满5年不足10年的，领取失业保险金的期限最长为18个月；累计缴费10年以上的，领取失业保险金的期限最长为24个月。重新就业后，再次失业的，缴费时间重新计算。再次失业领取失业保险金的期限可以与前次失业应领取而尚未领取的失业保险金的期限合并计算，但是最长不得超过24个月。这3档期限为最长期限，并非实际领取期限，实际期限根据失业人员的重新就业情况确定，可以少于或等于最长期限。

4）如何确定失业保险金标准

确定失业保险金标准应本着以下3条原则：

第一，保障失业人员基本生活原则。

第二，低于失业人员原来工资水平原则。

第三，权利义务相统一原则。不同参保人员所缴纳的失业保险费是不同的，相应失业保险金的标准也应有所差别。

目前，各省级人民政府大多采用以当地最低工资标准的百分比来确定失业保险金的具体数额。辽宁省规定，失业人员失业前所在单位和本人累计缴费满1年不足10年的，按照当地最低工资标准的90%发放，满10年及以上的，按照当地最低工资标准的95%发放。失业保险金的标准应低于当地最低工资标准，高于城市居民最低生活保障标准的水平。

5）关于失业人员享受基本医疗保险待遇的相关规定

失业人员在领取失业保险金期间可以申领医疗补助金，如大连地区每月的门诊医疗补助金曾为40元，但不足以保障大病、重病。职工在就业期间，用人单位和本人已经缴纳了基本医疗保险费，因暂时失业就无法享受基本医疗保险待遇，不尽合理。《社会保险法》对现行做法做了改变，将申领医疗补助金改为享受基本医疗保险待遇。

失业人员的基本医疗保险费由失业保险基金支付，失业人员无须缴纳基本医疗保险费。失业保险基金所支付的基本医疗保险费包括个人应当缴纳的部分和用人单位应当缴纳的部分，统筹地区可以对缴费标准等做出具体规定。

知识链接4-5

失业保险技能提升补贴政策

2017年人力资源和社会保障部、财政部共同印发《关于失业保险支持参保职工提升职业技能有关问题的通知》（人社部发〔2017〕40号），提出失业保险技能提升补贴政策，即“依法参加失业保险3年以上、当年取得职业资格证书或职业技能等级证书的企业职工，可申请参保职工技能提升补贴，所需资金按规定从失业保险基金中列支”。同时符合以下条件的企业职工，可申领技能提升补贴：依法参加失业保险，累计缴纳3年以上；自2017年起取得初级（5级）、中级（4级）、高级（3级）职业资格证书或职业技能等级证书。技能提升补贴的标准由各省根据本地失业保险基金运行情况、职业技能培训、鉴定收费标准等因素综合确定，并适时调整。职工取得初级（5级）职业资格证书或职业技能等级证书，补贴标准一般不超过1 000元；职工取得中级（4级）职业资格证书或职业技能等级证书，补贴标准一般不超过1 500元；职工取得高级（3级）职业资格证书或职业技能等级证书，补贴标准一般不超过2 000元。

知识链接4-6

领取失业保险金的相关规定

一、领取失业保险金的流程

1.参保单位出具两份《解除（终止）劳动关系证明书》，一份交失业保险中心，一份交人社部劳动争议仲裁委员会备案。

2. 失业保险中心凭参保单位出具的《解除（终止）劳动关系证明书》对情况进行严格的调查核实（失业人员带上与单位签订的劳动合同），确认无误的发放2份“失业保险申领登记表”和1份“失业求职登记表”。

3. 失业人员认真填写好“失业保险申领登记表”的正面所有栏目，背面的计生关系接收单位意见处空格请到本人户口所在地的计生关系接收单位盖章。认真填写好“失业求职登记表”。

4. 交纳3张1寸的免冠彩照和1份失业人员身份证复印件。

5. 办理完成后即可到户籍所在地或暂住地的区级人社部门办理领取失业保险金。

二、失业保险金领取期限

1. 累计缴纳失业保险费满1年不满2年的，领取失业保险金的期限为3个月。

2. 累计缴纳失业保险费年限每增加1年，期限增加3个月。

3. 累计缴纳失业保险费满1年不满5年的，期限最长为12个月。

4. 累计缴纳失业保险费满5年不满10年的，期限最长为18个月。

5. 累计缴纳失业保险费10年以上的，期限最长为24个月。

在具体操作中，各地可以在同一档次内，根据失业人员缴费时间的长短，相应拉开其领取失业保险金期限的差距。

资料来源 作者根据相关资料整理。

4.2.5 工伤保险

工伤保险制度是指由用人单位缴纳工伤保险费，对劳动者因工作原因遭受意外伤害或者职业病，从而在造成死亡、暂时或者永久丧失劳动能力时，给予职工及其相关人员工伤保险待遇的一项社会保险制度。一般来讲，工伤可以分为两类：一类是在工作过程中因意外事故导致的人体器官及其生理机能受损，如工伤（可以治愈）、致残；另一类是因职业性质和工作环境因素引起的职业性疾病，即职业病。

劳动者在用人单位工作，必然形成劳动者和用人单位之间的相互劳动关系。在劳动过程中，用人单位除支付劳动者工资待遇外，如果劳动者不幸发生了事故，造成伤残、死亡或患职业病，此时，劳动者就自然具有了享受工伤保险的权利。

1）工伤保险应遵循的原则

第一，无过失补偿原则。它包含两层含义：一是无论职业伤害责任主要属于雇主、职工还是第三者，受伤害者都应得到一定的经济补偿；二是雇主不承担直接补偿责任，而是由工伤社会保险机构统一组织工伤补偿，并且一般不需要通过法律程序和法院裁决。

第二，风险分担、互助互济原则。首先通过法律强制征收保险费，建立工伤保险基金，采取互助互济的办法分担风险。其次在待遇分配上，国家责成社会保险机构对基金实行再分配。这种基金的分配使用，包括个人之间、地区之间、行业之间等的调剂。

第三，个人不缴费原则。工伤保险由用人单位缴纳，缴纳数额为本单位职工工资总额乘以单位缴费费率之积，职工个人不缴纳任何费用，这是工伤保险与养老、医疗、失业保险的区别之处。

第四，工伤保险基金按照以支定收、收支基本平衡的原则确定费率。国家根据不同行业的工伤保险程度确定行业的差别费率，并根据工伤保险基金使用、工伤发生率等情况在每个行业内确定若干费率档次。行业差别费率及行业内费率档次由国务院社会保险行政部门制定，报国务院批准后施行。

2）工伤保险费承担主体

工伤保险实行用人单位单方缴费制度，用人单位为本单位职工缴纳工伤保险费，职工不缴纳工伤保险费，职工在受到工伤事故伤害时由工伤保险基金为其支付相应的工伤保险待遇。

第一，行业差别费率。由于各行业在产业结构、生产类型、生产技术条件、管理水平等方面存在差异，表现出不同的职业伤害风险，为了体现保险费用公平负担，促使事故多的行业改进生产条件、提高生产技术、搞好安全生产，有必要实行差别费率制度。

按照《关于调整工伤保险费率政策的通知》，根据不同行业的工伤风险程度，由低到高，依次将行业工伤风险类别划分为1类至8类。

不同工伤风险类别的行业执行不同的工伤保险行业基准费率。各行业工伤风险类别对应的全国工伤保险行业基准费率为，1类至8类分别控制在该行业用人单位职工工资总额的0.2%、0.4%、0.7%、0.9%、1.1%、1.3%、1.6%、1.9%左右。

通过费率浮动的办法确定每个行业内的费率档次。1类行业分为3个档次，即在基准费率的基础上，可向上浮动至120%、150%，2类至8类行业分为5个档次，即在基准费率的基础上，可分别向上浮动至120%、150%或向下浮动至80%、50%。

第二，用人单位内部浮动费率。统筹地区社保经办机构根据用人单位工伤保险基金使用、工伤发生率、职业病危害程度等因素，确定其工伤保险费率，并可依据上述因素变化情况，每1～3年确定其在所属行业不同费率档次间是否浮动。对符合浮动条件的用人单位，每次可上下浮动1档或两档。统筹地区工伤保险最低费率不低于本地区1类风险行业基准费率。费率浮动的具体办法由统筹地区人力资源和社会保障部门商财政部门制定，并征求工会组织、用人单位代表的意见。

3）用人单位工伤保险缴费费率的确定

由社保经办机构首先确定用人单位所属行业种类和基准费率，再根据用人单位工伤保险基金使用、工伤发生率等情况确定用人单位内部的浮动费率档次，计算得出用人单位的缴费费率。

工伤发生率是指用人单位在某一段时间内，本单位职工发生工伤事故或者职业病的比例。工伤发生率越高、工伤保险基金使用越多，用人单位缴费就越多；工伤发生率越低、工伤保险基金使用越少，用人单位缴费就越少。

第一，关于缴费基数的规定。用人单位应当以本单位职工工资总额为缴费基数来缴纳工伤保险费。本单位职工工资总额是指用人单位直接支付给本单位全部职工的劳动报酬总额，有两点需要强调：一是支付的对象是全部职工，包括农民工、临时工等建立了劳动关系的各种用工形式、用工期限的所有劳动者；二是工资的构成是劳动报酬总额，包括计时工资、计件工资、奖金、津贴和补贴、加班加点工资以及特殊情况下支付的工资。

第二，关于缴费费率的规定。工伤保险缴费费率按照《社会保险法》第三十四条的规定来确定。

4）享受工伤保险待遇的条件

第一，工作原因。

因工作原因受到事故伤害，是指职工为履行工作职责、完成工作任务而受到事故伤害，这是最为普遍的工伤情形。工作时间、工作地点和工作原因是工伤认定的3个基本要素，即“三工原则”。

第二，事故伤害。

事故伤害中的事故一般包括安全事故、意外事故以及自然灾害等各种形式的事故。如果是职工在因工外出期间发生事故下落不明的情况，很难确定职工已死亡还是暂时失去联系，本着尽量维护职工权益的基本精神，也应认定为工伤。

第三，患职业病。

职业病是指职工在职业活动中，因接触粉尘、放射性物质和其他有毒、有害物质等而引起的职业性疾病。职工经诊断或经鉴定确患职业病，并经过工伤认定属于工伤或视同工伤的，可以享受工伤保险待遇。

5）享受工伤保险待遇的程序

第一，工伤认定。

工伤认定是指社会保险行政部门依据法律的授权，对职工因事故受到伤害或者患职业病的情形是否属于工伤或视同工伤给予定性的行政确认行为，是受到事故伤害或者患职业病的职工享受工伤保险待遇的前提。工伤认定的结果包括认定为工伤、视同工伤、非工伤和不视同工伤。工伤认定的程序包括申请、受理、审核、调查核实、做出认定等，并有严格的时限规定。

知识链接4-7

认定工伤的法定情形

一、认定为工伤的法定情形

依据《工伤保险条例》第十四条的规定，应当认定为工伤的法定情形有7种：

（一）在工作时间和工作场所内，因工作原因受到事故伤害的；

（二）工作时间前后在工作场所内，从事与工作有关的预备性或者收尾性工作受到事故伤害的；

（三）在工作时间和工作场所内，因履行工作职责受到暴力等意外伤害的；

（四）患职业病的；

（五）因工外出期间，由于工作原因受到伤害或者发生事故下落不明的；

（六）在上下班途中，受到非本人主要责任的交通事故或者城市轨道交通、客运轮渡、火车事故伤害的；

（七）法律、行政法规规定应当认定为工伤的其他情形。

二、视同工伤的情形

依据《工伤保险条例》第十五条的规定，视同工伤的情形有3种：

（一）在工作时间和工作岗位，突发疾病死亡或者在48小时之内经抢救无效死亡的；

（二）在抢险救灾等维护国家利益、公共利益活动中受到伤害的；

（三）职工原在军队服役，因战、因公负伤致残，已取得革命伤残军人证，到用人单位后旧伤复发的。

三、最高人民法院司法解释中认定为工伤的4种情形

依据《最高人民法院关于审理工伤保险行政案件若干问题的规定》第四条的规定，以下4种情形可认定为工伤：

（一）职工在工作时间和工作场所内受到伤害，用人单位或者社会保险行政部门没有证据证明是非工作原因导致的；

（二）职工参加用人单位组织或者受用人单位指派参加其他单位组织的活动受到伤害的；

（三）在工作时间内，职工来往于多个与其工作职责相关的工作场所之间的合理区域因工受到伤害的；

（四）其他与履行工作职责相关，在工作时间及合理区域内受到伤害的。

第二，劳动能力鉴定。

职工发生工伤，经治疗伤情相对稳定后存在残疾，影响劳动能力的，应当进行劳动能力鉴定。劳动能力鉴定是职工享受伤残待遇的重要前提。工伤职工进行劳动能力鉴定有3个条件：一是应在经过治疗，伤情处于相对稳定的状态后进行；二是必须存在残疾，主要表现在身体上的残疾；三是必须对工作、生活产生了直接的影响，伤残程度已经影响职工本人的劳动能力。劳动能力鉴定包括劳动功能障碍程度和生活自理障碍程度的等级鉴定：劳动功能障碍分为10个伤残等级；生活自理障碍分为3个等级，分别为生活完全不能自理、生活大部分不能自理和生活部分不能自理。

工伤认定和劳动能力鉴定应当简洁、方便，以便于工伤职工及时就医，接受治疗，享受相应待遇。

6）社保改革农民工工伤保险新政策

任何工作都有一定的危险性，我们常见的危险系数高的工作，比如高空建筑工人、外墙清洁工或者工作在有毒有害环境里的人，特别是一些农村进城打工的人，一般工作环境都不是特别安全，为了保障劳动者的合法权益，劳动法规定了工伤赔偿项目。

目前农民工从事的职业大多数都有一定的危险性，如果在工作中顺顺利利还好，一旦发生事故极可能导致的就是整个家庭生活经济来源的崩塌。

农民工在工作过程中出现人身伤害事故很难获得相应的赔付，个人权益受到了一定程度的侵害，因此国家为了保障农民工的合法权益，已出台了相应的政策。

治疗工伤所需费用符合工伤保险诊疗项目目录、工伤保险药品目录、工伤保险住院服务标准的，从工伤保险基金支付。

（1）工伤待遇。

根据现行的《工伤保险条例》，农民工参加工伤保险，依法享受工伤保险待遇是其基本权益，各类用人单位招用的农民工均有享受工伤保险待遇的权利。

①交通食宿费赔偿金额=交通费+住宿费+伙食费；

②辅助器具费赔偿金额=普遍适用器具的合理费用×器具数量；

③护理费赔偿金额=统筹地区上年度职工月平均工资（元/月）×50%（完全不能自理）/40%（大部分不能自理）/30%（部分不能自理）；

④伤残补助金赔偿金额=本人工资（元/月）×27（1级伤残）/25（2级伤残）……7（10级伤残）；

⑤伤残津贴赔偿金额=本人工资（元/月）×90%（1级）/85%（2级）……75%（4级）。

（2）工亡补助。

一次性工亡补助金的具体算法以及补偿金额全国都一样，即为上一年度全国城镇居民人均可支配收入的20倍，比如2022年全国城镇居民人均可支配收入为36 883元，那么该年的补助金应为36 883×20=737 660（元）。

（3）赔偿标准。

①丧葬补助金，为6个月的统筹地区上年度职工月平均工资。

②供养亲属抚恤金，按照职工本人工资的一定比例发给由因工死亡职工生前提供主要生活来源、无劳动能力的亲属，标准为：配偶每月40%，其他亲属每人每月30%，孤寡老人或者孤儿每人每月在上述标准的基础上增加10%。

（4）申请流程。

①如果发生了工伤，用人单位不给农民工申请工伤认定，这时候就需要自己去相应的部门申请工伤认定。

②相应的部门如果给农民工工伤认定成功，接下来单位就需要为农民工支付工伤期间一切的相关费用，包括应正常发放的薪资。

③伤情严重者，可申请劳动能力鉴定，之后可向用人单位索要相应的赔偿。

④在农民工维护自己的合法权益过程中，如果用人单位拒不配合，可向当地的执法部门提出仲裁申请。

知识链接4-8

不得认定为工伤或视同工伤的情形

依据《工伤保险条例》第十六条的规定，职工有下列情形之一的，不得认定为工伤或者视同工伤：

（一）故意犯罪的；

（二）醉酒或者吸毒的；

（三）自残或者自杀的。

知识链接4-9

关于工伤伤残待遇的规定

（1）一次性医疗补助金和一次性伤残就业补助金。

职工因工致残被鉴定为5至10级伤残的，该职工与用人单位解除或者终止劳动关系后，由工伤保险基金支付一次性医疗补助金，由用人单位支付一次性伤残就业补助金。

（2）一次性伤残补助金。

职工因工致残并经劳动能力鉴定委员会评定伤残等级的，按照伤残等级，由工伤保险基金向职工支付一次性伤残补助金，其数额为规定月数的本人工资（指工伤职工因工作遭受事故伤害或者患职业病前12个月的平均月缴费工资），并且是一次性支付。按照最新政策，一次性伤残补助金根据伤残级别不同，分别为7~27个月的本人工资，1级伤残为27个月的本人工资，2级伤残为25个月，3级伤残为23个月，4级伤残为21个月，5级伤残为18个月，6级伤残为16个月，7级伤残为13个月，8级伤残为11个月，9级伤残为9个月，10级伤残为7个月。

（3）伤残津贴。

工伤保险基金需要负担1至4级伤残职工按月领取的伤残津贴，1至4级伤残又称完全丧失劳动能力，对该类工伤职工，与用人单位保留劳动关系，退出工作岗位，由工伤保险基金按月支付伤残津贴，具体标准为：1级伤残为本人工资的90%，2级为85%，3级为80%，4级为75%。伤残津贴实际数额低于当地最低工资标准的，由工伤保险基金补足差额。

（4）工伤职工达到退休年龄并办理退休手续后，符合领取基本养老保险待遇条件的，停发伤残津贴，按照国家有关规定享受基本养老保险待遇。基本养老保险待遇低于伤残津贴的，由工伤保险基金补足差额。关于伤残津贴和医疗保险的关系，职工因工致残被鉴定为1至4级伤残的，由用人单位和职工个人以伤残津贴为基数，继续缴纳基本医疗保险费。

（5）死亡待遇。

第一，丧葬补助金。职工因工死亡的，伤残职工在停工留薪期内因工伤导致死亡的，1至4级伤残职工在停工留薪期满后死亡的，其近亲属按照规定从工伤保险基金中领取丧葬补助金。丧葬补助金是安葬工亡职工、处理后事的必需费用。丧葬补助金按6个月的统筹地区上年度职工月平均工资的标准计发，计发对象是工亡职工的近亲属，一般包括配偶、父母、子女、兄弟姐妹、祖父母、外祖父母、孙子女、外孙子女。

第二，供养亲属抚恤金。供养亲属抚恤金按照因公死亡职工生前本人工资的一定比例计发，计发对象是由工亡职工生前提供主要生活来源、无劳动能力的亲属。其具体标准为：配偶每月40%，其他亲属每人每月30%，孤寡老人或者孤儿每人每月在上述标准的基础上增加10%。核定的各供养亲属的抚恤金之和不应高于工亡职工生前的工资。该项待遇为长期待遇，一旦供养亲属具备、恢复能力或者死亡的，供养亲属抚恤金即停止发放。

第三，一次性工亡补助金。一次性工亡补助金的标准为上一年度全国城镇居民人均可支配收入的20倍，发放对象为工亡职工的近亲属，当有数个近亲属时，对于工伤职工生前对其尽了较多照顾义务的近亲属，应当予以照顾。

关于几种死亡待遇之间的关系需明确以下事项：首先，伤残职工在停工留薪期内因工伤导致死亡的，其近亲属享受丧葬补助金、供养亲属抚恤金和一次性工亡补助金；其次，1至4级伤残职工在停工留薪期满后死亡的，其近亲属可以享受丧葬补助金、供养亲属抚恤金；最后，职工死亡同时符合领取基本养老保险丧葬补助金、工伤保险丧葬补助金和失业保险丧葬补助金条件的，其遗属只能择一领取，不能同时享受。

资料来源 作者根据《工伤保险条例》等整理。

4.2.6 生育保险

生育保险制度是指由用人单位缴纳保险费，其职工或者职工未就业配偶按照国家规定享受生育保险待遇的一项社会保险制度。

1）生育保险费的缴纳

生育保险根据“以支定收，收支基本平衡”的原则筹集资金，由企业按照其工资总额的一定比例向社保经办机构缴纳生育保险费，建立生育保险基金。生育保险费的提取比例由当地政府根据计划内生育人数和生育津贴、生育医疗费等费用确定，并可根据费用支出情况适时调整。企业缴纳的生育保险费作为期间费用处理，列入企业管理费用。目前，大连地区生育保险的缴费比例为企业职工月工资总额的1%。

2）生育保险待遇的内容

《社会保险法》第五十四条规定，生育保险待遇包括生育医疗费用和生育津贴。

生育医疗费用包括生育的医疗费用、计划生育的医疗费用和法律、法规规定的应当由生育保险基金支付的其他项目费用。

计划生育的医疗费用指职工放置或者取出宫内节育器、施行输卵管或者输精管结扎及复通手术、实施人工流产术或者引产术等发生的医疗费用。

生育津贴是女职工按照国家规定享受产假或者计划生育手术休假期间获得的工资性补偿，按照职工所在用人单位上年度职工月平均工资的标准计发。根据国务院《女职工劳动保护特别规定》，正常分娩的，休产假98天；难产或剖宫产的，增加15天；生育多胞胎的，每多生育1个婴儿，增加15天；怀孕未满4个月流产的，休产假15天；怀孕满4个月未满7个月流产的，休产假42天；怀孕7个月以上终止妊娠，符合国家生育规定的，休产假98天。

各地生育保险报销都会包括生育医疗费用和生育津贴，一些经济水平较高的地区还会加发一次性营养补贴。

3）生育保险和职工基本医疗保险合并实施的规定

2019年3月《国务院办公厅关于全面推进生育保险和职工基本医疗保险合并实施的意见》发布，提出遵循保留险种、保障待遇、统一管理、降低成本的总体思路，推进生育保险和职工基本医疗保险合并实施，实现参保同步登记、基金合并运行、征缴管理一致、监督管理统一、经办服务一体化。

4.2.7 社会保险登记制度

1）关于用人单位社会保险登记的规定

社会保险登记的工作程序包括4个内容：一是成立登记；二是变更登记；三是注销登记；四是社会保险登记证件年检。

第一，成立登记。用人单位一经成立即应自成立之日起30日内凭营业执照（针对公司、非公司企业法人、个人独资企业、合伙企业和个体工商户等营利性组织）、登记证书（针对事业单位、社会团体、民办非企业单位等非营利组织）或者单位印章（针对党政机关、人民团体等依法不属于登记范围内的组织），向当地社保经办机构申请办理社会保险登记。

社保经办机构应当自收到申请之日起15日内予以审核，符合要求的，予以登记，发给社会保险登记证件。社会保险登记事项主要包括单位名称、住所或地址、单位类型、统一社会信用代码、法定代表人或者负责人、开户银行账号等与社会保险有关的事项。

第二，变更登记。用人单位的社会保险登记事项发生变更的，应当自变更之日起30日内持社会保险登记证件到原先办理登记的社保经办机构办理变更登记。社保变更登记的内容涉及社会保险登记证件的内容，需更换社会保险登记证件的，社保经办机构应当收回原登记证件，并按变更后的内容，重新核发社会保险登记证件。

第三，注销登记。用人单位发生解散、破产、撤销、合并以及其他情形被依法终止时，应及时向原先办理登记的社保经办机构申请办理注销社保登记。办理注销登记时，应提交注销登记申请、法律文书或其他有关注销文件。在办理注销登记前，用人单位应当结清应缴纳的社会保险费、滞纳金、罚款。

第四，社会保险登记证件年检。市、区、县社保经办机构对已核发的社会保险登记证件实行定期检验制度，未经检验，证件自行失效。

知识链接4-10

办理社会保险所需的资料

申请办理社会保险登记时应出示以下证件和资料：营业执照；批准成立证件或核准执业证件；法人身份证复印件，企业申请网上申报业务经办人的身份证复印件；省、自治区、直辖市社保经办机构规定的其他有关证件资料。社保经办机构发给社会保险登记证件，根据各地5项保险的缴费基数、费率及人员变动的有关规定填写各项保险的月报表。填写社会保险登记表的登记事项包括单位名称、经营地点、单位类型、法定代表人或负责人、开户银行账号等。

2）关于职工社会保险登记的规定

第一，职工由用人单位代为办理个人社会保险登记。用人单位应自用工之日起30日内为其职工向社保经办机构申请办理社会保险登记。用人单位未办理社保登记的，由社保经办机构核定其应当缴纳的社会保险费。实践中，社保经办机构可以通过查阅用人单位的职工名册、工资表等资料，获取该用人单位有关职工人数、工资总额等数据，核定其应当缴纳的社会保险费。

第二，灵活就业人员自行办理个人社会保险登记。自愿参加社会保险的无雇工的个体工商户、未在用人单位参加社会保险的非全日制从业人员以及其他灵活就业人员，应当自行办理社会保险登记。

第三，个人社会保障号的规定。个人社会保障号即公民身份号码，亦即身份证号码，由18位数字组成，前6位为行政区域代码，第7至14位为出生日期码，第15至17位为顺序码，第18位为校验码。

知识链接4-11

违反《社会保险法》应当承担的法律责任

第一，用人单位违反《社会保险法》的法律责任。本法规定，用人单位不办理社会保险登记且在社会保险行政部门责令改正期限内不改正的，对用人单位处应缴社会保险费数额1倍以上3倍以下的罚款，对其直接负责的主管人员和其他直接责任人员处500元以上3 000元以下的罚款；用人单位未按时足额缴纳社会保险费的，由社会保险费征收机构责令限期缴纳或者补足，并自欠缴之日起，按日加收0.5‰的滞纳金；逾期仍不缴纳的，由有关行政部门处欠缴数额1倍以上3倍以下的罚款。

第二，骗取社会保险基金支出或者骗取社会保险待遇的法律责任。本法规定，社会保险经办机构以及医疗机构、药品经营单位等社会保险服务机构以欺诈、伪造证明材料或者其他手段骗取社会保险基金支出的，由社会保险行政部门责令退回骗取的社会保险金，处骗取金额2倍以上5倍以下的罚款；属于社会保险服务机构的，解除服务协议；直接负责的主管人员和其他直接责任人员有执业资格的，依法吊销其执业资格。以欺诈、伪造证明材料或者其他手段骗取社会保险待遇的，由社会保险行政部门责令退回骗取的社会保险金，处骗取金额2倍以上5倍以下的罚款。

第三，违反社会保险基金管理的法律责任。违反本法规定，隐匿、转移、侵占、挪用社会保险基金或者违规投资运营的，由社会保险行政部门、财政部门、审计机关责令追回；有违法所得的，没收违法所得；对直接负责的主管人员和其他直接责任人员依法给予处分。

第四，有关行政部门和单位及其工作人员违反本法的法律责任。社会保险费征收机构擅自更改社会保险费缴费基数、费率，导致少收或者多收社会保险费的，由有关行政部门责令改正，对直接负责的主管人员和其他直接责任人员依法给予处分。社会保险行政部门和其他有关行政部门、社会保险经办机构、社会保险费征收机构及其工作人员泄露用人单位和个人信息的，对直接负责的主管人员和其他直接责任人员依法给予处分；给用人单位或者个人造成损失的，应当承担赔偿责任。

4.3 法定假日与住房公积金

4.3.1 关于法定假日的相关规定

1）公休假日

公休假日是指劳动者通常的周末休息时间。我国实行劳动者每日工作时间不超过8小时，平均每周工作时间不超过44小时的工时制度。

2）法定年节假日

法定年节假日具体包括元旦1天、春节3天、国际劳动节1天、国庆节3天、中秋节1天、清明节1天、端午节1天以及法律规定的其他休假节日。

3）其他假期

劳动者除依法享受法定休假日外，还可以享受年休假、探亲假、婚丧假、产假、看护假等。用人单位应当视同其正常劳动并支付其正常工作时间的工资。带薪年休假与员工的工作时间长短有关：工作满1年不满10年的员工可享受5天的年休假；工作满10年不满20年的员工可享受10天的年休假；工作满20年以上的员工可享受15天的年休假。

4.3.2 住房公积金

1）住房公积金的制度规定

（1）住房公积金是指国家机关、国有企业、城镇集体企业、外商投资企业、城镇私营企业及其他城镇企业、事业单位、民办非企业单位、社会团体为其在职职工缴纳的长期住房储金，属于员工个人所有。

（2）单位应当到住房公积金管理中心办理住房公积金缴存登记，并为本单位职工办理住房公积金账户设立手续。每个职工只能有一个住房公积金账户。

（3）住房公积金管理中心应当建立职工住房公积金明细账，记载职工个人住房公积金的缴存、提取等情况。

（4）新设立的单位应当自设立之日起30日内到住房公积金管理中心办理住房公积金缴存登记，并自登记之日起20日内，为本单位职工办理住房公积金账户设立手续。

（5）单位合并、分立、撤销、解散或者破产的，应当自发生上述情况之日起30日内由原单位或者清算组织到住房公积金管理中心办理变更登记或者注销登记，并自办妥变更登记或者注销登记之日起20日内，为本单位职工办理住房公积金账户变更或者封存手续。

（6）单位录用职工的，应当自录用之日起30日内到住房公积金管理中心办理缴存登记，并办理职工住房公积金账户的设立或者转移手续。

（7）单位与职工终止劳动关系的，单位应当自劳动关系终止之日起30日内到住房公积金管理中心办理变更登记，并办理职工住房公积金账户转移或者封存手续。

2）职工住房公积金的缴费

（1）职工住房公积金的月缴存额为职工本人上一年度月平均工资乘以职工住房公积金缴存比例。

（2）单位为职工缴存的住房公积金的月缴存额为职工本人上一年度月平均工资乘以单位住房公积金缴存比例。

（3）新参加工作的职工从参加工作的第二个月开始缴存住房公积金，月缴存额为职工本人当月工资乘以职工住房公积金缴存比例。

（4）单位新调入的职工从调入单位发放工资之日起缴存住房公积金，月缴存额为职工本人当月工资乘以职工住房公积金缴存比例。

（5）职工和单位住房公积金的缴存比例不得低于职工上一年度月平均工资的5%；有条件的城市，可以适当提高缴存比例，原则上不高于12%。具体缴存比例由住房委员会拟定，经本级人民政府审核后，报省、自治区、直辖市人民政府批准。

（6）职工个人缴存的住房公积金，由所在的单位每月从其工资中代扣代缴。

（7）单位应当自每月发放职工工资之日起5日内将单位缴存的和为职工代缴的住房公积金汇缴到登记公积金账户内，由受委托的银行记入职工住房公积金账户。

（8）单位应当按时、足额缴存住房公积金，不得逾期缴存或少缴。

（9）对缴存住房公积金确有困难的单位，经本单位职工代表大会或者工会讨论通过，并经住房公积金管理中心审核，报住房委员会批准后，可以降低缴存比例或者缓缴；待单位经济效益好转后，再提高缴存比例或者补缴。

（10）住房公积金自存入职工住房公积金账户之日起按照国家规定的利率计息。

（11）住房公积金管理中心应当为缴存住房公积金的职工发放缴存住房公积金的有效凭证。

3）职工可以提取住房公积金的6种情形

职工有下列情形之一的，可以提取职工住房公积金账户内的存储余额：

（1）购买、建造、翻建、大修自住住房的。

（2）离休、退休的。

（3）完全丧失劳动能力，并与单位终止劳动关系的。

（4）出境定居的。

（5）偿还购房贷款本息的。

（6）房租超出家庭工资收入的规定比例的。

依照以上（2）、（3）、（4）项规定提取职工住房公积金的，应当同时注销职工住房公积金账户。

职工死亡或者被宣告死亡的，职工的继承人、受遗赠人可以提取职工住房公积金账户内的存储余额；无继承人也无受遗赠人的，职工住房公积金账户内的存储余额纳入住房公积金的增值收益。其他条款参见2019年3月24日国务院修改的《住房公积金管理条例》。

4.4 企业补充福利

4.4.1 企业补充保险计划

1）企业补充养老金计划

（1）企业年金计划的内容。

企业年金是指企业及其职工在依法参加基本养老保险的基础上，自愿建立的补充养老保险制度。企业自行建立企业补充养老金（企业年金）计划作为退休职工收入（主要是社会养老保险）的一个补充来源，已成为养老保险体系的一个重要支柱。而对企业来说，它已经成为人力资源管理战略福利体系中的一个重要组成部分，是延期支付的工资收入。大多数发达国家都建立了企业补充养老金计划。同时，我国鼓励企业开展企业补充养老金计划，通过税收优惠政策吸引企业为职工建立补充养老金计划。企业年金方案的建立应当由企业与职工代表或工会协商完成，国有及国有控股企业的年金方案应提交职工代表大会讨论通过。企业年金方案的主要内容包括：参加人员范围；资金筹集方式；职工企业年金个人账户管理方式；基金管理方式；计发办法和支付方式；支付企业年金待遇的条件；组织管理和监督方式；终止缴费的条件；双方约定的其他事项等。

(2) 企业年金基金管理。

企业年金基金管理执行国家的有关规定。企业年金基金一般由以下各项组成：企业缴费；职工个人缴费；企业年金基金投资运营收益。企业缴费每年不超过本企业上年度职工工资总额的1/12。企业和职工个人缴费合计一般不超过本企业上年度职工工资总额的1/6。

(3) 企业年金支付。

职工在达到法定退休年龄时，可以一次性或定期领取企业年金。职工或退休人员死亡后，其企业年金账户余额可由其指定的受益人或法定继承人一次性领取。出境定居人员的企业年金，可一次性支付给其本人。职工在变动工作单位时，企业年金个人账户资金可随同转移。职工升学、参军、失业期间或新就业单位没有实行企业年金制度的，其企业年金个人账户可由原管理机构继续管理。

2) 人寿保险

人寿保险是有些企业为职工提供的保险福利项目，是比较常见的一种企业福利形式。作为一个群体的职工，相对于个人而言，可以以较低的费率购买到相同的保险，而且团体寿险方案通常适用于所有职工，而不论他们的健康或身体状况如何。在我国的煤炭、矿山、冶金、勘探、石油、化工和建筑等行业中，多数企业都为职工购买了人寿保险。

3) 企业补充医疗保险

社会医疗保障范围和程度的有限性，客观上为企业建立补充医疗保险（商业健康保险）留下了空间。在发达国家，企业补充医疗保险（商业健康保险）计划已成为企业的一项常见的福利措施。

(1) 成本列支、企业自主使用的补充医疗保险。财政部、劳动和社会保障部（现人力资源和社会保障部）在《关于企业补充医疗保险有关问题的通知》中有如下具体规定：

第一，按规定参加各项社会保险并按时足额缴纳社会保险费的企业，可自主决定是否建立补充医疗保险。企业可在按规定参加当地基本医疗保险基础上，建立补充医疗保险，用于对城镇职工基本医疗保险制度支付以外由职工个人负担的医药费用进行的适当补助，减轻参保职工的医药费负担。

第二，企业补充医疗保险费在工资总额4%以内的部分，企业可直接从成本中列支，不再经同级财政部门审批。

第三，企业补充医疗保险办法应与当地基本医疗保险制度相衔接。企业补充医疗保险资金由企业或行业集中使用和管理，单独建账，单独管理，用于本企业个人负担较重职工和退休人员的医药费补助，不得划入基本医疗保险个人账户，也不得另行建立个人账户或变相用于职工其他方面的开支。

第四，财政部门与劳动和社会保障部门（现人力资源和社会保障部）要加强对企业补充医疗保险资金管理的监督和财务监管，防止挪用资金等违规行为。

(2) 大额医疗费用互助制度。

大额医疗费用互助制度是指互助资金按比例支付职工和退休人员在一个年度内累计

超过一定数额的门诊、急诊医疗费用，或超过基本医疗保险统筹基金最高支付限额的医疗费用。参加基本医疗保险的用人单位及其职工和退休人员应当参加大额医疗费用互助保险，但实行国家公务员补助办法的用人单位及其职工和退休人员除外。大额医疗费用互助资金由用人单位和个人共同缴纳。2023年，大连用人单位按全部职工缴费工资基数之和的0.2%缴纳，职工和退休人员个人按每月2元缴纳。大额医疗费用互助资金由社会保险经办机构负责统一筹集、管理和使用。

4.4.2 企业员工福利概述

1）企业员工福利

财政部《关于企业加强职工福利费财务管理的通知》中称：企业职工福利费是指企业为职工提供的除职工工资、奖金、津贴、纳入工资总额管理的补贴、职工教育经费、社会保险费和补充养老保险费（年金）、补充医疗保险费及住房公积金以外的福利待遇支出。据财政部规定，职工福利的范畴为：为职工卫生保健、生活、住房、交通等所发放的各项补贴和非货币性福利，包括企业向职工发放的因公外地就医费用、未实行医疗统筹企业职工医疗费用、职工供养直系亲属医疗补贴、供暖费补贴、职工防暑降温费、职工困难补贴、救济费、职工食堂经费补贴、职工交通补贴等。需要注意的是，企业按月以货币形式发放的住房补贴、交通补贴或车改补贴、通信补贴等，都算在职工工资总额中，不能再纳入职工福利费。此外，如果企业给职工发放的节日补助是以货币形式发放，那就得算在工资总额中，是补贴的一部分。但如果是采用实物形式，应算在企业福利费开支里。中华全国总工会曾经下发《关于〈关于加强基层工会经费收支管理的通知〉的补充通知》，针对一些实际问题做出更明确的规定，以便于基层操作。中华全国总工会认为，在反腐的同时，应该积极推进普通职工特别是一线职工的正常福利，改善职工住宿、就餐、医疗等集体福利，加大对困难职工帮扶救助，以及按规定发生的其他职工福利等。

知识链接4-12

工会：可以发月饼等慰问品，但标准不能超过200元

节日福利是员工的期待，但是近年来随着反腐行动的开展，不少单位把与节日相关的福利也停发了。

实际上，中华全国总工会通过多次与中央有关部门进行协商后，在2014年7月3日就下发了《关于加强基层工会经费收支管理的通知》，其中规定工会组织逢年过节可以向全体职工发放少量的节日慰问品。

各省级工会相继出台了具体量化标准。贵州省总工会日前就表示：逢年过节可以给职工发放慰问品，中秋节是传统节日，也是我国法定节日，可以发月饼等慰问品，但标准不能超过200元。

2016年不少企业又逐渐恢复了员工福利。不过需要注意的是，按照规定，仍有一些“福利”是明确禁止的，比如购物卡、代金券，违规滥发津贴、补贴、奖金，支付高消费性的娱乐健身活动等。与此同时，以下行为也是禁止的：违规设立“小金库”，将工会账户并入单位行政账户，截留挪用工会经费，参与非法集资活动，报销与工会活动无关的费用。

资料来源 佚名. 2016年中秋福利怎么发 工会称标准不能超过200元［EB/OL］.［2022-09-12］. http://hn.chinaso.com/finance/detail/20160912/1000200032826601473671240098455266_1.html.

2）企业其他福利项目

第一，员工援助计划。

员工援助计划是一种治疗性措施，是企业针对诸如员工酗酒、吸毒、赌博或压力问题等向员工提供咨询或治疗的正式计划。在员工援助计划的组织操作方式上，有以下3种形式：一是由内部工作人员在本企业进行的援助活动；二是公司通过与其他专业机构签订合同来提供服务；三是多个公司集中资源，共同制订一个援助计划。

第二，咨询服务。

企业可以向员工提供广泛的咨询服务。咨询服务包括财务咨询（如怎样克服现存的债务问题）、家庭咨询（包括婚姻问题等）、职业生涯咨询（分析个人能力倾向并选择相应职业）、重新谋职咨询（帮助被解雇者寻找新工作）以及退休咨询等。在条件允许的情况下，企业还可以向员工提供法律咨询。

第三，家庭援助计划。

这是企业向员工提供的照顾家庭成员的福利项目，主要是照顾老人和儿童。由于老龄化和双职工、单亲家庭的增加，员工照顾年迈父母和年幼子女的负担加重了，因此为了保证员工安心工作，企业向员工提供家庭援助福利，主要有老人照顾服务和儿童看护服务。企业提供的老人照顾服务包括：弹性工作时间和请假制度；向员工提供照顾老人方面的信息，推荐老人护理中心等；公司对有老人住在养老院等机构的员工出资进行经济补偿，或资助老年人照顾中心等。儿童看护服务与老年照顾服务类似，除了弹性工作时间、请假制度以及信息服务外，有些企业还提供日托服务。除了上述福利服务外，企业为员工提供交通服务、健康服务、旅游服务和餐饮服务等福利项目。

知识链接4-13

企业弹性福利计划

企业弹性福利计划又称“自助餐式的福利”，有以下几种类型：

1.附加型弹性福利计划

附加型弹性福利计划是最普遍的弹性福利计划。所谓附加，顾名思义就是在现有的福利计划之外，再提供其他不同的福利措施或提高原有福利项目的水平，让员工去选择。

2.核心加选择型弹性福利计划

核心加选择型弹性福利计划由核心福利和弹性福利所组成。核心福利是每个员工都可以享受的基本福利，可以随意把需要选择的福利项目全部放在弹性福利计划之中，这部分福利项目都附有价格，可以让员工选购。员工所获得的福利限额，通常是未实施弹性福利计划前所享有的、福利总值超过其所拥有的限额，差额可以折成现金。

3.弹性支用账户型弹性福利计划

弹性支用账户是一种比较特殊的弹性福利计划。员工每年可从其税前总收入中拨取一定数额的款项作为自己的支用账户，并以此账户去选择购买企业所提供的各种福利措施。拨入支用账户的金额不用扣缴所得税，不过账户中的金额如未能于年度内用完，余额就归企业所有，既不可以在下一个年度中并用，也不能够以现金方式发放。

4.福利套餐型弹性福利计划

福利套餐型弹性福利计划是指由企业同时推出不同的福利组合，每一个组合所包含的福利项目或优惠水平都不一样，员工只能选择其中一个组合的弹性福利计划。就好像西餐所推出的A餐、B餐一样，顾客只能选其中一个套餐，而不能要求更换套餐里面的内容。在规划此种弹性福利计划时，企业可依据员工群体的背景，如婚姻状况、年龄、有无子女等因素来进行设计。

5.选高择低型弹性福利计划

选高择低型弹性福利计划是指企业一般会提供几种项目不等、程度不一的福利组合给员工选择，以企业现有的价值与原有的固定福利相比，有高有低。如果员工看中了一个价值比原有福利还高的福利组合，那么企业就需要从薪水中扣除一定的金额来支付其间的差额；如果挑选的是一个价值较低的福利组合，他就可以要求企业发给其间的差额。

4.5 企业津贴

4.5.1 津贴的概念及分类

1）津贴的概念

津贴是指企业对员工在特殊劳动条件（时间、地点、岗位、环境）下工作，支出的超额劳动及额外的生活费用，或对工作环境有损身心健康所给予的报偿，是工资的补充形式。

人们一般习惯上把属于工作（生产）性质的项目称作津贴，属于生活性质的项目称作补贴。津贴、补贴的种类、发放范围和标准等，一般由国家统一规定。对国家没有统一规定的，用人单位也可以根据生产需要，在政策允许的范围内自行设立一些津贴、补贴项目。

2）津贴的分类

企业津贴的种类很多，依据不同的分类标准有如下3种分类方法：

（1）按照发放的对象和类别划分，可分为劳动津贴和生活津贴。劳动津贴是指对特殊劳动条件下员工劳动消耗的补偿，与劳动职位、劳动职务和工种等因素直接相关。生活津贴是指为了保障员工实际工资收入的稳定，补偿员工由于特殊工作需要而造成的额外生活支出。它包括补偿员工在生产过程中的额外生活支出，如外勤工作津贴、铁路乘务津贴、夜班津贴等。

（2）按照使用目的来划分，可分为工资性津贴、工资总额外补贴和生活保障性津贴。工资性津贴又称岗位津贴，是指补偿企业员工由于在某些特殊岗位上工作需要付出的额外消耗而设立的津贴，如高温、有毒、有害环境岗位下的津贴，矿山井下津贴，夜班津贴等。工资总额外补贴是为了补偿员工因工作流动、工作地区条件差而额外支出生活费用的津贴，如工程建设部门的施工津贴、交通邮电部门的乘务和外勤津贴、林区津贴、高寒山区及海岛津贴、出差补贴、话费补贴等。工资总额外补贴是不计入工资总额支付的津贴。生活保障性津贴是指为保障员工实际工资收入不受外界因素影响，补偿其生活费用的额外开支而设立的津贴。

（3）根据津贴的制定权限划分，可分为政策性津贴和非政策性津贴。政策性津贴的制定权限大致分3个层次：①中央与地方政府主要负责制定地区性和生活保障性的津贴；②行业主管部门主要负责制定本行业、本系统的各有关工种、职位的津贴；③各企业根据紧急效益情况和实际工作的需要设立津贴，或适当地提高津贴标准。非政策性津贴，亦可称企业津贴，是指企业根据自身的生产经营特点及需要建立的各类津贴。

4.5.2　企业津贴制度的构成

1）企业津贴项目

企业津贴项目是指企业实施各项津贴的内容，通常包括工资性津贴、工资总额外补贴和生活保障性津贴。企业应当根据实际情况和经营需要选择适宜的津贴项目加以实施。

2）津贴实施的条件范围

津贴实施的条件范围是指某一生产或工作单位是否具备建立某种津贴项目的条件，以及单位内何种岗位、职务、工种可以列入领取该种津贴的范围。在确定津贴实施的条件范围时，要注意以下两个问题：

（1）要制定明确、具体的资格条件，以便将各岗位、工种对号入座。条件规定应尽量避免有争执余地，防止执行中出现混乱。

（2）要对申请单位或工种进行科学的环境测试或调查分析，以取得合理的依据，符合规定的岗位方可批准建立。

此外，要严格按照每一项津贴的规定条件，综合权衡，该享受的列入范围，不该享受的坚决不滥发。

3）企业津贴支付的标准

津贴标准是指某项津贴在单位时间内应支付的金额。其确定有两种方式：一是按照员工基本工资的一定百分比计算；二是按照绝对数额计算。在实际操作中，第一种方式比较少见，大多数是按绝对数额计算。在制定津贴标准时参照以下几个方面的内容：

（1）员工所在岗位、职务的计时或计件工资标准。如果工资标准已经包含了对特殊劳动的补偿，则一般不必另设津贴。

（2）特殊地区工作的艰苦程度和实际生活费用高出平均生活水平的程度。

（3）特殊劳动条件下劳动的繁重程度。

（4）恶劣劳动环境对劳动者身体健康的损害程度。

4）津贴的支付方式

津贴的支付方式主要有货币支付和实物支付两种形式。货币的支付方式适用于岗位、职务和生活费补贴性质的津贴。实物支付的方式适用于那些保证员工身体健康性质的津贴。津贴支付周期绝大多数都是按每天出勤累计，以月为单位计算和支付的。

4.5.3 企业津贴制度的建立与实施的要点

企业在建立与实施津贴制度时，要注意以下几点：

1）必须执行国家有关的方针政策

在建立与实施津贴制度时，企业必须切实执行国家有关的方针政策，绝不允许将津贴作为变相的福利和增加员工收入的一种手段。

2）要符合企业的现实需求

企业建立和实施津贴制度时，必须符合津贴的性质和目的。企业必须严格按照经营、生产与工作的特点，以及真正的特殊需要来建立和实施必要的津贴制度。津贴项目应根据实际需要，经过认真分析才能决定实施。

3）津贴发放要与员工贡献挂钩

津贴的项目、范围、条件和标准等应与薪酬标准相衔接并综合考虑，统筹安排。由于津贴与员工的实际劳动贡献和工作成果的相关程度低，所以津贴在员工薪酬总额中的比重不可过高，在发放标准上对劳动环境有所考虑并适当体现。

4）确定津贴发放范围要谨慎

企业应正确处理享受津贴人员的范围问题。有些员工处于享受津贴的边缘，在这种情况下，应视企业的具体情况而定，一般可采用实地调查的方法，适当地给予部分津贴，当然，标准应低于享受津贴的职位标准。津贴发放要充分体现公平原则。

基础训练

□ 选择题

1.我国法定的社会保险包括（　　）。

A.养老保险　　B.医疗保险　　C.失业保险

D.工伤保险　　E.生育保险

2.生育保险待遇主要有（　　）。

A.生育医疗费用　　B.生育津贴

C.产假津贴　　D.计划生育手术休假津贴

3.当（　）时，需要注销职工住房公积金账户。

A.离休、退休

B.完全丧失劳动能力，并与单位终止劳动关系

C.出境定居

D.偿还购房贷款本息

4.企业弹性福利计划主要包括（　　）。

A.附加型弹性福利计划　　B.核心加选择型弹性福利计划

C.弹性支用账户型弹性福利计划　　D.福利套餐型弹性福利计划

E.选高择低型弹性福利计划

5.企业在建立与实施津贴制度时，要注意（　　）。

A.必须执行国家有关的方针政策　　B.要符合企业的现实需求

C.津贴发放要与员工贡献挂钩　　D.确定津贴发放范围要谨慎

□ 简答题

1.什么是福利？福利的分类有哪些？

2.法定福利的项目有哪些？其缴费程序有哪些？

3.员工住房公积金的缴费规定和单位缴存住房公积金的规定有哪些？

4.简述津贴的概念及其分类。

5.津贴制度的构成有哪些？

6.企业补充保险、员工服务福利以及企业弹性福利计划的内容分别是什么？

综合应用

□ 案例分析

（一）美的集团的员工关怀

一、向员工推出保障房

2012年，美的集团推出福利保障房项目——广夏花园。广夏花园楼盘均价为4 500元/平方米。而当年广夏花园周边的商品房项目，如深业城，其市场价在7 000～8 000元/平方米之间。

2012年时，美的集团行政与人力资源部发出了一份美的安居房政策的通知，美的集团面向美的员工将统一采取低于成本价500元/平方米出售安居房。不仅如此，美的集团的购房员工，还可以按照《美的集团福利管理办法》享受购房补贴。购房合同价格在30万（含）元以下，每年定额补贴3 000元；购房合同价格在30万～55万元之间，每年定额补贴4 500元。购房补贴由员工所在单位发放，发放5年，每满一年发放一次。

二、设立扶助基金

美的集团于2006年年底成立扶助基金。它由3个部分组成：一是美的集团从经营利润分配中按一定比例计提或拨专款；二是从各经营单位计提的“应付福利费”和“工会费”中按一定比例统筹纳入；三是员工爱心捐款。

集团还专门成立工作小组，小组每个季度都会在各个事业部对贫困员工及其家庭进行回访，并送去米、油、被子等慰问物品。

美的集团2013年确定每年12月22日为“扶助基金日”，该基金面向集团内所有员工，针对需要扶助的员工本人，以及员工的配偶、父母、子女，单笔扶助金额最高可达30万元。

2018年11月，美的集团举办“敢知未来，一路有你”50周年员工徒步活动。活动结束后，向公益扶助基金拨款2 349 000元，用于帮扶内部困难员工。

三、集体婚礼

自1992年到2018年，美的集团连续27年为员工举办集体婚礼，以此来提升员工幸福指数，并成为公司企业文化的重要组成部分。夫妻任何一方在美的任职，并且当年领取结婚证的，均可报名参加集体婚礼。美的集团不仅不收取费用，而且提供全套的婚礼服务。

2018年12月8日，美的第27届集体婚礼在美的全球创新中心举行，共有50对新人喜结良缘。以“情定五十，筑爱美的”为主题，红红火火的岭南婚礼，既展现了岭南文化的精彩独特，也是美的集团作为优秀民族品牌对本土文化的重视与发扬。

资料来源　HRsee. 美的集团的员工关怀案例［EB/OL］.［2021-04-06］. http: //www.hrsee.com/?id=1401.

问题：美的集团的做法让员工感动的方面有哪些？对企业文化的塑造有何益处？

分析提示：从员工福利有助于企业文化建设与企业凝聚力建设角度分析。

（二）腾讯的福利管理

腾讯福利：除了法定、必备的福利项目，作为腾讯员工中的一分子，感到最为舒心的就是腾讯名目繁多、花样辈出的其他福利项目了。

腾讯的薪酬在业内颇具竞争力，福利也相当丰厚，它用产品的思维做福利创新在人力资源界更是几乎人尽皆知。它的福利项目层出不穷，下面仅仅罗列出有限的项目：

员工保障计划：腾讯为员工提供完善的保障计划，包括国家规定的养老保险、医疗保险、工伤保险、失业保险、生育保险及根据政府政策缴纳住房公积金。

员工假期：公司提供年休假、带薪病假、双休日、法定年节假日、婚假、丧假、产假、陪产假、哺乳假等相关假期。

员工关怀与救助计划：腾讯为员工提供多种员工关怀与救助计划，旨在为员工创建舒适的工作环境，并实现工作生活的平衡。

暑期实习：对于暑期实习生，若实习期间工作所在地与其家庭或学校所在地非同一城市，将享有公司提供的交通补贴和住宿补贴。

健康福利：健康加油站项目包括：健康咨询、周年健康体检、健康热线；心理专家、一对一心理辅导、保护隐私；重大疾病、商业保险、重疾贷款、重疾就医协助。

财富福利：为员工涨薪；股权激励、住房补贴；安居借款，劲爆免息。

生活乐趣：方便快捷的班车服务、全天候的食堂美食、丰富多彩的节日礼包、一年一度的公司旅游、圣诞晚会等大型公司活动。腾讯员工的孩子一生下来，就获赠生日QQ号，附带18年的会员服务。

资料来源　作者根据相关资料整理。

问题：腾讯的福利项目带给你什么样的启发？

分析提示：从福利的功能入手分析福利管理与企业发展两者之间的联系。

□ 实践训练

设计福利方案

请你为贵校教师设计一个合理的福利方案，以便能够更好地调动其工作的热情，提升学校的整体绩效水平。

第5章 员工薪酬福利统计及计算

学习目标

知识目标：

1. 了解员工薪酬福利统计工具的种类；
2. 熟悉日常工资表格的编制设计；
3. 明确不同工资形式的具体计算方法；
4. 熟知各种社会保障金、住房公积金及个人所得税的计算方法。

能力目标：

能够计算各种社会保障金、住房公积金及个人所得税。

素养目标：

能够认识到通过员工薪酬福利制度的设计可以实现员工满意与企业发展的平衡。

引例

海底捞的计件工资改革

海底捞最早采用的是传统的"固定工资+奖金"薪酬模式，这一点与大多数餐饮企业类似。作为劳动密集型企业，海底捞基层员工的工资很低，想要留住他们必须涨工资，可是涨工资对于海底捞也是困难重重，据悉，海底捞的人力成本占总营业额的1/4多。

海底捞开始改变薪酬体系，将原来的固定工资变成了计件工资。

海底捞在试点计件工资前，西安的一家店共有108张桌子，每天平均660桌客人，传菜组平时是6人，周末8人（加两个钟点工）。实行计件工资前人手经常不够，比如上菜窗口有菜没人传。

实现计件工资后，比如非管理层员工传菜0.4元/盘，服务生3元/顾客等，上菜窗口变成人在排队等菜，洗碗间、小吃房等有空的人都来端菜了。

实行了两个月后，店员从240人降到180人。公司店支出没变，但员工平均收入增长1/3，效果显著。

正是由于海底捞在人力资源管理上比较成功，得到了大部分员工的认同和赞赏，才能在国内几乎所有餐饮企业员工流失率高的状况下，而海底捞的员工流失率不到10%。

这就是薪酬管理带来的价值之一。

资料来源 小2哥.3年员工零离职，海底捞是怎么做到的？[EB/OL].[2023-09-27].https：//www.sohu.com/a/421135598_176904.

这一案例表明：薪酬作为人力资源管理中最为复杂、对员工来说最为敏感的部分，其计算方式会直接影响员工的公平感和公司的发展前景，所以合理的薪酬测算体系和规范的绩效考核制度对于公司的发展至关重要。

5.1 员工薪酬福利统计

5.1.1 薪酬福利统计的相关概念

1）薪酬福利统计指标

薪酬福利统计指标包括薪酬福利总额和平均薪酬福利两项指标。

（1）薪酬福利总额是指各单位在一定时期内直接支付给本单位全部员工的劳动报酬总额。薪酬福利总额的计算应以直接支付给员工的全部劳动报酬为依据。

（2）平均薪酬福利是指一定时期内（月度、季度、年度等）员工平均每人所得的薪酬福利数额。

2）薪酬福利效益统计

薪酬福利效益统计大致可以用于以下两种用途：

（1）总体薪酬福利效益是指企业投入所产生的直接经济效益，即企业每支付一定量的薪酬福利产生多少产品或创造与实现多少价值，它从总体上反映了企业投入的薪酬成本与员工为企业带来的贡献之间的关系，是确定企业最佳薪酬水平的重要依据之一。

（2）分项薪酬福利效益统计的结果可以量化地反映企业实行某种薪酬福利制度所取得的直接经济效益，可以以此来选择最佳的薪酬激励方案。

5.1.2 薪酬福利效益的统计方法

薪酬福利效益统计能够反映企业在员工身上投入了多少、员工为企业的效益做出了多少贡献，是企业进行人才规划和制定薪酬战略的一种重要的决策依据，所以正确地掌握这些薪酬福利效益统计方法对企业来说至关重要。

（1）每百元薪酬福利产品产量，计算公式如下：

每百元薪酬福利产品产量=产量÷薪酬福利总额（百元）

（2）每百元薪酬福利产品产值，计算公式如下：

每百元薪酬福利产品产值=产值÷薪酬福利总额（百元）

（3）每百元薪酬福利利润额，计算公式如下：

每百元薪酬福利利润额=利润总额÷薪酬福利总额（百元）

（4）平均薪酬福利统计，计算公式如下：

员工平均薪酬福利=薪酬福利总额÷员工人数

（5）分项薪酬福利统计，计算公式如下：

各项薪酬福利贡献额=各项薪酬福利费用的支付÷总收入

5.2　合理确定企业的人工成本

人工成本是指企业在一定时期内从事生产、经营和提供劳务的活动中，因使用劳动力而发生的各项直接和间接人工费用的总和，具体包括职工工资总额、社会保险费、职工福利费、职工教育费、劳动保护费用、职工住房费用和其他人工成本费用等七大项。随着现代企业制度的逐步建立，人工成本管理在企业各项管理工作中的重要性越来越明显。人工成本费用的高低很大程度上决定着产品成本和产品价格，因此合理计算人工成本，并把人工成本控制在合理的限度之内，是现代企业面对激烈的市场竞争并取得发展和壮大的一项重要经营管理措施。

建立人工成本预测预警制度，是完善现代企业工资制度的一项重要举措，对于企业加强人工成本核算，增强市场竞争能力，提高经济效益，促进企业内部分配自我约束机制形成，调节行业间、企业间的分配关系，具有十分重要的现实意义。人工成本预测预警制度的基本内容包括人工成本的统计分析、人工成本变动趋势的预测、人工成本预警三个方面。

1）人工成本的统计分析

企业要建立比较规范的人工成本统计台账制度，准确记录人工成本总量、构成及其变动情况，并定期进行分析，以反映企业及其产品在市场上竞争力的强弱变化。发现企业在人工成本管理中存在问题的，应采取相应措施，以改善对人工成本的管理。人工成本现状分析可以从水平分析、结构分析和投入产出分析等几方面进行。

2）人工成本变动趋势的预测

在对企业人工成本现状分析的基础上，企业应当根据经营发展目标，结合市场环境的变化，以及人员素质、产品结构、技术装备等，对人工成本的变动趋势进行预测，以对可能出现的情况早做准备，及时进行必要的调整。在对人工成本进行预测时，应考虑劳动生产率、人力资源市场供求状况、工资增长指导线、居民消费价格指数、最低工资标准的调整、社会保险缴费率的调整等相关因素。

3）人工成本预警

人工成本预警是人工成本管理的重要内容，是指对人工成本人均水平较高或产出效益较低的企业做出警戒，提示企业应当加强人工成本管理，从而实现对人工成本的监控。

人工成本预警可分为投入产出预警和水平预警。投入产出预警就是观察本企业人工成本利润率或人事费用率，如果偏离全省或同行业人均水平较多，则应引起警觉。水平预警，即在企业人工成本投入产出水平较低时，如果本企业的人工成本人均水平超出全省或同行业人均水平较大，说明企业投入人工成本人均水平过高，应当加以研究，制定对策，降低人工成本人均水平。

5.2.1　人工成本的构成

（1）根据财政部发布的相关规定，我国工业企业人工成本的主要构成范围及列支渠道如下：

①产品生产人员工资、奖金、津贴和补贴（制造费用——直接工资）。

②产品生产人员的福利费（制造费用——其他直接支出）。

③生产单位管理人员工资（制造费用）。

④生产单位管理人员的福利费（制造费用）。

⑤劳动保护费（制造费用）。

⑥工厂管理人员工资（管理费用——公司经费）。

⑦工厂管理人员的福利费（管理费用——公司经费）。

⑧员工教育经费（管理费用）。

⑨劳动保险费（管理费用）。

⑩失业保险费（管理费用）。

⑪工会经费（管理费用）。

⑫销售部门人员工资（销售费用）。

⑬销售部门人员的福利费（销售费用）。

在计算人工费用总额时，可以将上述各项工资支出汇总，或在“应付职工薪酬”科目中核算工资总额。员工的福利费用也可在工资总额基础上按规定的14%计算。

（2）按照我国劳动行政主管部门人工成本统计的口径，人工成本一般包括从业人员劳动报酬（含不在岗员工生活费）、社会保险费用、住房费用、福利费用、教育经费、劳动保护费用和其他人工成本等七个组成部分。

① 从业人员劳动报酬。从业人员劳动报酬包括在岗员工工资总额、聘用和留用的离退休人员的劳动报酬、人事档案关系保留在原单位人员的劳动报酬、外籍及中国港澳台地区人员的劳动报酬。其中，在岗员工工资总额是指企业在报告期内直接支付给在岗员工的劳动报酬总额，包括基础工资、职务工资、级别工资、工龄工资、计件工资、奖金、各种津贴和补贴等。从业人员劳动报酬情况从市统计局劳动情况报表中取得。

② 社会保险费用。社会保险费用是指企业按有关规定实际为使用劳动力缴纳的养老保险、医疗保险、失业保险、工伤保险和生育保险费用，包括企业上缴给社会保险机构的费用和在此费用之外为使用劳动力支付的补充养老保险或储蓄性养老保险、支付给离退休人员的其他养老保险费用。社会保险费用按企业列支数统计。

③ 住房费用。住房费用是指企业为改善本单位使用的劳动力的居住条件而支付的所有费用，具体包括企业实际为使用的劳动力支付的住房补贴、住房公积金等。

④ 福利费用。福利费用是指企业在工资以外，实际支付给劳动者个人以及用于集体的福利费的总称，主要包括企业支付给劳动者的冬季取暖补贴费（也包括企业实际支付给享受集体供暖的劳动者个人部分）、医疗卫生费、计划生育补贴、生活困难补助、文体宣传费、集体福利设施和集体福利事业补贴费以及丧葬抚恤救济费等。该指标资料的来源一方面是企业净利润分配中公益金里用于集体福利设施的费用，另一方面来自在成本费用中列支的福利费（不包括向社会保险机构缴纳的医疗保险费）。福利费用按照实际支出数统计。

⑤ 教育经费。教育经费是指企业为劳动者学习先进技术和提高文化水平而支付的培训费用（包括对主要培训本企业劳动者的技工学校所支付的费用）。教育经费按照实

际支出数统计。

⑥ 劳动保护费。劳动保护费是指企业购买劳动者实际享用的劳动保护用品、饮料和保健用品等的费用支出。在工业企业中，它来源于制造费用中的“劳动保护费”科目。劳动保护费用按照实际支出数统计。

⑦ 其他人工成本。其他人工成本是指不包括在以上各项成本中的其他人工成本项目，如工会经费、企业因招聘劳动者而实际花费的招工招聘费用、解聘辞退费用等。

5.2.2　确定合理人工成本应考虑的因素

合理的人工成本一般是就企业所能合理负担的人工成本而言的，因此企业要想稳定发展，自然不允许人工成本无限制增长。但如果企业所付员工的薪酬不足以维持其生计，员工的劳动力再生产就得不到保证，不但员工本身的积极性受到影响，而且企业将损失员工应发挥出来的生产能力。一般来说，影响企业人工成本的因素有：

1）企业的支付能力

企业的薪酬水平是由各种生产率所决定的，因此当自己公司的薪酬水平比其他公司低时，就需要提高影响薪酬水平的各种生产率，但是应当掌握的一个重要原则是生产率的增长先于薪酬的增长，而影响企业支付能力的因素主要有以下七个方面：

（1）实物劳动生产率是指某一时期内平均每一员工生产的产品数量。它是衡量企业人工成本支付能力的一般尺度。

（2）销售劳动生产率是指某一时期内平均每一员工的销售价值。它是衡量企业人工成本支付能力的一般尺度。

（3）人工成本比率是指企业人工成本占企业销售额的比重，也可以说是企业人均人工成本占企业销售劳动生产率的比重。它是衡量企业人工成本支付能力的重要尺度，也是分析企业人工成本支付能力的最简单、最基本的方法。

（4）劳动分配率是指企业人工成本占企业净产值（也称企业增加值或附加值）的比率。它是衡量企业人工成本支付能力的重要尺度。该比率相对于净产值劳动生产率而言较高，代表人工成本过高。确定企业适宜的劳动分配率，既要把企业报告期的劳动分配率与上一时期比较，也要与同一时期其他公司的劳动分配率相比较。企业报告期的劳动分配率与上一时期比有所降低，与同期同行业其他公司相当，可视为合理适当的劳动分配率。要实现适当的劳动分配率，可采取的措施包括提高企业的技术水平、资金周转率，生产紧俏或适销对路的产品等。

（5）附加价值劳动生产率，也称净产值劳动生产率，指平均每一员工生产的附加值或净产值，是衡量企业人工成本支付能力的一般尺度。

（6）单位制品费用指平均每件或每单位制品的人工成本。理想的情况是，平均费用比其他企业高，但单位制品费用比其他企业低。它是衡量企业人工成本支付能力的一般尺度。

（7）损益分歧点指企业利润为零时的销售额或销售量，是企业盈亏的分界点，在损益分歧点上，人工成本是不能超额支出的，如超额支出，就会造成企业亏损。

2）员工的生计费用

员工要领取薪酬来维持生计，因此薪酬必须能够保障员工某一水准的生活，能够保障这一生活水准的费用即为生计费用。生计费用随着物价和生活水平这两个因素的变化而变化。如果物价水平不变，生活水平提高了，则生计费用也将提高。因此，用于保障员工某一生活水准的生计费用的薪酬，是企业“非支付不可的薪酬”，是合理用人费用的下限，不取决于企业的支付能力如何。即使企业经营不善，也不能支付低于员工生计费用的薪酬。因此，企业应把按支付能力计算的所能支付的适度的薪酬与员工的生计费用所需要的薪酬相均衡后确定合理的人工成本。

由于生计费用是随着物价和生活水准的变化而变化的，所以在用生计费用测定人工成本时，先要掌握物价的变动情况。物价的变动可从政府公布的物价指数中获得，但要注意地域的差异。了解物价指数，也就可以确定货币薪酬的最低增长幅度了，起码要使二者相一致，不使员工原有的生活水准下降。关于生活水准的提高程度，如果由各企业确定是极为困难的，可以参照国民经济计划中实际工资的提高幅度确定，但要注意参照本地的一般情况。由于生活水准应提高到何种程度缺乏客观标准，所以生活水准的确定应由企业和员工充分协商。

3）工资的市场行情

工资的市场行情，也称市场工资率。为什么还要考虑市场的工资行情呢？因为所支付的薪酬即使在企业可支付能力的范围内，并且符合生活水准，但如果本企业支付的薪酬低于其他同类企业，有才能者就会外流。因此，确定合理的薪酬还要考虑一般市场行情。在把本企业的薪酬与市场行情进行比较时，一般所用的方法是把本企业某一类型劳动者的个别薪酬与其他企业同类型劳动者的个别薪酬相比较，然后在考虑员工构成的基础上推算出平均薪酬，以此作为判断整体薪酬水平的资料。对此，最好的参考资料是政府统计部门公布的行业工资资料。确定薪酬水平要考虑工资的市场行情，这也符合同工同酬原则。在这里，此原则是指在不同的行业、企业，完成同样或同等价值的工作，应当得到同样的工资。

5.2.3 人工成本的核算程序

人工成本的变化意味着利润的相应变化，所以人工成本的核算是企业关注的焦点。通过人工成本核算，企业可以知道自己使用劳动力所付出的代价，可以了解产品成本和人工成本的主要支出方向，可以及时、有效地监督、控制生产经营过程中的费用支出，改善费用支出结构，节约成本，降低产品价格，提高市场竞争力。通过人工成本核算，可以使企业根据自身情况，寻找到合适的人工成本的投入产出点，达到既能以最小的投入换取最大的经济效益，又能调动员工积极性的目的。

1）核算人工成本的基本指标

核算人工成本的基本指标包括企业从业人员年平均人数、企业从业人员年人均工作时数、企业销售收入、企业增加值、企业利润总额、企业成本总额、企业人工成本总额等。

（1）企业从业人员年平均人数。企业从业人员年平均人数指标按国家统计局规定的范围和方法进行统计，在岗员工年平均人数单列其中。

（2）企业从业人员年人均工作时数。企业从业人员年人均工作时数指标用于核算企业从业人员实际发生的年人均实际工时。其计算公式为：

企业从业人员年人均工作时数=（企业年制度工时+年加班工时-年损耗工时）÷企业从业人员年平均人数

（3）企业销售收入。企业销售收入指标用于核算企业在报告期内生产经营中通过销售产品、提供劳务或从事其他生产经营活动而获得的全部收入。销售收入可以反映企业在一定时间内的全部销售或产出价值，其中既包括转移价值，也包括新创造价值。

（4）企业增加值。企业增加值指标用于核算企业在报告期内以货币表现的企业生产活动的最终成果。它的核算方法有两种：

第一种，生产法：增加值=总产出-中间投入

第二种，收入法：增加值=劳动者报酬+固定资产折旧+生产税净额+营业盈余等

（5）企业利润总额。企业利润总额指标核算企业“税前会计利润”。它是企业在报告期内实现的盈亏总额，反映企业的财务成果。它可以取自企业财务报表中的“利润总额”。根据国家财会制度的要求，企业利润总额要逐渐从“税前会计利润”过渡到“税后会计利润”。

（6）企业成本总额。企业成本总额指标核算企业在报告期内为生产产品、提供劳务所发生的所有费用。它在利润表上表现为销售成本（直接材料、直接人工、燃料和动力、制造费用）和期间费用（销售费用、管理费用、财务费用）的本年累计数。

（7）企业人工成本总额。企业人工成本反映一个企业在一定时间内所支出的全部人工成本。其计算公式为：

人工成本 = 企业从业人员劳动报酬 + 社会保险费用 + 住房费用 + 福利费用 + 教育经费 + 劳动保护费用 + 其他人工成本

2）核算人工成本投入产出指标

核算人工成本投入产出指标包括销售收入与人工费用比率、劳动分配率等。

（1）销售收入与人工费用比率。销售收入与人工费用比率是指每获得一个单位的销售收入所需投入的人工成本。其计算公式为：

销售收入与人工费用比率=薪酬水平÷单位员工销售收入

（2）劳动分配率。劳动分配率是指在企业获得的增加值（纯收入）中人工费用所占的份额。其计算公式为：

劳动分配率=人工费用÷增加值（纯收入）

5.2.4　合理确定人工成本的方法

由于企业之间不断以高薪争取稀缺人才，以及物价上涨和生活水准的提高等因素的推动，薪酬持续上升的趋势是不可扭转的。对于合理确定人工费用支付的极限，可以采用以下三种方法：

1）劳动分配率基准法

劳动分配率基准法是以劳动分配率为基准，根据一定的目标人工成本，推算出必须达到的目标销售额；或者根据一定的目标销售额，推算出可能支出的人工成本及人工成本总额的增长幅度。如前所述，劳动分配率是指企业人工成本占企业附加价值的比率。附加价值是指企业本身所创造的价值，是企业可用来进行分配的收入，是资本与劳动力之间分配的基础。附加价值的计算方法有两种：

第一，扣除法，由销售净额扣除外购价值求出。其计算公式为：

附加价值=销售（生产）净额-外购部分=销售净额-当期进货成本

其中，当期进货成本=直接原材料+购入零配件+外包加工费+间接材料等

第二，相加法，即将形成附加价值的各项因素相加而得出。其计算公式为：

附加价值=利润+人工成本+其他形成附加价值的各项费用

=利润+人工成本+财务费用+租金+折旧+税收等

关于本企业劳动分配率，上期的可以从报表的有关数字中求得，本期的可以从试算平衡表中推算，也就是说，首先计算出附加价值中资本分配额及资本分配率，再计算出劳动配额及劳动分配率。

在应用劳动分配率基准法时，还涉及附加价值率问题，即附加价值占销售额的比例。附加价值率越高，表明企业的经营能力越好，企业支付人工费用的能力越强。所以，合理的人工费用率可由下式求出：

合理的人工费用率=人工费用÷销售额

=（目标净产值÷目标销售额）×（目标人工费用÷目标净产值）

=目标附加价值率×目标劳动分配率

应用劳动分配率基准法的步骤是：

(1) 用目标人工费用（也称计划人工费用）、目标净产值率（也称计划净产值率）和目标劳动分配率（也称计划劳动分配率）3项指标计算出目标销售额（也称计划销售额）。

【例5-1】假设某公司目标净产值率为40%，目标劳动分配率为45%，目标人工费用为2 600万元，按人工费用率之基准计算，其目标销售额应为多少？

目标销售额=2 600÷（40%×45%）=14 444.44（万元）

(2) 运用劳动分配率求出合理的薪酬的增长幅度。其具体办法是：在计算上年度和确定本年度目标劳动分配率的基础上，根据本年度目标销售额计算出年度目标人工费用，并计算出薪酬总额的增长幅度。

【例5-2】某公司上年度人工成本为2 382万元，净产值为8 780万元，本年度确定的目标净产值为10 975万元，目标劳动分配率同上年，该企业本年度人工成本总额是多少？人工成本增长率是多少？

上年度劳动分配率=2 382÷8 780×100%=27.13%

目标劳动分配率同上年，根据公式，目标劳动分配率=目标人工费用÷目标净产值，可得出：

本年人工成本=10 975×27.13%=2 977.52（万元）

人工成本增长率=（2 977.52÷2 382）×100%-100%=25%

即该公司本年度人工成本总额为2 977.52万元，增长幅度为25%。

2）销售净额基准法

(1) 销售净额基准法，即根据前几年实际人工费用率、本年计划平均人数、上年平均薪酬和本年计划平均薪酬增长率，求出本年的目标销售额，并以此作为本年实现的最低销售净额。其计算公式为：

目标人工成本=本年计划平均人数×上年平均薪酬×（1+本年计划平均薪酬增长率）

目标销售额=目标人工成本÷人工费用率

【例5-3】某公司人工费用率为18%，上年平均薪酬为6 600元，本年计划平均人数为108人、计划平均薪酬增长率为25%，本年目标销售额应为多少？

目标人工成本=108×6 600×（1+25%）=891 000（元）=89.1（万元）

目标销售额=89.1÷18%=495（万元）

（2）利用人工费用率（人工费用÷销售额）还可以计算销售人员每人的目标销售额。其步骤是先确定销售人员的人工费用率，再根据销售人员的月薪或年薪及销售人员人工费用率计算销售人员的年度销售目标。其计算公式为：

销售人员年度销售目标=销售人员人工费用÷销售人员人工费用率

【例5-4】某公司销售人员的人工费用率约为1.24%，月薪平均为7 200元（含奖金），且年度发放13个月薪水，该公司销售人员年度销售目标是多少？

销售人员年度销售目标=7 200×13÷1.24%=7 548 387（元）=754.84（万元）

（3）与上述方法相类似，还有一种方法是，先根据销售人员人工费用总额和毛利额计算销售人员人工费用率，再根据销售人员人工费用率和销售人员工资计算销售人员目标销售毛利额，还可以计算销售人员毛利额与工资的大致比例。其计算公式是：

销售人员人工费用率=销售人员人工费用总额÷毛利额×100%

销售人员目标销售毛利额=销售人员工资÷销售人员人工费用率

【例5-5】某公司毛利额为34 000万元，销售人员人工成本为6 000万元，公司中某销售人员月工资为8 600元，每年发放13个月薪水，该销售人员年度目标销售毛利额是多少？月目标销售毛利额是多少？

销售人员人工费用率=6 000÷34 000×100%=17.65%

销售人员年度目标销售毛利额=8 600×13÷17.65%=633 427.76（元）

销售人员月目标销售毛利额=633 427.76÷12=52 785.65（元）

则该公司销售人员月目标销售毛利额与其月工资之比是6.14（52 786÷8 600），也就是月目标销售毛利额必须达到月工资的6.14倍。

3）损益分歧点基准法

损益分歧点也称损益平衡点或收支平衡点，即损益平衡，不盈也不亏之点。具体来说，它是指在单位产品价格一定的条件下与产品制造成本和销售及管理费用相等的销售额，或是达到这一销售额的产品销售数量。损益分歧点还可以简要地概括为公司利润为零时的销售额或销售量。损益分歧点可用公式表示为：

销售额=制造成本+销售及管理费用

制造成本和销售及管理费用可以划分为固定费用（也称固定成本，是指不随产销数量变动而增减的费用，如折旧费、房租、间接人工费用等）和变动费用（也称变动成本，是指随产销数量变动而增减的费用，如材料费、保管费、直接人工费等）。在把制造成本和销售及管理费用划分为固定费用和变动费用后，损益分歧点的销售额的公式即可改写为：

销售额=固定成本+变动成本

用符号代替表示为：

$$PX=F+VX$$

其中，P为单位产品售价，V为单位产品变动成本，F为固定成本，X为产量或销售量。

在损益分歧点所要达到的销售量为：

X=F÷（P−V）

其中，（P−V）为每单位产品边际利润。

每单位产品的边际利润除以每单位的产品价格，即为边际利润率，其计算公式为：

每单位产品边际利润率=（P−V）÷P

这样，以销售额表示的损益分歧点，可用公式表示为：

损益分歧点的销售额=固定成本÷边际利润率

PX=F÷［（P−V）÷P］=P×F÷（P−V）

损益分歧点基准法可应用于3种问题：

（1）以损益分歧点为基准，计算一定人工成本总额下的损益分歧点的销售额及薪酬支付的最高限度。

（2）以损益分歧点为基准，计算损益分歧点之上危险盈利点所应达到的销售额，并继而推算出薪酬支付的可能限度，即可能的人工费用率。

（3）以损益分歧点为基准，计算出损益分歧点之上剩余额保留点的销售额，进而推算出人工费用支付的适当限度，即合理人工费用率（也称安全人工费用率）。剩余额保留点（也称安全盈利点）的销售额是指在抵补全部成本之后，在保证一定利润用于股东股息的分配外，还有一定剩余利润用于今后企业各项发展及应对可能发生的风险。

知识链接5-1

上海关于建立人工成本预测预警制度意见的通知

为了进一步加强本市企业人工成本管理，提高人工成本投入产出效益，现就建立企业人工成本预测预警制度的有关问题提出如下意见：

一、建立人工成本预测预警制度的必要性

人工成本是指企业在一定时期内从事生产、经营和提供劳务的活动中，因使用劳动力而发生的各项直接和间接人工费用的总和，包括从业人员劳动报酬、各项保险费用、福利费用、教育经费、劳动保护费、住房费用、工会经费、招聘解聘费等。

随着现代企业制度的逐步建立，人工成本管理在企业各项管理工作中的重要性越来越明显。建立人工成本预测预警制度，是完善现代企业工资制度的一项重要举措，对于企业加强人工成本核算，增强市场竞争能力，提高经济效益，促进企业内部分配自我约束机制形成，调节行业间、企业间的分配关系，具有十分重要的现实意义。

二、人工成本预测预警制度的基本内容

建立人工成本预测预警制度必须做好人工成本的统计分析、人工成本的预测和人工成本预警3个方面的工作。

（一）加强对人工成本的统计分析

人工成本是衡量企业管理成效的重要指标之一，企业应当加强对人工成本的日常管理，建立比较规范的人工成本统计台账制度，准确记录人工成本总量、构成及其变动情况，并定期进行分析，以反映企业及其产品在市场上竞争力的强弱变化。发现企业在人工成本管理中存在问题的，应采取相应措施，以改善对人工成本的管理。

人工成本现状分析可以从水平分析、结构分析和投入产出分析3个方面进行。

1.水平分析

水平分析指标主要是人工成本人均水平，反映的是企业使用一名从业人员所需负担的平均费用水平，从而可以反映企业人工成本的基本状况。

人工成本人均水平=人工成本总额÷从业人员平均人数

2.结构分析

结构分析指标主要是人工成本在企业总成本中的含量和某项人工成本在人工成本总额中所占的比重，以反映人工成本对企业总成本以及人工成本各项组成部分对人工成本总额的影响程度。

人工成本在企业总成本中的含量=人工成本总额÷成本（费用）总额×100%

某项人工成本构成比重=某项人工成本÷人工成本总额×100%

3.投入产出分析

人工成本投入产出指标是反映人工成本相对水平的重要方面，是人工成本管理的重要内容。人工成本的投入必须有一定的效益产出，没有效益产出的人工成本投入，其水平再低也是无效投入。

人工成本投入产出分析指标主要是人工成本利润率、人工成本产出系数、人工成本销售（营业）收入系数、劳动分配率、人事费用率等，以反映企业人工成本的效益情况。

人工成本利润率=利润总额÷人工成本总额×100%

人工成本产出系数=增加值总额÷人工成本总额

人工成本销售（营业）收入系数=销售（营业）收入总额÷人工成本总额

劳动分配率=人工成本总额÷增加值总额×100%

人事费用率=人工成本总额÷销售（营业）收入总额×100%

（二）对企业人工成本的变动趋势进行预测

在对企业人工成本现状分析的基础上，企业应当根据经营发展目标，结合市场环境的变化，以及人员素质、产品结构、技术装备等，对人工成本的变动趋势进行预测，以对可能出现的情况早做准备，及时进行必要的调整。

在对人工成本进行预测时，应当考虑的相关因素主要有：

1.劳动生产率

劳动生产率是反映企业生产效率的重要指标，它的变动情况与人工成本有直接关系，劳动生产率的提高有利于降低人工成本投入水平，提高人工成本产出效益。

2.劳动力市场供求状况

在人工成本的构成中，劳动报酬所占的比重最大，而劳动力市场供求状况是影响从业人员工资水平的重要因素。劳动力供大于求，必然会抑制工资水平的增长，劳动力供不应求，则会推动工资水平的增长。

3.工资增长指导线

政府发布的工资增长指导线，是企业调整员工工资水平的重要参考依据，工资的增长必然带来人工成本的增长。

4.居民消费价格指数

居民消费价格指数的变动直接影响员工的生活水平，企业在调整从业人员工资水平时应当考虑物价变动的因素。

5.最低工资标准的调整

最低工资标准的调整会影响员工工资水平，从而带来人工成本的变化。

6.社会保险缴费率的调整

社会保险费是人工成本构成中的一个重要项目，社会保险缴费率调高，则带动人工成本的上升；社会保险缴费率调低，则人工成本可相应下降。

（三）建立人工成本预警机制

人工成本预警是人工成本管理的重要内容，是指对人工成本人均水平较高或产出效益较低的企业做出警戒，提示企业应当加强人工成本管理，从而实现对人工成本的监控。

人工成本预警共分两级，第一级为投入产出预警，即首先应当观察本企业人工成本利润率或人事费用率，如果偏离全市或同行业人均水平较多，则应引起警觉。第二级为水平预警，即在企业人工成本投入产出水平较低时，如果同时本企业的人工成本人均水平超出全市或同行业人均水平较大，说明企业投入人工成本人均水平过高，应当加以研究，制定对策，降低人工成本人均水平。

三、建立人工成本预测预警制度的工作职责

建立人工成本预测预警制度应当由各级政府部门、行业管理部门和企业共同努力、分工协作、各司其职。

市人力资源和社会保障部门通过对生产经营正常的企业进行人工成本抽样调查，经过汇总、分析、整理后，定期发布全市及按行业和经济类型划分的人工成本统计资料，包括人工成本的人均水平、构成比重、产出效益等。企业应当参考人工成本的统计资料，结合本企业实际情况，把人工成本确定在一个合理的范围之内。

区、县人力资源和社会保障部门与行业管理部门应开展本系统的企业人工成本情况调查，对所属企业的人工成本状况进行分析，掌握所属企业人工成本的情况。在对各种统计信息进行分析比较的基础上，对劳动分配率、人事费用率、人工成本人均水平、人工成本在总成本中的比重较高的企业要及时发出预警通知书，提醒并敦促企业采取改进措施，避免人工成本浪费，提高经济效益。

企业应开展经常性的人工成本分析工作，观察本企业人工成本人均水平和构成的变动情况及发展趋势，并与全市、地区、行业等情况进行比较，及时发现问题，研究对策。接到预警通知书的企业，应采取有力措施，切实改进人工成本的管理，重点是提高人工成本的投入产出率，以保持企业在市场中的竞争力。

5.3　员工薪酬福利计算

5.3.1　编制工资表

1）工资的计算流程

（1）根据员工所在的薪酬等级，对照岗位工资表、能力工资表确定员工的岗位工资标准和能力工资标准。

（2）根据员工所在的薪酬等级，确定各项津贴、补贴的金额，再根据员工的考勤记录，扣除缺勤工资、各项社会保险的个人承担部分以及个人所得税等，计算员工的实际工资额。

（3）根据员工的绩效考核结果、个人所在的薪酬等级，以及企业的经济效益和所在部门或小组的任务完成情况，确定企业奖金总额或部门小组的奖金总额，按奖金分配办法计算员工的奖金。

（4）工资计算公式。

实发工资=应发工资+补杂项目-扣除项目

应发工资=固定工资+浮动工资

固定工资=基本工资+技能工资+各种补贴

浮动工资=绩效工资+效益工资

2）工资表编制

企业在薪酬管理中使用表格形式，不仅可以直观形象地表达薪酬管理中复杂烦琐的工作内容，还可以规范薪酬管理人员的行为，提高薪酬管理效率，降低薪酬管理成本。下面介绍一些常见的工资表形式。

（1）员工工资计算表（见表5-1）。

表5-1　**员工工资计算表**　单位：元

应发	薪资	津贴	绩效奖金	加班费	夜点费	岗位津贴	技术津贴
	初发	误餐费	上月尾款				应发金额
应扣	借支扣还	所得税	保险费	劳保费	伙食费	利息	公有住宅水电费
	分期付款	福利金	其他扣款	本月尾款	补扣		应扣金额
备注	结薪日数　日　时　加值 夜点次数　　　　值日						
实发金额							

（2）工资标准表（见表5-2）。

表5-2 **工资标准表** 单位：元

职务名称	职位等级	基本或岗位工资	职位补贴	技术补贴	特殊补贴
总经理					
副总经理、总工程师、总经理助理					
经理或厂长					
组长、班长、一级技术员、一级管理员					
副组长、副班长、二级技术员、二级管理员					
一级办事员、三级技术员、三级管理员					
二级办事员、四级技术员、四级管理员					
实习生					

（3）员工超额完成计划指标累计提成奖金计算表（见表5-3）。

表5-3 **员工超额完成计划指标累计提成奖金计算表**

单位名称 年 月 日 单位：元

作业名称					
计划完成额	实际完成额	超额完成50%以内部分提成10%	超额完成50%~100%部分提成20%	超额完成100%以上部分提成30%	奖金总额

审核人 制表人

（4）员工调薪表（见表5-4）。

表5-4 **员工调薪表** 单位：元

基本资料	姓名		性别	
	编号		年龄	
	到职日		职务	
调薪原因	年度调薪 机动调薪 调职调薪 试用合格调薪 其他			

续表

	项目	异动前	异动后
异动状况	职称		
	职等		
	职级		
	本薪		
	主管津贴		
	外调津贴		
	生活津贴		
	全勤奖金		
	特勤奖金		
	绩效奖金		
	合计		

备注：1.生效日期：　　年　　月　　日；2.本表仅供领薪人参照

（5）员工奖金核定表（见表5-5）。

表5-5　　员工奖金核定表

本月营业额		本月净利润		利润率	
可得奖金		调整比率		应发奖金	
奖金核定	单位	姓名		职级	奖金
奖金核定标准	本月利润（万元）	可得奖金（元）	本月营业额（万元）		
	10以下	0	400以下		
	10～20	200	400～500		
	20～30	400	500～600		
	30～40	600	600～700		
	40～50	800	700～800		
	50以上	每增加10万元奖金可增加200元	800以上		

总经理：　　　　核准：　　　　填表：

（6）员工月度奖金合计表（见表5-6）。

表5-6 **员工月度奖金合计表**

单位名称 年 月 日 单位：元

本月营业额： 本月净利润：

部门	职别	姓名	营业奖金计点	营业额奖金金额	利润奖金计点	利润奖金金额	奖金合计

3）编制基金及福利台账

建立福利台账时，要将所有能用货币形式表示的福利支出信息包含在内。例如，由企业提供的带薪旅游支出、统筹医疗支出等。

根据规定，企业及个人均应缴纳各类社会保险基金，因此它也构成了企业的一项支出，是人工成本的组成部分。在建立保险基金台账时，要将所有的保险基金信息包括在内。表5-7就是一份企业保险基金台账。

表5-7 **企业保险基金台账** 单位：元

月份	姓名	基金账号	性别	养老保险		医疗保险		失业保险		工伤保险		生育保险		商业保险		总计
				企业	工人	企业	工人	企业	工人	企业	工人	企业	工人	企业	工人	
全年参保人数			总计													

5.3.2 不同工资形式的具体计算方法

在同一家企业中，不同类别的员工可以选择不同的薪酬计算方法。例如，对一线员工可选择计件工资制方法，对管理人员则采取计时工资制方法，对企业高层管理和营销人员采用年薪制方法。即使是对一线员工，也可能因工作岗位的性质不同而分别采取计时工资制和计件工资制。下面介绍的是一些企业较为常见的薪酬计算方法。

1）计时工资制

（1）计时工资制的含义。计时工资是根据工作持续时间长短确定员工薪酬的计酬形式，具体计算方法是用员工的工作时间乘以工资标准。计酬的时间单位可以是年、月、周、日、小时等，特定员工的薪酬取决于其工作持续时间的长短和单位时间的工资标准。

（2）计时工资制的特点有：第一，计时工资的基础是按照一定质量劳动（即达到某种劳动等级标准）的直接的持续时间支付工资，工资数额多少取决于员工工资等级标准的高低和劳动时间的长短。第二，计时工资计算的重点在于劳动质量。第三，计时工资计算简便易行。

（3）计时工资的分类及具体操作。按照计算时间单位不同，我国常用的计时工资形式有3种：

①小时工资制，即根据工人的小时工资标准和实际工作小时数计付工资。一般来

讲，钟点工多采用小时工资制，在雇用时，可以根据市场的平均工资水平计算，也可以双方商定。根据市场平均工资水平计算小时工资标准采用如下计算方式：

小时工资标准=市场平均月工资水平÷月法定计薪工作小时数

实际工资=小时工资标准×实际工作小时数

一般钟点工的工资是事先商定好的，不会涉及各种福利待遇问题，所以计算起来相对容易一些。

②日工资制，即根据工人的日工资标准和实际工作日的天数计发工资。日工资制的计算方法如下：

日工资标准=月工资标准÷月法定计薪工作天数

实付工资=日工资标准×实际工作天数

与小时工资类似，日工资一般不涉及各种福利待遇，计算方法也较为简单。

③月工资制，即无论大月、小月，一律按月、按标准计发工资。员工遇到加班或请假的情况，要加薪或减发工资，一般均按月工资标准处理，即本人月工资标准除以平均每月法定计薪工作天数（21.75天）求得。

采用月工资计算计时工资时，需要确定以下几个因素：

a. 月工资标准。月工资标准一般是企业与员工在劳动合同中已经约定的或者根据企业的薪酬政策确定的，因此是已知的固定数。

b. 日工资标准、小时工资标准。这两个工资标准是根据月工资标准和当月法定计薪工作天数和日法定计薪工作小时数计算出来的。

c. 出勤和缺勤天数。员工的出勤和缺勤天数及其他原因不能工作的天数是员工考勤簿中已有的统计资料。

d. 特定情况下计时工资比例。这个比例一般是国家已有的政策或企业规章明确规定的。因此在这4个需要确定的因素中，实际上仅有当月法定计薪工作天数需要我们运用正确的方法，根据具体情况确定。

【例5-6】某公司员工张三月工资标准为2 200元，20××年×月请事假3天，请病假5天。事假和病假中分别有法定节假日1天。张三参加工作已有10年，按公司的有关规定，张三病假期间工资按其月工资标准的80%支付。请用计时工资计算方法计算张三的工资。

由于按21.75天计算当月法定计薪工作天数，已将节假日排除在应扣工作天数之外。因此计算计时工资时，员工请假天数中如果含有节假日，节假日不应扣除工资。根据以上条件，其计时工资计算方法如下：

日工资标准=2 200÷21.75=101（元）

张三的计时工资=2 200-（3-1）×101-（5-1）×101×（1-80%）=1 917.2（元）

或　　　　　　=2 200-［（3-1）+（5-1）×20%］×101=1 917.2（元）

（4）计时工资制的优劣势。

计时工资制的优势是：第一，具有广泛的适应性。对所有企业及企业中的每个员工，都可以采用计时工资制。计时工资制是员工薪酬的传统计量方法。员工薪酬的其他计量方法都可以看作从此方法中派生出来的。例如，我们稍后将分析，计件工资制就是从计时工资制派生出来的。计时工资制的派生性也从一个侧面说明了其广泛的适应性。第二，薪酬计量的运作成本较低。这主要是因为计时工资制计量简单，容易为大家理解，可避免纷争。第三，产品质量有可能较计件工资制得到更可靠的保证。因为在这种制度下员工完成每一件工作或产品的每一阶段的工作时，较少受时间的制约。第四，可以在员工的薪酬中综合地考虑各种因素，如员工的服务年限、既往业绩、发展潜力等，而计件工资制只能考虑员工在特定时期的物化劳动这一个因素。

计时工资制的劣势是：第一，主要是根据员工的潜在形态的劳动计量薪酬，不利于较为充分地发挥员工的潜力，不利于流动形态的劳动较为充分地转化为物化形态的劳动。第二，不利于进行目标控制，为保证工作效率，企业需要强化过程控制，增大了管理成本。

考虑计时工资制的缺点，在必须采用计时工资制时，需要以其他薪酬的计量方式做必要的补充。

2）计件工资制

（1）计件工资制的含义。计件工资制是以员工完成的产品数量来计量薪酬的计算方法。具体来讲，计件工资制是根据劳动者生产的合格产品的数量或完成的作业量，按预先规定的计件单价付给劳动者报酬的一种工资形式。它包括实行超额累进计件、直接无限计件、限额计件、超额计件等工资制。按主管部门批准的定额和计件单价支付给个人的工资、按工作任务包干方法支付给个人的工资、按营业额提成或利润提成办法支付给个人的工资均属于计件工资的具体形式。

计件工资的计算公式为：

员工计件工资额=计件单价×（合格产品数量-废品数量）

（2）计件工资的特点。计件工资产量与工资直接相关联，能够从劳动成果上准确反映出劳动者实际付出的劳动量，并按体现劳动量的劳动成果付酬。它不仅能反映不同等级工人之间的等级差别，还能够反映同等级工人之间的劳动差别。

（3）计件工资的具体计算方法。计件工资的计算方式根据对象可以分为计件单价的计算、个人计件工资的计算和集体计件工资的计算。

要正确计算计件工资，有两个问题需要解决：一是要正确计量员工已完成的合格或视同合格的工作量，有关部门应协助质检、保管、验收等部门对工资核算的原始记录，如产量和工时记录、产品质量验收单、产品出库验收单和领用单等进行认真审核，保证这些内容的真实性和准确性；二是要正确测算计件单价。

①计件单价的计算。要正确测算计件单价，首先要确定生产某种产品需要什么技术、等级的员工，然后确定单位时间内公允的产量定额。这里主要介绍两种计算计件单价的方法。

a.标准工作量法。标准工作量法是以单位时间内完成的工作量为计件工资的计算依据。其计算公式为：

某产品的计件单价=加工该种产品的某等级工人的工资标准÷该种产品单位时间的产量定额

【例5-7】某种产品需要甲等工人制造，该等级工人的月工资标准是2 000元，经测定，在一天内，一个甲等工人对这种产品进行合格的加工的合理产量是40件，每个工人每天工作的时间是8小时，则该种产品的计件单价是：

计件单价=2 000÷21.75÷40=2.3（元/件）

b.标准工作时间法。标准工作时间法是以完成单位产品所需的工作时间为计件工资的计算依据，其计算公式为：

某件产品的计件单价=加工该种产品的某等级工人的小时工资标准×该种单位产品制造所需的定额工时

【例5-8】某种产品需要乙等工人制造，该等级工人的月工资标准是1 500元。经测定，一个乙等工人对这种产品进行合格加工所需的合理工时是5小时，则该种产品的计件单价如下：

计件单价=1 500÷（21.75×8）×5=43（元/件）

这里的21.75×8的含义为按照一个月法定计薪工作天数21.75天、每天工作时间8小时计算的一个月的工作小时数。1 500÷（21.75×8）是将月工资标准折算成小时工资标准。

若某种产品需要几个等级的工人同时参加，则应根据参加该产品生产的各个工人的小时工资标准分别计算。

【例5-9】某种产品需要甲、乙两种等级工人共同制造才能完成，甲等工人的月工资标准是2 000元，乙等工人的月工资标准是1 500元。经测定，甲、乙等级每个工人各自对这种产品进行合格加工所需的合理工时分别是4小时和5小时，则该种产品的计件单价计算如下：

计件单价=2 000÷（21.75×8）×4+1 500÷（21.75×8）×5=89（元/件）

②个人计件工资的计算。个人计件工资是根据产品产量和工时记录所登记的每一个工人生产完工的合格品和视同合格品的数量，乘以按规定产量或工时的计件单价，再减除工废品赔偿金额计算出的工资。要准确把握这个概念，需要区分以下两组概念：一是料废品和工废品。料废品即上述概念中提到的“视同合格品”，是指非员工本人过失造成的不合格品；而工废品，不仅不计算工资，还要赔偿损失。二是单一产品计件工资，是指加工单一产品情况下的个人计件工资。

加工单一产品情况下个人计件工资的计算公式为：

计件工资=（合格品数+料废品数）×计件单价-工废品数×单位工废品赔偿金额

【例5-10】张三20××年×月共加工某类产品1 000件，经检验，其中合格品为800件，料废品为150件，工废品为50件。合格品的计件单价为2元，工废品单位赔偿金额为4元。张三该月的计件工资计算如下：

计件工资=（800+150）×2-50×4=1 700（元）

③集体计件工资的计算。集体计件工资是用集体完成的合格和视同合格的产品数量乘以计件单价，再减去工废品赔偿金额计算出来的工资。集体计件工资同个人计件工资的主要区别是个人计件工资可以将工资直接量化到个人，而集体计件工资则只能知道计件小组全体员工的计件工资额，而不能直接算出计件小组具体每个人的计件工资。要想得知个人计件工资，必须采用一定的分配标准，按照一定的分配方法，将计件工资总额分配到计件小组每个成员身上，从而计算出付给每个员工的计件工资。

分配集体计件工资的关键是计算小组计件工资总额，确定分配标准和分配计件工资。常用的集体计件工资的操作方法有如下两种：

a.将计时工资作为分配标准，分配集体计件工资。此方法是综合考虑了员工的技术等级和实际工作时间两个因素，对影响集体计件工资分配的因素考虑得比较全面。从理论上讲较为合理，但计算较为复杂，适用于员工工资等级差别较大的情况。其具体的计算方法如下：

某员工应得的计件工资=该员工计时工资×计件工资分配率

某员工计时工资=该员工的实际工作小时数×小时工资率

计件工资分配率=集体计件工资总额÷集体员工计时工资之和

【例5-11】某车间由A、B、C、D 4个不同等级的人组成加工小组，其月工资标准分别为2 400元、1 800元、1 200元和600元；每个人在20××年×月完成的实际工时分别为120小时、130小时、140小时和160小时。根据本月计件小组完成的产量和计件单价计算的计件工资总额为12 000元。计算每个工人实际所得计件工资，步骤如下：

每个工人的计时工资分别为：

A的计时工资=2 400÷（21.75×8）×120=1 655（元）

B的计时工资=1 800÷（21.75×8）×130=1 345（元）

C的计时工资=1 200÷（21.75×8）×140=966（元）

D的计时工资=600÷（21.75×8）×160=552（元）

计件工资分配率：

计件工资分配率=12 000÷（1 655+1 345+966+552）=2.656

每个工人实际所得计件工资分别为：

A的计件工资=1 655×2.656=4 396（元）

B的计件工资=1 345×2.656=3 572（元）

C的计件工资=966×2.656=2 566（元）

D的计件工资=552×2.656=1 466（元）

b.将实际工作天数（小时）作为分配标准，分配集体计件工资。此方法只考虑员工的实际工作时间，没有考虑员工在技术熟练程度上的差异，因此适用于计件小组员工的技术熟练程度相差不大的情形。其计算公式为：

某员工应得的计件工资=该员工实际工作天数（小时数）×每人每天（小时）应得计件工资

每人每天（小时）应得计件工资=集体计件工资总额÷集体员工实际工作时间之和

仍以【例5-11】为例，按此种方法计算工资的步骤如下：

计件工资分配率=12 000÷（120+130+140+160）=21.818

每人应得的计件工资分别为：

A的计件工资=120×21.818=2 618（元）

B的计件工资=130×21.818=2 836（元）

C的计件工资=140×21.818=3 055（元）

D的计件工资=160×21.818=3 491（元）

由此可以看出，在不同的工资制度下同样工时的工人的收入却大相径庭。因此，不同的工资制度对于员工的激励作用是不同的。

（4）计件工资制的优劣势。

计件工资制的优势是：第一，计件工资制既可以鼓励员工提高自己的劳动潜能，又可以使员工注意自己体力和脑力耗费的有效性。这是能够全方位激励员工的薪酬计算方法。第二，便于进行目标管理，从而有利于减少管理成本。第三，有利于推行先进的生产技术。员工为了更有效率地进行生产，会欢迎新的技术改进计划。

计件工资制的劣势是：第一，与计时工资制相比，质量难以控制。如果没有有效的质量控制手段，员工为获得更多的报酬，极有可能粗制滥造，不利于产品质量的稳定。第二，容易导致员工与企业之间产生摩擦。随着生产技术水平的不断提高，单位产品消耗的劳动时间将会减少，所以在有些情况下降低单位产品的薪酬是必要的。在要不要降低单位产品薪酬、按怎样的比率降低单位产品薪酬的问题上，易引起员工的不满情绪。第三，不利于增强企业的凝聚力。计件的薪酬计算方法与员工在企业服务年限、既往业绩都没有关系，而与员工在特定时期生产的产品的数量有关，企业的兴衰与员工关系似乎并不密切。第四，不利于员工的身心健康。员工为获得更多的收入，可能会透支体力过分努力工作，可能会损害其身心健康。第五，不具有广泛的适用性。推行计件工资制，企业必须同时具备以下条件：员工的工作性质和工作状况相对稳定，所从事的工作可以计件，企业有较为有效的质量控制途径或方法。

3）考绩制

（1）考绩制的含义。考绩制是计件工资制的具体表现形式之一，一般适用于企业的营销人员。其基本计算公式为：

$$P=TL$$

其中，P为考绩制薪酬，T为工作时间，L为薪酬率。薪酬率的大小由考绩来决定。

（2）考绩制的分类及具体操作。

考绩制有两种具体形式：完全考绩制和部分考绩制。

完全考绩制是指员工的薪酬完全由员工的绩效考绩确定。例如，有的企业对员工的薪酬就完全按其考核的业绩来确定，其计算公式为：

$$P=SL$$

其中，P为员工在特定时期的薪酬，S为一般员工的薪酬或员工的平均薪酬，L为特定员工的薪酬率。

【例5-12】某员工在某特定时期的一般薪酬为5 000元，经考核，该员工的薪酬率为150%，则该员工在该时期的薪酬为：

$$P=SL=5\,000\times150\%=7\,500\text{（元）}$$

在实际生活中，企业运用较多的是部分考绩制。此时，员工的薪酬实际上是分为两部分的，即基础薪酬和考绩薪酬。设员工的总薪酬、基础薪酬和考绩薪酬分别为P、P1、P2，则有：

$$P=P1+P2$$

【例5-13】某员工依照部分考绩制计算薪酬，其在特定时期的基础薪酬为5 000元，经考核，该员工的薪酬率为150%，基础薪酬占其总薪酬的30%，则该员工在某特定时期的薪酬为：

$$P=5\,000+5\,000\div30\%\times70\%\times150\%=22\,500\text{（元）}$$

（3）实行考绩制的优势及需要注意的问题。就考绩制的思路来说，它应该是一种计算薪酬较为理性的方法，尤其是部分考绩制，既能照顾到员工的基本要求，又能对员工产生较好的激励。只是在考绩制操作上，最低薪酬与最高薪酬的相差幅度，是需要认真斟酌的问题。二者的相差幅度太小，效果可能不太明显；二者的相差幅度太大，背离公平原则，也可能适得其反。

4）年功工资制

（1）年功工资的计算方法。这里讨论的年功工资制是指以工作年限作为薪酬计量的主要依据。其计算公式为：

年功工资=工作年限×年功工资率

【例5-14】某员工在本企业工作10年，年功工资率为30元/年，则该员工的年功工资为：

10×30=300（元）

按照这种计算方法的基本思路，员工的薪酬应该随其在企业的服务年限或其在某一工作岗位服务年限的增加而自动加薪。

（2）年功工资制的优劣势。年功工资制是计时制的派生形式之一。年功工资制也是以时间为薪酬计量的基本标准，只是在计量薪酬时，除了考虑员工年功工资率，还要考虑其在企业或在特定工作岗位的服务年限。

年功工资制的优势是：第一，可以鼓励员工在企业中长期从事甚至终身从事某项工作，从而使其工作达到精益求精的境界；第二，可以提高员工对企业的忠诚度；第三，可以减少人力资源管理成本。

年功工资制的劣势是：第一，不具有广泛的适用性。年功工资制对于主要靠智力和经验经营的企业，如咨询公司、金融企业等，或企业中主要靠智力和经验的工作岗位，属于较为理性的薪酬计算方法，但不适用于一些主要靠体力经营的企业，如建筑业、运输业等。第二，对于员工积极性的充分发挥的激励力相对较小。

5.3.3 个人所得税的计算

1）2018年10月1日起个税“起征点”提高至5 000元

第十三届全国人民代表大会常务委员会第五次会议审议通过《全国人民代表大会常务委员会关于修改〈中华人民共和国个人所得税法〉的决定》，自2019年1月1日起施行。自2018年10月1日至2018年12月31日，纳税人的工资、薪金所得，先行以每月收入额减除费用5 000元以及专项扣除和依法确定的其他扣除后的余额为应纳税所得额，依照新的个人所得税税率表按月换算后计算缴纳税款，并不再扣除附加减除费用；个体工商户的生产、经营所得，对企事业单位的承包经营、承租经营所得，先行依照新的个人所得税税率表计算缴纳税款。

一是由原每月3 500元的减除费用标准，提高到了每月5 000元；二是适用新的税率表，由于新的税率表拉大了中低收入的税率级距，意味着同样一笔收入按原税率表适用更高税率的，现适用新税率表之后可能降低了税率。

这两项政策通过加大扣除、降低税率，减轻了纳税人的税收负担。

如何根据新的税率表计算应缴个税呢？其实，在2018年8月31日，财政部副部长程丽华在全国人民代表大会常务委员会办公厅举行的新闻发布会上，已经“手把手”教大家怎么算了，举例如下：

假如某个纳税人的月工薪收入是15 000元，每月可以先扣除5 000元的基本减除费用，再扣除三险一金、企业年金、商业健康保险等现有的扣除项目，还可以扣除此次新增加的专项附加扣除。如果不考虑此前的现有的扣除项目和这次新增的专项附加扣除，仅考虑一项，即基本减除费用来计算：按照修改前的《中华人民共和国个人所得税法》（以下简称《个税法》），每个月需要交税1 870元，计算过程是15 000元的月收入扣除起征点3 500元，之后乘以适用的税率25%，再减去速算扣除数1 005元，最后算出应交税1 870元。按照修改后的《个税法》计算，每个月只需要交税790元，计算过程是15 000元的月收入扣除这次提高的免征额5 000元，之后乘以适用的税率10%，再减去速算扣除数210元，最后算出应交税790元。修改前的《个税法》和修改后的《个税法》计算结果经比较以后，每月少交税1 080元，税负减轻58%。如果再考虑其他扣除项目，以及这次新增加的专项附加扣除，那么税负还会进一步减轻。

此次修改，不但“起征点”提高给个人带来减税，低档税率的扩围也带给中低收入人群直观的减税效果。新《个税法》扩大了3%、10%、20%三档低税率的级距，3%税率的级距扩大1倍（全月应纳税所得额由1 500元提至3 000元），原税率为10%的部分所得的税率降为3%；大幅扩大10%税率的级距，原税率为20%的所得（全月应纳税所得额超过4 500元至9 000元的部分），以及原税率为25%的部分所得（全月应纳税所得额超过9 000元至12 000元的部分）的税率降为10%。原税率为25%的部分所得（全月应纳税所得额超过12 000元至25 000元的部分）的税率降为20%。

这是自1994年《个税法》实施以来第4次提高个人所得税免征额。此次涉及的减税额是最大的一次。

2）个人所得税的缴纳对象和范围

（1）个人所得税缴纳对象分为以下两种：一是在中国境内有住所，或者无住所而一个纳税年度内在中国境内居住累计满183天的个人，为居民个人。居民个人从中国境内和境外取得的所得，依照《个税法》规定缴纳个人所得税。二是在中国境内无住所又不居住，或者无住所而一个纳税年度内在中国境内居住累计不满183天的个人，为非居民个人。非居民个人从中国境内取得的所得，依照《个税法》规定缴纳个人所得税。

（2）个人所得税的缴纳范围。下列各项个人所得，应纳个人所得税：

① 工资、薪金所得；

② 劳务报酬所得；

③ 稿酬所得；

④ 特许权使用费所得；

⑤ 经营所得；

⑥ 利息、股息、红利所得；

⑦ 财产租赁所得；

⑧ 财产转让所得；

⑨ 偶然所得。

居民个人取得①～④所得（以下称综合所得），按纳税年度合并计算个人所得税；非居民个人取得①～④所得，按月或者按次分项计算个人所得税。纳税人取得⑤～⑨所得，依照《个税法》规定分别计算个人所得税。

3）个人所得税的税率

（1）综合所得，适用3%～45%的超额累进税率（见表5-8）。

表5-8 个人所得税税率表 （综合所得适用）

级数	全年应纳税所得额	税率（%）	速算扣除数（元）
1	不超过36 000元的	3	0
2	超过36 000元至144 000元的部分	10	2 520
3	超过144 000元至300 000元的部分	20	16 920
4	超过300 000元至420 000元的部分	25	31 920
5	超过420 000元至660 000元的部分	30	52 920
6	超过660 000元至960 000元的部分	35	85 920
7	超过960 000元的部分	45	181 920

（注：表5-8所称全年应纳税所得额是指依照《个税法》第六条的规定，居民个人取得综合所得以每一纳税年度收入额减除费用60 000元以及专项扣除、专项附加扣除和依法确定的其他扣除后的余额）

（2）经营所得，适用5%～35%的超额累进税率（见表5-9）。

表5-9 个人所得税税率表

（经营所得适用）

级数	全年应纳税所得额	税率（%）	速算扣除数（元）
1	不超过30 000元的	5	0
2	超过30 000元至90 000元的部分	10	1 500
3	超过90 000元至300 000元的部分	20	10 500
4	超过300 000元至500 000元的部分	30	40 500
5	超过500 000元的部分	35	65 500

（注：表5-9所称全年应纳税所得额是指依照《个税法》第六条的规定，以每一纳税年度的收入总额减除成本、费用以及损失后的余额）

（3）利息、股息、红利所得，财产租赁所得，财产转让所得和偶然所得，适用比例税率，税率为20%。

4）免税项目

下列各项个人所得，免征个人所得税：

（1）省级人民政府、国务院部委和中国人民解放军军以上单位，以及外国组织、国际组织颁发的科学、教育、技术、文化、卫生、体育、环境保护等方面的奖金。

（2）国债和国家发行的金融债券利息。

（3）按照国家统一规定发给的补贴、津贴。

（4）福利费、抚恤金、救济金。

（5）保险赔款。

（6）军人的转业费、复员费、退役金。

（7）按照国家统一规定发给干部、职工的安家费、退职费、基本养老金或者退休费、离休费、离休生活补助费。

（8）依照有关法律规定应予免税的各国驻华使馆、领事馆的外交代表、领事官员和其他人员的所得。

（9）中国政府参加的国际公约、签订的协议中规定免税的所得。

（10）国务院规定的其他免税所得。

5）减税项目

有下列情形之一的，可以减征个人所得税，具体幅度和期限，由省、自治区、直辖市人民政府规定，并报同级人民代表大会常务委员会备案：

（1）残疾、孤老人员和烈属的所得。

（2）因自然灾害遭受重大损失的。

国务院可以规定其他减税情形，报全国人民代表大会常务委员会备案。

6）应纳税所得额的计算

（1）居民个人的综合所得，以每一纳税年度的收入额减除费用60 000元以及专项扣除、专项附加扣除和依法确定的其他扣除后的余额，为应纳税所得额。

（2）非居民个人的工资、薪金所得，以每月收入额减除费用5 000元后的余额为应纳税所得额；劳务报酬所得、稿酬所得、特许权使用费所得，以每次收入额为应纳税所得额。

（3）经营所得，以每一纳税年度的收入总额减除成本、费用以及损失后的余额，为应纳税所得额。

（4）财产租赁所得，每次收入不超过4 000元的，减除费用800元；4 000元以上的，减除20%的费用，其余额为应纳税所得额。

（5）财产转让所得，以转让财产的收入额减除财产原值和合理费用后的余额，为应纳税所得额。

（6）利息、股息、红利所得和偶然所得，以每次收入额为应纳税所得额。

劳务报酬所得、稿酬所得、特许权使用费所得以收入减除20%的费用后的余额为收入额。稿酬所得的收入额减按70%计算。

个人将其所得对教育、扶贫、济困等公益慈善事业进行捐赠，捐赠额未超过纳税人申报的应纳税所得额30%的部分，可以从其应纳税所得额中扣除；国务院规定对公益慈善事业捐赠实行全额税前扣除的，从其规定。

上述（1）的专项扣除，包括居民个人按照国家规定的范围和标准缴纳的基本养老保险、基本医疗保险、失业保险等社会保险费和住房公积金等；专项附加扣除，包括子女教育、继续教育、大病医疗、住房贷款利息或者住房租金、赡养老人等支出，具体范围、标准和实施步骤由国务院确定，并报全国人民代表大会常务委员会备案。

【例5-15】公司员工张三：2022年1月工资为15 000元；2022年2月工资为45 000元；2022年3月工资为15 000元。有一个正在上小学的儿子，子女教育每月可以扣除1 000元；首套住房贷款利息支出，每月可以扣除1 000元；父母健在，且是独生子女，赡养老人支出每月可以扣除2 000元。五险一金每月缴纳3 000元。购买符合条件的商业健康保险每月200元。

2022年1月

应纳税所得额=15 000-5 000（累计减除费用）-3 000（累计专项扣除）-4 000（累计专项附加扣除）-200（累计依法确定的其他扣除）

=2 800（元）

应纳税额=2 800×3%=84（元）

2022年2月

应纳税所得额=60 000（累计收入）-10 000（累计减除费用）-6 000（累计专项扣除）-8 000（累计专项附加扣除）-400（累计依法确定的其他扣除）

=35 600（元）

应纳税额=35 600×3%-84（已预缴预扣税额）=1 068-84=984（元）

2022年3月

应纳税所得额=75 000（累计收入）-15 000（累计基本减除费用）-9 000（累计专项扣除）-12 000（累计专项附加扣除）-600（累计依法确定的其他扣除）

=38 400（元）

应纳税额=38 400×10%-2 520-1 068（已预缴预扣税额）=252（元）

知识链接5-2

关于发布河北省2017年企业工资指导线的通知

各市（含定州、辛集市）人力资源和社会保障局，省直有关部门，中央驻冀、省属国有企业：

经人力资源和社会保障部审核同意，省政府批准，现发布我省2017年企业工资指导线，并提出以下要求：

一、河北省2017年企业工资指导线

（一）企业职工货币平均工资增长中线（基准线）为8%。

（二）企业职工货币平均工资增长上线（预警线）为12%。

（三）企业职工货币平均工资增长下线为3%。

上述工资指导线适用于省内各类企业在岗职工工资分配，企业支付给提供正常劳动的职工的工资不得低于当地最低工资标准。

二、合理确定企业工资增长

各企业要结合实际，依据工资指导线，经职工（代表）大会协商，合理确定职工工资增长幅度。

（一）在工资指导线上线安排工资增长的：经济效益好或者增长快；单位产品工资含量低于同行业平均水平；工资成本占总成本的比例低于同行业平均水平；大多数岗位

工资水平低于全省同行业平均水平或低于劳动力市场价位。

（二）在工资指导线中线安排工资增长的：企业经济效益低速持续稳定增长；虽然企业当年经济效益增长快，但所处行业经济效益不稳定；企业人工成本状况处于同行业平均水平；在岗职工平均工资与全国同行业平均水平相当。

（三）在工资指导线下线安排工资增长的：企业生产经营状况正常但发生亏损或效益下降；企业职工工资水平高于全省平均工资3倍；企业处于发展初期，现金流偏紧。

（四）受去产能、调结构、大气治理等影响，确因经济承受能力不足，不能安排工资增长的企业，可根据自身经济效益和经营状况合理调整工资水平。

三、企业落实工资指导线的工资来源

实行工资集体协商的，增加协商工资总额；实行工效挂钩或工资总额包干的，从新增效益工资或历年工资结余列支，不足部分当年单列，第二年核入工资总额基数。

河北省人力资源和社会保障厅

2017年11月3日

基础训练

□ 选择题

1.2018年出台的个人所得税月免征额为（　　）。

A.1 600元　　B.2 000元　　C.3 500元　　D.5 000元

2.（　　）不能免税。

A.社会保险费用和住房公积金　　B.见义勇为奖金

C.辽宁省政府颁发的体育奖金　　D.稿酬所得

3.月法定工作天数为（　　）。

A.20.83天　　B.20.92天　　C.21.75天　　D.22天

4.我国目前个人所得税综合所得实行的是（　　）超额累进税率。

A.6级　　B.7级　　C.8级　　D.9级

5.合理确定人工成本的方法有（　　）。

A.劳动分配率基准法　　B.销售净额基准法

C.损益分歧点基准法　　D.企业盈利基准法

□ 简答题

1.薪酬福利效益统计有哪些形式？

2.工资计算方式有哪几种？

3.计时工资计算方式的要点有哪些？

4.计件工资有几种计算方法？

5.个人所得税的最新规定是什么？

综合应用

□ 案例分析

（一）永辉超市的合伙人制度

1.零售新模式：一线员工合伙制

2014年，永辉超市在全公司推广合伙人制度。一些后勤的岗位也可以用量化的方式来推行合伙人计划。比如，防损部就有损耗率的考量，节省下来的钱就相当于利润；再比如工程部，在保证质量的前提下，省下来的预算也相当于业绩。目前，永辉超市约有四成员工成为合伙人。

永辉超市在进行变革之初，就和员工进行沟通，设定每一个柜台、销售区域的毛利额后，再由企业对利润按照事先约定的比率进行分成。这样就使一线员工的工资与自己所管辖区域的销售份额息息相关。只有当自己的工作足够出色时，营业额才会逐步上升，工资也才能随之水涨船高。由于永辉超市采用的是利润分成办法，员工在工作的同时会注意减少浪费，以使利润最大化。

虽然永辉超市拥有这么多的门店，考虑门店的差异性，在合伙人制度上可能会稍有区别，但总体操作的办法是一致的。一般情况下，合伙人是以门店为单位与总部来商谈。永辉总部代表、门店店长、经理以及课长一起开会，探讨一个预期的毛利额作为业绩标准。将来门店在经营过程中，超过这一业绩标准的增量部分利润就会拿出来，按照合伙人的相关制度进行分红：或三七，或四六，或二八。店长拿到这笔分红之后，就会根据其门店岗位的贡献度进行二次分配，最终使得分红机制照顾到每一个基层员工。永辉超市的这种合伙人制度实际上更接近于利润分享制。

2.进货变革：专业买手股份制

永辉超市的买手们，通过许多年的进货经验积累，对于当地不同区域、不同商家的菜品都十分了解。大量的工作经验让他们的工作变得十分容易开展，而他们的能力又会使其他商家觊觎，想要通过高薪的方式将其挖走。为了保证人才不流失，永辉超市采取的买手股份制度，在留住人才的同时，能够激励买手们的工作热情。这种做法的效果十分显著，一来离职率下降了（从8%降到了4%），二来买手们的薪水依靠自己的努力得到了提高，出现企业和买手们双赢的局面。

资料来源 HRsee.永辉超市的合伙人制度［EB/OL］.［2022-11-29］.https：//www.hrsee.com/? id=1162.

问题：永辉超市的做法有哪些优点？为什么能够激发员工的工作热情？

分析提示：从企业通过激励员工，达成与员工双赢，节约管理成本，共享管理利润的角度分析问题。

（二）“老乡鸡”的薪酬管理

“从养鸡到开店”“从1家到1 000家”，老乡鸡的每一步发展，都离不开人力资源管理。作为全国连锁快餐店，老乡鸡最离不开的就是员工，从最初的几个人到上万人，其薪酬管理办法非常值得我们学习和借鉴。

老乡鸡的员工管理中颇有承包责任制的影子，一个岗位就是一个平台。其中老乡鸡员工的薪酬与门店营业额、顾客的评分挂钩，做得好有奖励，顾客的评分越高，薪酬越高，这一制度大大激发了员工的积极性。老乡鸡在安徽的门店，店员月均工资4 000元左右，店长最高年薪20万元，而同一区域的麦当劳和肯德基，店员和店长月薪都没有其高。据统计，老乡鸡16 000多名员工，一个月光工资支出就有8 000多万元。老乡鸡从员工的需要出发，建立了一套完善的报酬体系，它包括直接报酬、间接报酬。

（1）直接报酬：老乡鸡各个地区的薪酬制度都不太一样，例如一线城市线下门店的员工薪酬在4 500～8 000元；二三线的则是3 000～6 000元……薪酬结构分布细致，经理、组长、星级服务员、见习助理等，不同级别的工作对应不同级别的薪酬。老乡鸡里级别越高的员工薪酬越高，通常每个老乡鸡人都会有自己的一本"通关文牒"，过关的员工薪酬也会随之涨幅。

（2）间接报酬：老乡鸡的福利非常朴实，除了为员工提供医疗保险、养老金、带薪假期等，老乡鸡还热衷于给员工送鸡蛋、送大米、送饭卡……相较于其他漂亮的花束果篮，老乡鸡更乐于发放人人都能用得上、吃得上的粮食。老乡鸡分钱的方式，朴实且厚重，让员工感受到沉甸甸的关怀。除了给员工分钱，老乡鸡还会给广大网友"送钱"。上个月老乡鸡为庆祝成立20周年，宴请了全国的顾客，让每一位顾客免费吃；另外，最近老乡鸡还在抽奖送爱马仕商品，这些举动让不少网友震惊老乡鸡的大手笔。老乡鸡实打实地分钱，让基层的员工领得到薪水，拿得到鸡蛋。

资料来源 HR新逻辑.老乡鸡的人力资源管理［EB/OL］.［2023-11-09］.https://baijiahao.baidu.com/s?id=1782079518020895044&wfr=spider&for=pc.

问题：老乡鸡薪酬管理的做法有哪些优点？为什么能够激励员工的工作热情？

分析提示：从老乡鸡发展迅速，薪酬标准高于行业薪酬标准，从而极大地调动了员工的工作积极性角度分析。

□ 实践训练

1.设计工资表

李教授2023年11月应发工资总数为12 000元，请计算李教授应缴纳的社会保险、税收金额及实发工资。

要求：有详细的计算步骤，然后给李教授做一张简易工资表。

2.某市基本养老保险企业缴费金额为工资总额的16%，个人缴费金额为本人工资的8%；医疗保险企业缴费金额为工资总额的8%，个人缴费金额为本人工资的2%；失业保险企业缴费金额为工资总额的0.5%，个人缴费金额为本人工资的0.5%。某企业现有员工10名，其中有1人月薪为8 000元，有3人月薪为5 000元，有4人月薪为3 000元，有2人月薪为2 500元。请计算企业每月3项保险共需缴纳多少保险费？每个员工每月应缴纳多少保险费？

要求：有详细的计算步骤。

第6章 几种特殊人员的薪酬设计

学习目标

知识目标：

1. 了解特殊人员的特点以及在企业中的地位；
2. 熟悉年薪制的几种模式、股票期权和员工持股的类型；
3. 明确年薪制、股票期权以及员工持股薪酬制度的基本概念和特点；
4. 熟知各类特殊人员的工作特点和据此对其进行薪酬设计的方式。

能力目标：

能够掌握特殊人员的薪酬设计。

素养目标：

明确高技能领军人才是技能人才队伍中的关键少数，应提高其薪酬待遇，制订专门的薪酬方案。

引例

某科研项目团队薪酬制度设计方案

某公司是一家大型制造业国有企业，其下设的技术中心承担产品日常维护、原料研究、基础研究、新产品研究与开发等职能。技术中心采用扁平型职能组织结构，部门中的任何一个人，包括职能经理，除了完成日常工作任务外，可能兼任某个或多个项目的负责人，还可能兼任另一个项目组的成员。公司结合技术中心的运作实践，通过引入“项目价值系数法”来设计团队薪酬方案。团队薪酬由两部分决定，即团队薪酬=项目团队岗位标准薪酬基数×项目价值系数。

1.团队薪酬的设计

（1）项目标准岗位的确定。按照项目所属的职能部门设定团队岗位标准薪酬基数，分为A至G共7个等级。

（2）项目价值系数=研究周期系数×难度权重+承担项目来源系数×研究周期权重+研究项目模式系数×权重+技术难度系数×权重。

（3）技术难度系数=研究类别系数×研究专业系数×技术创新系数。

2.团队成员薪酬的确定

上述确定的薪酬是企业针对项目的一揽子支付，还应按照团队各成员绩效进行薪酬的2次分配，使成员个人满意度提高，从而进一步促使团队成员为实现新的团队目标而共同努力，以起到很好的激励作用。分配比例的确定是团队激励问题的关键所在。但是，企业不能直接进行团队内部可变薪酬的分配，其主要原因在于信息不对称以及由信息不对称引起的“搭便车”现象。由于每个团队成员的产出不可独立观测，致使组织难以区分个人绩效而直接行使奖励权。在科研项目团队中，总产出往往是可被观测的关于投入的唯一信号，此时技术中心对各成员绩效的考核应由项目负责人审核，由此制定了相应的制度，确定项目负责人激励薪酬的比例，并授予项目负责人对团队激励薪酬进行2次分配的权限。在薪酬操作中涉及主观判断因素的系数及权重的设定可能会引起争议，因此应在项目立项阶段由专家组成员对项目技术创新性进行评估，确定其系数值。

资料来源　中国就业培训技术指导中心．企业人力资源管理师（一级）[M]．4版．北京：中国劳动社会保障出版社，2020.

这一案例表明：为达到良好的激励的目的，对于企业特殊人员的薪酬设计应该采取特殊方式处理，要根据企业及地方的实际情况对特殊人员进行合理激励。

本章着眼于一些特殊群体，更加有针对性地介绍适用于这些特殊人员的薪酬设计。我们首先需要界定哪些人是这里所谓的特殊人员。特殊人员一般具有两个特征：第一，特殊人员在企业中往往处于矛盾冲突焦点的位置，或者说，这些人员的工作性质、工作环境对其有特殊的工作要求，使这类员工面对着更大的压力或需要具备专业性更强的知识和更高超的技能等。第二，这些特殊人员工作完成的好坏对整个企业的经营业绩有着很重要的影响。因此，对他们进行激励有着影响全局的重要意义。同时，由于他们自身岗位性质的特殊性，就要求这样的激励要具有很强的针对性和独特性。

按照这样的特征要求，我们认为比较典型的特殊人员包括高层管理人员、营销人员、专业技术人员。此外，我们介绍一些其他临时用工人员的薪酬支付方式。

6.1　国有企业经营者年薪制与股票期权

6.1.1　国有企业经营者的薪酬改革

2013年11月召开的中共十八届三中全会通过了《中共中央关于全面深化改革若干重大问题的决定》，其中，国企主要负责人的薪酬待遇问题，位于第7项改革“推动国有企业完善现代企业制度”的最后一部分：国有企业要合理增加市场化选聘比例，合理确定并严格规范国有企业管理人员薪酬水平、职务待遇、职务消费、业务消费。

中共中央总书记习近平指出，要逐步规范国有企业收入分配秩序，实现薪酬水平适当、结构合理、管理规范、监督有效，对不合理的偏高、过高收入进行调整。“国企负责人没有‘职务消费’，按照职务设置消费定额并量化到个人的做法必须根除。”

中共中央政治局2014年8月29日召开会议，审议通过了《中央管理企业负责人薪酬制度改革方案》（以下简称《方案》），并于2015年1月1日正式执行。央企负责人薪酬将由过往基本年薪和绩效年薪两部分构成，调整为由基本年薪、绩效年薪、任期激励收入3部分构成。

1）改革背景

在市场经济发展的大潮中，上一轮央企负责人的薪酬制度改革曾经发挥了一定的积极作用。但如今，掌握核心资源的央企，许多效益被公众认为并非真正意义上的经营红利，因此央企领导像外企、民企的高管那样拿超高薪水一直备受争议。尤其是近年来，一些央企负责人既拥有比较高的行政级别，又领取高薪酬。在一些沿海发达地区，能到国有企业或者央企担任负责人被认为一种重用或“福利待遇”，致使一些人甚至动用关系“铺路子”“走后门”。这些做法都脱离了上一轮央企薪酬制度改革的良好初衷，需要大力纠偏。此外，一些央企长期存在薪酬结构不尽合理、薪酬监管体制不够健全等问题。有的央企高管薪酬与其经营业绩不相符，甚至有一些央企高管的待遇在企业出现巨亏时不降反升。这些做法不仅违背了央企的国有资产定位，甚至直接加剧了社会分配不公。

2）核心内容

《方案》包括“完善制度、调整结构、加强监管、调节水平、规范待遇”5方面内容。《方案》最核心的内容是：明确央企高管薪酬将采用差异化薪酬管控的办法，综合考虑央企高管当期业绩和中长期持续发展，重点对行政任命的央企高管人员以及部分垄断性的高收入行业的央企负责人薪酬水平实行限高，以此来抑制央企高管获得畸高薪酬，缩小央企内部分配差距，使得央企高管人员薪酬增幅低于企业职工平均工资增幅。

3）四大亮点

其一，明确表明了对央企负责人适用“党管干部”原则，以更刚性的行政制度管理央企负责人的职务行为和待遇。这特别体现在3个方面：对央企负责人的7项职务行为设置上限；明确对4种公款消费行为设置禁令；严格限制金融企业负责人的高年薪。强化行政管理，既将央企负责人的职务行为纳入中央“8项禁令”范畴，也符合央企负责人的现行用人机制。

其二，清晰表明了央企薪酬制度改革与国资国企改革的关联性。薪酬制度改革方案，首次提出推进这项改革要坚持国有企业完善现代企业制度的方向。健全公司法人治理结构，政企分开、政资分开是国有企业建立现代企业制度的主要目标。过去，这成为一些国有企业拿高薪酬的依据，但实际上失之偏颇。薪酬制度改革方案通过“明确坚持分类分级管理”“建立与企业功能性质相适应的差异化薪酬分配办法”等表述，透露出根据不同经营性质实施差异化薪酬的思路。这也意味着，公共服务性国企与一般竞争性国企，将有不同的考核标准和薪酬标准。而这要求准确界定不同国企的功能，这也正是新一轮国资国企改革试点的主要着眼点。由此，央企薪酬改革也被纳入了国资国企改革的“大盘子”。从推动央企薪酬改革的速度可以断定，以划分国企功能、健全公司治理结构、完善国有资产管理为核心的国资国企改革将在各地得到迅速推动。只有先行推动国资国企改革，薪酬改革才有操作平台。

其三，透露了出资人与管理人分开管理、开门办国企的思路。方案提到，“薪酬改革应与中央企业负责人选任方式相匹配”。这表明，央企负责人的选任将不止一种方式。目前，央企用人体制仍以任命为主，这容易导致央企变成冗余高官的吸纳所，也不利于央企向现代企业转变。更多元的选任机制，有利于央企全面深化改革。而现实的操作思路是，出资人作为国有资本的监管者采取任命制，经营负责人则采取选拔制。这既有利于政企政资分开，也有利于央企吸纳社会人才。而与之匹配的薪酬，前者可以行政化，后者可以市场化，以此保持央企的激励机制。

其四，显示了着眼全局的改革视野。2014年8月18日和29日的两次会议，都强调薪酬改革要“具有系统性”，并明确国资委管理的央企、其他央企、中央各部门所属企业和地方国有企业均在薪酬制度改革范围内。这实际是在反复强调，薪酬改革的最终指向是国资国企改革和收入分配改革。以小改革撬动大改革，央企薪酬改革意在长远。

4）实施方法

《方案》从涉及范围来看，72家央企首当其冲。在这一以“降薪”为总基调的方案中，央企高管的薪酬和福利都将受到约束。

在此番改革中，央企负责人薪酬将由过往由基本年薪和绩效年薪两部分构成，调整为由基本年薪、绩效年薪、任期激励收入3部分构成，如果干不好则只能拿到“底薪”。改革后，多数央企负责人薪酬将会有所降低，总体上会下降30%左右，垄断性央企负责人的薪酬将会大幅降低。

5）坚决制止与企业经营管理无关的各种消费行为

此次通过的《关于合理确定并严格规范中央企业负责人履职待遇、业务支出的意见》，首次对央企负责人公务用车、办公用房、培训、业务招待、国内差旅、因公临时出国（境）、通信7项具体内容设置上限标准，并明确对“企业用公款为负责人办理的理疗保健、运动健身和会所、俱乐部会员、高尔夫等各种消费卡”“企业按照职务为企业负责人个人设置定额的消费”等内容设置禁令。要严肃财经纪律，坚决制止与企业经营管理无关的各种消费行为，对央企负责人履职工作保障和必要业务支出进行系统规范的总体要求，将进一步推进央企负责人履职待遇和业务支出制度体系建设并严格规范管理。要按照依法依规、廉洁节俭、规范透明的原则，对央企负责人进行严格要求。

6）基本薪酬参照公务员

此前《方案》在定薪具体操作上明确了差异化路径：一是由组织部门任命的国企高管的薪酬将包括基本薪酬和中长期激励两个部分，基本薪酬将参照公务员工资标准进行制定，并通过高管与普通员工相差的倍数，进行限高。二是非组织任命的职业经理人将根据市场化的办法确定其薪酬。这主要是要把工资预算全口径做好，只要是工资性的各种收入都要纳入预算管理的范围之内。除了充分发挥人社、国资委、财政、审计等部门的监督检查作用外，也可以借助第三方做一些辅助调查，把辅助调查的数据作为国企监管部门以及国企自己监管的参考。总的来说，国企还是要以体制内的监管为主要的途径。

7）探索股权激励试点

此前有媒体报道称，暂停近5年的金融类国有及国有控股企业高管和员工股权激励试点将启动。中长期激励可以有股权，也可以没有股权。《方案》中所提的中长期激励，就是把高管任期内的年度薪酬中应得的一部分收入暂时存下来。

深化中央管理企业负责人薪酬制度改革，要从我国社会主义初级阶段基本国情出发，适应国有资产管理体制和国有企业改革进程，逐步规范企业收入分配秩序，实现薪酬水平适当、结构合理、管理规范、监督有效，对不合理的偏高、过高收入进行调整。推进这项改革要坚持国有企业完善现代企业制度的方向，健全中央管理企业负责人薪酬分配的激励和约束机制，强化中央管理企业负责人的责任，增强企业发展活力；坚持分类分级管理，建立与中央管理企业负责人选任方式相匹配、与企业功能性质相适应的差异化薪酬分配办法，严格规范中央管理企业负责人薪酬分配；坚持统筹兼顾，形成中央管理企业负责人与企业职工之间的合理工资收入分配关系，合理调节不同行业企业负责人之间的薪酬差距，促进社会公平正义；坚持政府监管和企业自律相结合，完善中央管理企业薪酬监管体制机制，规范收入分配秩序。国有企业负责人薪酬制度改革具有系统性，其他中央管理企业负责人、中央各部门所属企业和地方国有企业负责人薪酬制度改革也要参照《方案》精神积极稳妥推进。有关部门要加强统筹协调和指导监督，推动改革顺利实施。

在专家看来，这“7项内容”“4个禁止”非常到位，从企业实际需求出发按照标准将具体事项写入意见，一方面将企业正常的经营性业务支出合法化、规范化，另一方面将公款办理消费卡等非法的做法进行明文禁止，体现了法治化和制度化特征，有利于社会监督，也有助于更好地开展工作。根据会议传达的信息，坚持统筹兼顾，形成央企负责人与企业职工之间的合理工资收入分配关系，合理调节不同行业企业负责人之间的薪酬差距，促进社会公平正义，这有助于把薪酬调整到合理的范围内。

6.1.2 国有企业经营者年薪制的概念及特点

国有企业经营者年薪制是指企业以年度为一个会计周期，确定经营者的基本收入，并视其经营成果发放风险收入的薪酬制度，是经营者人力资本的投资回报和经营管理要素参与剩余收益分配的主要形式。

其特点主要体现在以下几个方面：

1）能够较好地体现企业经营者的工作特点

企业一般以一年作为一个生产经营周期，因此以年度为单位进行考核，确定经营者的收入水平，能更好地使经营者的收入与经营业绩联系起来，达到组织所有者利益与经营者利益相统一的管理目的。

2）年薪制依靠的是约束和激励相互制衡的机制

约束与激励相互制衡，体现了管理者利益与责任、风险相一致的原则，对经营者进行激励的同时形成对其压力感、紧迫感，使年薪制有较强的约束性。如此一来，年薪制能够从工资制度上突出经营者的重要地位，增强经营者的责任感，强化责任、生产经营成果和应得利益的一致性。

3）把企业经营者的利益与员工的利益相分离

基于年薪制的这种利益分离，切断了经营者与其他员工之间直接的经济利益关系，消除了传统体制下经营者收入与员工薪酬水平相依存的弊端，使出资者、经营者、劳动者三者利益分配关系得到合理协调和约束，确保了资产所有者的利益。

4）使经营者的收入公开化、规范化

实行年薪制以后，经营者的收入由其年薪主管部门确定，并经过考核、审计等严格的程序后支付。经营者按年薪取得收入后，除了按法律、法规享受社会保险、福利和住房等待遇外，不得再获取企业内部的工资、奖金、津贴、补贴等其他收入。

6.1.3　年薪制的构成及成因

1）年薪制的构成

（1）核心薪酬包括基本薪酬、年度红利、短期激励报酬等。基本薪酬是指经营者的基本和固定收入，其性质等同于员工的基本工资。基本薪酬在经营者的报酬中是基本和固定的现金收入，其主要职能是为经营者提供一个稳定的收入来源，使经营者不必为本人及其家庭的基本生活费用承担过多风险。年度分红是指对经营者短期经营（1~2年）业绩的奖励。分红是非固定收入，分为特殊奖金和普通奖金，普通奖金一般与基本工资成正比例变动，特殊奖金数额一般不固定。短期激励报酬是为了奖励经营者与组织战略目标相关的特殊业绩，其形式包括参与公司的利润分享、收益分享计划等。与一般管理者和员工不同，经营者的短期激励报酬比较适合以团队的形式进行，这样有利于对合作性绩效的考核，同时要考虑高层管理者对公司的个人贡献因素。

（2）延期支付薪酬，主要形式是股票期权，是指经营者与公司签订一份正式的契约，以协议的形式承诺公司将员工的报酬推延到未来支付。这种以股票期权形式支付薪酬的优点在于：一是有助于树立新的管理观念；二是可以得到税收方面的优惠；三是可以享受股票升值的好处；四是可以激励经营者承担经营风险。

（3）保障性薪酬，主要包括企业补充保险等。这部分薪酬主要强化保障性项目，是为经营者专门设计的保险项目。例如，为经营者本人及其家庭成员购买补充性人寿保险，提供补充性退休保险等。

（4）特殊福利。经营者的福利不同于一般性员工的福利，不仅享受医疗保险、带薪休假等福利，还享受组织所提供的特殊性福利，如“经理优待”。“经理优待”主要是为经营者提供更为优越的工作和生活条件，以满足其精神和工作上的需求。

2）年薪制的成因

企业之所以对经营者实施年薪制度，主要基于以下几个原因：

（1）现代组织制度的客观要求。现代企业实行所有者的所有权与经营者的经营权相分离，经营者作为企业的被雇用者，所付出的劳动需要相应的较高薪酬回报。经营者报酬由董事会决定，二者之间是一种建立在法律基础上的委托代理关系，年薪制是这种关系成立的一个要件，是现代组织制度的客观要求。

（2）企业家人力资本价值的体现。经营者与一般员工的最大区别在于他们拥有价值高昂的人力资本，企业家是稀缺的、难以替代的人力资源，他们可以为企业创造极高的价值。企业家的人力资本是附着在企业家身上的，因此对企业家给予高额的报酬是对企业家人力资本价值的肯定和认可。

（3）补充经营者的特殊劳动付出。经营者所从事的劳动是一种高层次的、带有资产经营性质的劳动，其劳动性质与一般员工的劳动性质不同，因此劳动报酬的支付形式和数额也就不同。在激烈的市场竞争中，经营者付出的劳动是智慧、技能、胆识、风险、远见等综合素质的集成，自然应该以高收入补偿其付出。

（4）激励经营者承担风险责任。经营者对组织整体运作负有主要责任，也承担极大风险，他们的决策和经营行为如果出现失误，就会给组织造成无法想象的损失。年薪制的产生正是对这一现象进行的正面激励，既有助于促使经营者规避风险，又促使他们敢于承担风险责任。

（5）吸引和留住优秀的管理人才。对于组织而言，优秀的管理者是一种稀缺的资源，是组织的无形资产。能够发现并留住优秀的管理人才，会给组织带来极大的利益，同时有利于增强企业在激烈的市场竞争中的竞争力。对于经营者个人而言，年薪制不但是一种物质激励，还是一种使管理者自身价值得到肯定的精神激励。

6.1.4 年薪制设计的原则及模式

1）年薪制设计的原则

（1）主体适用原则。公司经营管理人员是指部门经理以上级别的人员。

（2）贯彻“责任、利益、风险”相一致的原则及公平、公正原则。

（3）贯彻经营管理人员的薪资分配与绩效考核相挂钩的原则。

2）经营者年薪制的5种模式

（1）准公务员型模式。这种薪酬方案的激励作用机理类似于公务员薪酬的激励作用机理。职位升迁机会、较高的社会地位和稳定体面的生活保障是其主要的激励力量来源，而退休后的更高生活水准又能起到约束其短期行为的作用。这种模式具有以下特点：

第一，薪酬结构：基薪+津贴+养老金计划。

第二，薪酬数量：取决于所管理企业的性质、规模以及养老金水平，其养老金为平均养老金水平的4倍以上。

第三，考核指标：政策目标是否实现，当年任务是否完成。

第四，适用对象：所有达到一定级别的高级管理人员，包括董事长、总经理、党委书记等，尤其是长期担任国有企业的领导、临近退休年龄的高层管理人员。

第五，适用企业：承担政策目标的大型、特大型国有企业，尤其是对国民经济具有特殊战略意义的大型集团公司、控股公司。

（2）一揽子型模式。这种薪酬模式具有招标承包式的激励作用，效果显著，但易引发经营者的短期化行为。其激励作用的有效性发挥在很大程度上取决于绩效考核指标是否科学、准确且真实。这种薪酬方案的制订，类似于各地政府较为普遍实行的对经营者的奖励。这种模式具有以下特点：

第一，薪酬结构：单一固定数量年薪。

第二，薪酬数量：相对较高，与年度经营目标挂钩。实现经营目标后可得到事先约定的固定数量的年薪。

第三，考核指标：十分明确具体，如减亏额、实现利润、资产利润率、上缴税利、销售收入等。

第四，适用企业：面临特殊问题亟待解决的企业，如亏损的国有企业，为了扭亏为盈，可采取这种招标式的办法激励经营者。

（3）非持股多元化模式。这种薪酬模式的考核指标科学准确，相对于准公务员型模式而言，这种薪酬方案更具有激励作用，但该方案缺少对经营者的长期激励，有可能影响企业的长期发展。这种模式具有以下特点：

第一，薪酬结构：基薪+津贴+风险收入（效益收入和奖金）+养老金计划。

第二，考核指标：在确定基薪时，要依据企业的资产规模、销售收入、员工人数等指标；在确定风险收入时，要考虑净资产增长率、实现利润增长率、销售收入增长率、上缴税利增长率、员工工资增长率等指标，还要参考行业平均效益水平考核评价经营者的业绩。

第三，适用企业：追求企业效益最大化的非股份制企业。现阶段我国国有企业绝大多数都采用这种年薪制薪酬方案。一般集团公司对下属子公司的经营者实施的年薪制薪酬方案也多是这样。

（4）持股多元化模式。这种模式适用于股份制企业，尤其是上市公司的经营者。这种薪酬方案，即多种形式的、具有不同激励约束作用的薪酬组合保证了经营者行为的规范化、长期化。但该方案的具体操作相对复杂，对企业条件要求相对苛刻。这种模式具有以下特点：

第一，薪酬结构：基薪+津贴+含股权、股票期权等形式的风险收入+养老金计划。

第二，薪酬数量：基薪取决于企业经营的难度和责任，含股权、股票期权形式的风险收入取决于其经营业绩、企业的市场价值。一般基薪应该为员工平均工资的2～4倍，但风险收入无法以员工平均工资为参照物。只有在确定风险收入的考核指标时才有必要把员工工资的增长列入。

第三，考核指标：在确定基薪时，要依据企业的资产规模、销售收入、员工人数等指标；在确定风险收入时，要考虑净资产增长率、实现利润增长率、销售收入增长率、上缴税利增长率、员工工资增长率等指标，还要参考行业平均效益水平考评经营者的业绩。

（5）分配权型模式。这种薪酬模式把股权、股票期权的激励机理引入到非上市公司或股份制企业中，扩大其适用范围。这是一种创新，其效果还有待进一步检验。这种模式具有以下特点：

第一，薪酬结构：基薪+津贴+风险收入（以“分配权”“分配权期权”等形式体现）+养老金计划。

第二，薪酬数量：基薪取决于企业经营难度的责任，以“分配权”“分配权期权”等形式体现的风险收入取决于企业利润率等的经营业绩。一般基薪应该为员工平均工资的2～4倍，但风险收入无法以员工平均工资为参照物，没必要进行封顶。

第三，考核指标：在确定基薪时，要依据企业的资产规模、销售收入、员工人数等指标；在确定风险收入时，要考虑净资产利润率之类的企业业绩指标。

第四，适用企业：不局限于非上市公司或股份制企业，可在各类企业中实行。

6.1.5 股票期权的含义与特征

期权是在一定的时期内，按照买卖双方事先约定的价格，取得买进或卖出一定数量的某种金融资产或商品的一种权利。

股票期权又称购股权计划或购股选择权，即企业赋予某类人员购进本公司一定股份的权利，是指买卖双方按事先约定的价格，在特定的时间内买进或卖出一定数量的某种股票的权利。其基本内容是公司赠予被授予人在未来规定时间内以约定价格（行权价格）购买本公司股票的选择权。行权前被授予人没有任何现金收益，行权后市场价格与行权价格之间的差价是被授予人获得的期权收益。公司股票价格是公司价值的外在体现，二者之间在趋势上是一致的。因此，期权是公司赠予被授予人在未来才能实现的一种不确定收入。

经理股票期权（executive stock option，ESO）特指公司赠予经理人员的一种权利，持有这种权利的经理人可以在规定时间内以行权价格购买本公司股票。行权以后，个人收益为行权价与行权日市场价之间的差价。经理人可以自行决定在任何时间出售行权所得股票。

股票期权长期以来是各种薪酬激励方案之中人们所关注和讨论的热点，是股票增值授予方案中最主要、最常用的一种长期激励计划。员工认购股份资金的来源和方式有许多种，如可以将企业利润的一部分作为员工认购股份的资金，也可以由企业为员工担保向银行贷款，还可以采取个人以现金出资认购、个人按时按比例在薪酬中扣除、个人以股权作抵押向公司举债等方式认购股份。经营管理者和技术骨干也可以用经营成果与科技成果作价。股票期权的特点是收益人只要经营业绩达标，不用再花钱或花很少的钱即可获得约定股份，而在此之前他虽不能将这些股票变现，但拥有这些股票的分红权，并可用这部分红利来支付购股费用。股票期权可以锁定持有人，如果持有人不行权也没有额外的损失，因此成本较低，风险较小，而收益大得多。

由此，我们可以总结出股票期权的特征：第一，股票期权是一种权利而不是一种义务，即经营者买与不买享有完全自由，公司无权干涉。第二，股票期权是一种额外奖励，且重在激励。当股价上升，获利较大时，经营者将行使期权；当股价下跌，经营者将放弃期权，没有任何损失。第三，经营者与投资者的利益具有一致性。股票期权最大的特点就是，它将企业的资产质量变成了经营者收入函数中的一个重要变量，从而实现了经营者与投资者的利益一致性，形成一种激励形式。

6.1.6 股票期权的4种基本类型

1）员工持股计划

员工持股计划是一种新型的财产组织形式和制度安排。在这种制度下，员工既是劳动者，又是人力资本的所有者，还是财产所有者，通过劳动和资本的双重结合，组成利益共同体，它同时是一种具有集资性、福利性、风险性和激励性的特殊薪酬分配形式。员工持股计划与重奖、年薪制等短期方式一起构成了对员工和经营者的物质激励体系。员工持股的方式通常有两种：一是通过信托基金组织，用计划实施免税的那部分利润回收现有股东手中的股票，然后把信托基金组织买回的股票重新分配给员工；二是一次性购买原股东手中的股票，回购后原购股作废，企业按制订好的员工持股计划逐步向员工出售股票。员工持股计划可以将股票奖励计划与购买养老金计划同时运作，但必须先在员工股票上投资，美国大多数公司都采用这种持股方式。从员工持股计划的资金来源分析，员工持股计划可分为福利型员工持股计划、风险型员工持股计划和集资型员工持股计划3种形式。福利型员工持股计划以增加员工福利为目的，对吸引人才和稳定员工队伍、增加企业凝聚力有较大作用，也能在一定程度上提高员工工作效率。福利型员工持股计划的资金很大一部分来源于企业利润，员工个人不需要承担很大的风险，员工收益稳定但数量有限，所以其激励性、约束性相对弱些。风险型员工持股计划以提高企业效益，尤其是企业的资本效益为直接目的，员工的收益取决于企业效益的增长，其资金来源主要是员工薪资的一部分。员工个人收益主要来自公司股价升值部分，若企业效益不升高或降低，员工要承担相应的风险，员工只有提高工作效率，降低运营成本，才能有较大收益，所以其激励机制和约束机制较强。集资型员工持股计划以解决企业资金困难、短期内筹集企业所需的资金为目的，或以企业产权制度改革为目的，把员工视为一般投资者，要求员工一次性支付较大数额资金，有自愿购买和强制购买两种方式。我国企业的员工持股计划中集资型员工持股计划较多。

2）限制性股票

限制性股票是一种受限股，即在持股人兑现股票时有所限制，要在规定的时间内兑现，它的赠予对象主要是管理层及关键技术骨干，赠股的主要目的是留住关键员工。例如，许多公司在上市前的赠股，规定了3年或5年后方可兑现，一是可以平衡配股比例，二是可以避免上市时关键人才的流失。它的优点是：第一，可增强员工的主人翁意识，鼓舞员工的士气，从而提高公司绩效；第二，塑造良好的企业形象；第三，股票授予后，持股人不必等到股价上升即可获利。它的缺点是：第一，会加大企业的管理成本，可能由于管理的复杂性产生一些费用；第二，如果股票下跌，可能会影响员工的士气；第三，将员工的眼光局限在关心股票的价格上。

知识链接6-1

国企市场化薪酬改革提速　确保分配的科学性

新一轮国企改革处于正在进行时。本轮改革的重点任务之一，是要加快国企薪酬制度改革，完善薪酬确定机制，合理确定薪酬水平，规范福利性待遇，健全薪酬监督管理机制。国企职业经理人薪酬制度改革究竟何去何从，如何通过薪酬制度改革，促进企业长期持续发展，充分发挥国民经济的支柱作用，是当前亟待解决的难题。

“以前我们强调的是效率，这一轮广州的薪酬改革我认为更强调的是公平。”在谈及薪酬制度时，广州市国资委总经济师罗俊茯在第二届国企改革前沿论坛上表示，广州在薪酬的分类监管、分类考核方面做了一些探索，主要分为竞争类和准公益类。竞争类又细分为一般竞争、金融企业和平台公司3类。3类的考核指标略有不同。对于准公益类企业，强调社会效益的指标；金融企业等完全竞争类企业的薪酬制度，则将结合职业经理人制度的改革完善。

薪酬应做到“能增能减”，已经是薪酬制度改革的共识。在这一轮参与重组、混改等大动作的企业中，不少企业都将改革作为契机，推进激励机制的改革。例如铁塔公司，在成立以后将分配与工作绩效挂钩，定岗定薪、岗变薪变，薪酬水平依据绩效情况能增能减，充分发挥员工活力。今年完成混改的东方航空物流有限公司也在薪酬改革方面提出了“一人一薪，易岗易薪”的原则。据悉，混改后“脱马甲”的员工薪酬不再由层级决定，而是随岗位变动。

贵州茅台集团也于今年5月原则通过了《薪酬制度研究工作方案》，茅台集团将对岗位价值进行有效评估，确保分配的合理性，并建立健全多元化薪酬体系，确保分配的科学性和分配制度的公平性。

目前的薪酬改革应该和推进职业经理人制度等工作结合起来。薪酬改革的重点是薪酬“能增能减”，而实现这个目标的基础，就在于对国企高管干部进行分类定性，将国企的所有权和经营权的代表者分开。加快职业经理人制度建设，做到行政、经营两分开，才能使薪酬制度的改革顺利进行。

资料来源 杨烨，黄可欣.国企市场化薪酬改革提速［N］.经济参考报，2017-09-15.节选.

3）认购权

与员工持股计划相比，认购权持股方式没有明文规定，主要应用于高科技企业，授予对象主要是优秀的骨干人员和管理层，员工持股比例从5%~20%不等（不含创始人），并享有税收优惠。

认购权持股方式有以下几个特征：

首先，公司增资时可使原股东免于股份价值遭到稀释的不利影响。

其次，因原股东具有优先认购权，公司发行新股后持股比例相同，故对公司的控制权亦维持不变，不会因公司大量发行新股而稀释原股东对公司控制权。

简言之，优先认购权可确保原股东之控制权，但是原股东的新股优先认购权并不是绝对的，法律确立新股优先认购权是在比较公司内部组织结构平衡和公司资本顺利扩张两种价值之后做出的判断，也就是说，在某些特定情况下，原有股东新股优先认购权是可以被合理排除的。

4）员工股票购买计划

员工股票购买计划是一种普惠的股票奖励计划，可针对公司大多数的员工。一般是员工以低于市场定价的10%~15%购买公司配给一定比例（如5%）的股票，公司配比部分在一定时间后（如两年后）方可卖掉。它的优点是：第一，可增加企业的总资本，鼓励员工承担个人风险投资；第二，为投资者与股票受益的员工提供联盟的机会，有利于加强团结。它的缺点是：第一，大量购买股票对于低薪员工是不合适且不大可能的；第二，许多低收入员工一拿到股票就将股票套现，并没有体现员工利益与公司利益的统一；第三，产生一大批少量股票持有者，从而增加管理负担和费用。

知识链接6-2

股权激励的风险与好处

一、股权激励不当，会产生哪些风险

1.选错激励工具：易沦为错误的“金手铐”。

在创业公司里，曾出现过这样的例子：有的员工自认为干得不错，但是给了股份之后，觉得股份太少，算一算，没有竞争对手给的钱多，所以就选择了辞职。因此，股权激励最好有想象空间，没有想象空间的股权激励会适得其反。有些时候，股权激励如果不到位，等于没激励。

2.公平公正性缺失：易引发新的矛盾。

有时，股权激励的差异可能会让部分员工质疑公司的公正性。因此，大范围的股权激励应采取一定的保密制度。与此同时，股权激励的“仪式感”很重要，因为这同样具有精神激励作用。

3.没有约束机制：容易催生懒人。

有些创业公司给了员工股份之后，没有相应的约束机制和规定，反而催生了一些懒人。因此，选人也要非常谨慎。

其实公司发展需要一批“定海神针”，而他们要有一定的忠诚度。当公司发展出现问题时，“定海神针”愿意跟公司股东一起努力，共渡难关。相反，公司中有些纯粹机会型的员工多给股份也没用，在其走了之后，还会带来一系列的连锁反应，产生新的麻烦。因此，还是要有相应的约束机制。

4.激励不足：易钓小鱼，难钓大鱼。

这个道理很简单。对于不太能干的员工来说，激励属于额外的惊喜；对于能干的员工而言，激励不足等于没激励。

二、股权激励对企业有哪些好处

1.通过股权激励，可以去感谢老员工，感谢这些为了企业的发展立下汗马功劳的老员工，让他们安心。股权激励是非常好的方式 。

2.通过股权激励，可以提高员工的主人翁意识，提高他们的工作积极性。无论给员工多高的薪水，员工都会认为我只是个打工的，但是导入股权激励之后，他们会觉得是在为自己创造一份事业。

3.通过股权激励留住内部人才，吸引外部人才。让员工像老板一些操劳，老板才能像神仙一样逍遥。

资料来源 佚名. 股权激励究竟会起什么作用？[EB/OL]. [2022-10-16]. https://www.sohu.com/a/259822906_492538.节选.

6.1.7 股票期权的实施要点

1）股票期权的授予计划

股票期权的授予计划包括股票期权授予和行权、股票期权的授予时机和数量、股票期权行权价的确定、股票期权的权利变更及丧失、股票期权的执行方法、股票期权行权所需股票来源渠道等。该计划的制订与实施必须经过股东大会的批准。股票期权计划实行若干年后（一般为5～10年后）自动结束，如果要继续执行，需再次得到股东大会的批准。公司通过董事会管理实施股票期权计划，董事会有权决定每年的股票期权赠予额度、授予时间表，以及出现突发性事件时对股票期权计划进行解释以及做出重新安排。当税法变更或者股票期权计划规模过大时，董事会有权在未获得股东同意的情况下变更股票期权计划中的部分或全部条款，甚至中止该计划。董事会有权中止股票期权计划或者中止董事会对股票期权计划的管理权限。但是，即使股票期权计划已经中止，经理人持有的可行权的股票期权仍然可以执行。在中国香港，公司可依据股东大会或董事会的决议在任意时间终止股票期权方案的实施，一旦终止，将不再赠予期权，但方案的其他条款将继续有效。

2）股票期权的行权价

股票期权的行权价也称期权的执行价格。行权价格的确定一般有以下3种方式：

（1）现值有利法，即行权价低于现值，相当于向期权持有者提供了优惠，股东权益被稀释，因而股东不愿意接受。

（2）现值不利法，即行权价高于当前股价。高于现值的期权，一般适用于公司的股价看涨时，并且它提高了获利的难度，给股票期权被授予者更大的压力。

（3）现值等利法，即行权价等于当前股价。我国股票期权还处于探索阶段，加上公司经营的体制环境不太宽松，经理人无法完全行使应有的控制权，因此适宜实行现值等利法。

3）股票期权激励的股票来源

在美国，股票期权行权所需股票来源渠道主要有两个：一是公司发行新股票；二是通过留存股票账户回购股票。发行新股数量大，但灵活性较差；回购灵活性好，但会导致公司现金流出。由于回购公司股票需要大量资金，因而美国公司一般较少采用第二种方式作为股票期权计划的主要来源，只在公司股票市场价格偏低或回购数量较少的情况下采用，发行新股方式为其通行模式。从我国目前的实际情况来看，股票期权计划的股票来源有以下几种基本思路：

（1）新增发行。向证监会申请一定数量的定向发行的额度，以供期权持有人将来行权（即以期权约定的方式购买公司股票），此种方式最为简便易行。曾经采用此种方式的，有中兴通讯、清华同方（现同方股份）等。

（2）大股东转售。在不影响大股东控股地位的前提下，可由大股东承诺一个向期权持有人转售公司股票的额度，以供将来行权。但因为涉及国有股问题，牵涉的问题较多，操作上相对较为烦琐。上海贝岭、风华高科等采用的就是此种方式。

（3）以其他方的名义回购。通过二级市场回购一定的股票以供期权持有者将来行权。由于中国法律规定除回购注销之外，上市公司不能回购自己的股份，因此可用其他方的名义持有部分股票以供将来行权。这样做的上市公司有金陵股份（现华鑫股份）以及其母公司上海仪电集团控股等。

具体采取何种方式，国内公司应根据自身实际情况加以确定。

4）股票期权的赠予标准、时机和数量

股票期权的赠予标准主要有以下几种：

（1）职务。根据职务大小进行股票期权的赠予，是一种比较普遍的赠予方式。职务在组织中常常体现为对组织的责任，职务越高，相应所承担的责任也越大，对组织成功的贡献也越大。其优点在于能够比较好地按照员工对组织的贡献程度、对公司业绩的最终影响程度确定员工的赠予额度，在一般情况下，能够为员工所接受。其缺点为难以确定在不同职务之间的相对差别。

（2）业绩。按业绩赠予是用员工过去或当期已经实现的业绩作为标准赠予股票期权，期待未来的较高业绩。其优点在于支持和鼓励了组织成功的因素，对提高和改善组织业绩具有非常积极的直接作用。其缺点是对不同类型的岗位的业绩进行评价比较困难。

（3）能力。按照能力进行股票期权的赠予就是将员工的从业能力作为赠予的标准。其优点在于其符合公司设立股票期权计划的初衷，有利于员工的潜能转化为显能，有助于提高组织未来的业绩。其缺点是对于能力的度量在目前的条件下比较困难，主观性较强。

综合上述分析，以上的赠予标准各有其使用条件和优缺点。在实践中，常常是几个因素共同决定赠予标准。

关于赠予时机，经理人一般在受聘、升级和每年一次的业绩评定的情况下获赠股票期权。一般在受聘和升级时获赠股票期权数量较多，股票期权的授予数目通常没有下限，但有些公司规定有上限。中国香港的做法是：售出股权可认购的股份数目不得超过该公司已发行股份的10%；个人参与授权计划，最多不能超过该计划所涉及证券总数的25%，否则不可再向该人士售出股票期权。

期权为获授人所私有，不得转让，除非通过遗嘱转让给继承人，获授人不得以任何形式出售、交换、记账、抵押、偿还债务或以利息支付给与期权有关或无关的第三方。美国国内税务法规定，唯一的转让渠道是在遗嘱中注明某人对股票期权有继承权。除获授人个人死亡、完全丧失行为能力等情况，该获授人的家属或朋友无权代本人行权。其配偶在某些特别情况对其股票期权享有夫妻共有的财产权。

案例6-1

微软期权造就8 000名富翁 西雅图奢侈品曾一度紧缺

1.期权使8 000名微软员工成为百万富翁

1987年，当盖茨向微软所有正式员工派发期权的时候，美国老百姓几乎都不知道期权是什么玩意儿。期权就是可以在规定期限内按照一个固定价格购买股票的权利，当股票价格暴涨时，这一权利就能变成实实在在的收益。1986年，当微软在纳斯达克上市的时候，每股股价只有10美分。到了1999年，伴随着互联网狂潮，微软股价蹿升到每股59.56美元，而且这个价格是多次拆股之后的结果。专门为微软提供咨询的经济学家迪克·康威说，到1999年年底，8 000名微软员工从期权中赚到了总共80亿美元，是波音公司当时9.9万名员工年度总收入的1.5倍。

2.西雅图奢侈品供不应求

从20世纪90年代中期开始，随着微软员工从期权中赚得越来越多，整个西雅图地区也进入到一个疯狂的高消费时代。在风景秀丽的西雅图东郊，被当地人称为“微软别墅群”的豪华住宅拔地而起，豪华游艇、法拉利跑车、施坦威钢琴等高档商品的订单排了一长串，新买的赛马使得当地的马厩都不够用。微软的“期权富豪”大部分都是聪明、勤奋且充满理想的人，但面对突如其来的巨大财富，许多人感到迷失了方向。旧金山的心理专家斯蒂文说，他接待过许多前来就诊的微软人，他们要么对亲朋好友的关系十分警惕，生怕他们是为了钱而亲近他们，要么是把钱看得比妻儿老小和亲朋好友还重要，他将这种现象归纳为“突然致富综合征”。在微软股票暴涨的时候，西雅图精神疾病和心理疏导专家的数量也猛增了55%。

3.这种情况一去不复返

2000年随着网络泡沫的破灭，微软股票狂跌，此后发行的期权事实上已经一文不值，制造百万富翁的好日子已经一去不复返了。微软公司的后来者认为，既然期权已经不再值钱，公司就不应该继续将其作为内部福利。为平息这一纷争，微软2003年7月份宣布，将在9月份停止向员工赠送期权，代之以一种限制性的内部优惠股票。

资料来源　王银泉．微软期权造就8 000名富翁 西雅图奢侈品曾紧缺［EB/OL］．［2023-08-11］．http：//tech.sina.com.cn/it/m/2003-08-11/1018219352.shtml.节选．

6.2　高层管理人员的薪酬设计

6.2.1　高层管理人员的特点

高层管理人员就是指公司的高层领导者、经营者和高级职业经理人，他们位于组织结构的顶端，通过与股东的契约在委托与代理的关系结构下行使代理人职责，接受来自委托方的监督和奖励。在数量上他们一般占企业总人数的1%以下，但是其所获得报酬往往处于最高水平。对于高层管理人员的激励的重点应放在为股东谋求长远利益、促进企业持续发展上。高层管理人员是企业的中坚力量，是企业目标实现、发展的重要中间环节，是落实企业方针、目标的重要组织者。

1）高层管理人员工作价值的衡量标准

（1）工作价值取决于部门的职权及管理幅度。

（2）工作价值取决于企业整体绩效及部门团体绩效。

2）高层管理人员素质的特殊要求

（1）通常是较资深且多专长的人员。

（2）较多的是重视“名”甚至“利”。

（3）擅长沟通、领导及规划。

6.2.2　高层管理人员的薪酬构成

高层管理人员的薪酬一般由基本工资、一次性绩效奖金、短期年度奖金、长期奖励计划、高层管理人员的特权奖励等组成。

1）基本工资

不同国家的经营者在基本工资的设计上有很大差别，有些企业其比例为本人工资总收入的70%~80%，而美国企业的经营者的基本工资的比例为本人工资总收入的40%~80%。绝大多数企业都会选择使高层管理人员的基本工资水平超出市场平均水平，至少相当于市场平均水平。

2）一次性绩效奖金

一次性绩效奖金是用来奖励高层管理人员实现具体和特殊目标的奖金形式，这些奖励计划要通过薪酬管理委员会提交董事会批准。一般有以下几种奖金形式：

（1）非固定奖金。董事会考核公司利润、财务状况、业务状况和未来前景，如果几方面表现都较好就可以给高层管理人员发放非固定奖金。

（2）活动绩效奖金。以具体、实际的绩效目标为导向，这时往往采用全面的、系统性的绩效评价体系对高层管理人员进行绩效评价。

（3）预定分配奖金。这种方式下奖金的总额度是根据一个固定的公式事先约定好的，公式中的主要考虑因素一般是公司利润。

（4）目标计划奖金。奖金与高层管理人员的绩效目标直接、紧密地联系，绩效增加，目标计划奖金随之增加；绩效如果低于可接受的标准，则没有奖金。

3）短期年度奖金

与高层管理人员的基本工资相比，其短期奖金的比重也呈现出明显的增长趋势。一般情况下，企业向高层管理人员支付短期奖金，旨在对其在特定的时间段里（通常是一年）为组织绩效做出的贡献进行货币奖励。发放短期奖金是一种将高层管理人员的报酬与财务目标紧密联系的短期激励方式，一般采用年薪制的方式，更为关注高层管理人员为股东创造价值的大小，并以此作为奖励的基准，使高层管理人员不仅是经营者，还要具有“所有者”的主人翁意识。

4）长期奖励计划

长期奖金则通常是延期支付的，与组织的长期经营绩效具有紧密的联系，其主要目的在于通过经济上的利益关系促使高层管理人员和企业的经营目标保持一致，从而激励高层管理人员关注企业的长期发展以及持续性地达到更高的绩效水平。高层管理人员的长期激励计划一般以股票期权作为奖励方式，这些方案的设计和推行一般是由董事会下的薪酬委员会来完成。

5）高层管理人员的特权奖励

管理者尤其是高层管理者，通常都能得到名目众多的福利与服务。高层管理人员作为公司的上层拥有其等级特权，这些特权作为额外回报往往也有激励作用。这些特权奖励包括交通工具的提供、专用餐厅、旅行等。表6-1是美国CEO的特权报酬种类的相关数据。

表6-1　**美国CEO的特权报酬种类的相关数据**

特权报酬的类型	提供此类回报的企业所占的百分比（%）	特权报酬的类型	提供此类回报的企业所占的百分比（%）
体检	91	携配偶外出旅行	47
公司提供交通用车	68	专用司机	40
金融咨询	68	预留停车位置	32
使用公司提供的飞机	64	专用餐厅	30
个人所得税的筹划	63	家庭保险计划	25
乘头等舱外出旅行	63	汽车配备电话	22
乡村俱乐部会员资格	62	金融讲座	11
午餐俱乐部会员资格	55	低息或无息贷款	9
个人资产管理	52	法律咨询	6
个人伤残保险	50		

6.2.3　高层管理人员的薪酬管理

总的来说，在高层管理人员的总体薪酬中，基本薪酬所占的比重相对较小，而短期奖金和长期奖金所占的比重往往较大。

首先，企业高层管理人员的基本薪酬通常都是由以董事会主席为首的薪酬委员会来确定的，决策的依据是上一年度的企业总体经营业绩以及对外部市场薪酬调查数据的分析。

其次，以年终奖形式出现的短期奖金在高层管理人员的薪酬当中起着非常重要的作用。

再次，长期奖金在高层管理人员的总报酬中所占的比重也越来越大，其中主要是各种股票选择权计划。

最后，福利和服务在高层管理人员的薪酬收入中也起着越来越不可忽视的作用。

6.2.4 高层管理人员的薪酬管理策略

1）将高层管理人员的薪酬与经营风险联系在一起

一般情况下，高层管理人员的薪酬总额越高，则他们所获得报酬中与风险相联系的那部分所占的比例也越高。

2）确定正确的绩效评估方法

为了提高绩效，很多组织已经选择了一些更为全面和广泛的经济指标，如经济附加价值（EVA）、市场份额和市场占有率等绩效评价指标。

3）实现高层管理人员和股东之间的平衡

为了使两者之间的目标协调一致，企业通常会要求高层管理人员承担更多的风险、经历更长的决策期，并通过赋予他们一定所有权以增强其参与意识。

4）更好地支持企业文化

高层管理人员的任务之一就是要给组织里的其他职位制定新的行为方式和确立新的价值观。

案例6-2

段永平的另类管理之道

2001年，曾经打造小霸王品牌和创立步步高的40岁段永平选择急流勇退，移民美国，转而专注投资和慈善领域。当年在网易股价低迷的时候，段永平低价买入200万美元网易股，在一年多里股价上涨50倍以上。段永平的这一笔投资就净赚1亿多美元。据中国企业家报道，尽管挂着步步高董事长的头衔，并在OPPO、VIVO也均持有较大比例的股份，但段永平实际只负责制定大的战略和方向，不过问具体细节。他每年只回国参加两三次董事会，是最悠闲的“甩手掌柜”。OPPO的总裁陈明永，是段永平的师弟，浙江大学信电系92届学生，也是当初从小霸王跟随段永平出来创业的第一批员工。VIVO手机创始人沈炜，同样是在小霸王时期就跟随着段永平。虽然段永平如今只是每年回来参加几次董事会，但是他总是告诉兄弟几个说：“放手去干，干好了分钱，干不好关门，别有负担。”在步步高成立之初，段永平持股70%左右，他想稀释自己的股权让员工共享，但多数员工没有足够的现金。于是，他借钱给员工，然后要员工以股份的利润，或者股份的股息偿还，现在他的股份只占到步步高的17%左右。在OPPO，陈明永同样采用股权分配来激励员工。新进员工一年后即可获得执行期为4年的期权；员工若离职，已兑现为股份的期权无须上缴。目前，OPPO员工持股比例超过60%。OPPO

高管团队中有人降职、调岗，但很少有人离职。有媒体做过这样的统计：OPPO有3 000名员工，一年主动离职人数不超过30个。虽说段永平是幕后老板，但是如今OPPO和VIVO的成功，都是段永平带着陈明永、沈炜等从分拆业务的想法和实践开始的。多年前，段永平在一次电视节目上说："我们面临的对手非常强大，我不敢说能够跟诺基亚、摩托罗拉在三五年内决胜负，但给我5年的时间，如果这个市场还在，我们肯定能做得比较好。"当时的评论认为段永平将诺基亚、摩托罗拉拿来做比较是刻意提升步步高的形象，但如今，诺基亚和摩托罗拉已经成了手机市场上的"稀有物"，而段永平遥控的OPPO、VIVO则常出现在全球手机5强的名单中。

资料来源 作者百度百科等相关资料整理。

6.3 销售人员的薪酬设计

销售人员是企业中比较特殊的一类人力资源。一般情况下，企业的销售能力往往是其核心竞争力，销售人员承担着企业的销售职能，直接为企业带来销售收入。因此，我们将销售人员的薪酬支付作为一个关注重点。

6.3.1 销售人员的工作特点

相对于企业其他员工，销售人员具有明显的群体特征，其工作也表现出独特性，主要体现在以下几个方面：

1）工作业绩直接影响企业的存亡

销售工作与其他各项工作不同，其他各项工作对企业的影响只是局部的，而销售工作则影响企业的全局。一个企业如果销售工作没有开展起来，则该企业的其他各项工作都无法正常进行。

2）工作时间不确定

企业管理人员与专业技术人员尽管因为管理任务或研发任务繁重，有时工作时间和业余时间很难划分清楚，但是总有一个相对固定的工作时间。销售人员则不一样，他们的时间分配取决于客户，很难有一个确定的工作时间，因此就无法对他们进行严格的考勤。

3）工作过程无法实施有效的控制和监督

销售人员的工作很大程度上取决于本人的自觉和主观努力，所以对销售人员的工作实施监督会很难，也无法达到预期的目的。如果一个销售人员本身对销售工作没有兴趣，那么再多的监督也不会有效果。

4）工作业绩易量化

销售人员的工作业绩表现为一定时间内的销售额、新顾客开发量、货款回收额等，工作业绩指标具体而明确，所以工作业绩相对于管理人员和专业技术人员来说更容易衡量。

5）业绩稳定性差

销售人员的业绩除了自己的主观努力外，很大一部分还取决于外界环境因素，这不是由销售人员所能控制的，因此其业绩表现常常不稳定，统计期间的业绩差距常常很大。

知识链接6-3

销售人员的工作价值衡量标准与素质要求

销售人员是企业掌握市场信息、贯彻“以销定产”原则基础上的超前力量，是实现企业经营计划目标的重要前提。销售人员工作价值的衡量标准为：工作价值取决于正确的经营管理思想、经营销售艺术和策略技能；工作价值取决于企业整体的绩效等。销售人员素质的特殊要求为：通常是年富力强、知识面广、多专长的人员；大多重视“激励成果”及“绩效承诺”；擅长沟通和对信息的取舍等。

6.3.2 销售人员的薪酬模式

销售人员的薪酬一般由3个主要部分组成：基薪、奖金和佣金。实践中针对销售人员的奖励方案是多种多样的，但就基本内容来说，就是对这3种收入方式的选择与加权组合。一般来说，应用的支付方式主要包括纯基薪计划、纯佣金计划、“基薪+佣金”计划、“基薪+奖金”计划、混合计划。

1）纯基薪计划

纯基薪计划就是按月给销售人员发放数额固定的基本工资。这种计划不对销售人员的特殊性做出体现和强调，将其和其他类别的员工同等对待，工资作为人工成本而不是一种“投资”，在一定程度上忽略了销售人员能实现利润增值的作用。纯基薪计划有优点，也有缺点。

其优点在于：①简单易懂，便于管理；②能保持稳定性，提供可预知的、稳定的收入；③在一定程度上可使销售人员更有耐心地对现有客户提供服务；④适用于某种产品市场维护或退出的需要；⑤为重新设计销售人员的薪酬计划提供了空间。

其缺点是显而易见的：①限制了薪酬的激励性，难以激发销售人员为追求结果最大化而不断开拓市场的动力；②限制了薪酬的可变性，基本薪酬的累加会增加固定的支付成本，尤其是在销售收入下降的时候，基本薪酬的刚性使其支付“能上不能下”；③只适合于吸引和留住那些具有更强稳定意识、偏好保障性的销售人员；④高绩效者和低绩效者的报酬差距很小，实际上是用高绩效者的奖金补助低绩效者。

纯基薪计划一般很少用，但是在下述一些情况中，也不失为一种较好的选择：

（1）高技术含量的产品或服务销售。一个高技术含量的产品或服务的销售过程往往要求高新技术企业为客户提供专门设计的产品或方案，以满足客户的特别要求，即所谓量身定做。此种情况下，销售人员可能变成一个协调和联结销售团队、市场人员、技术设计人员以及项目实施工程师等的协调人，此时他们的工作在很大程度上是事务性的、例行性的，并没有真正具有灵活性和风险性等特点。纯基薪计划对这一部分销售人员来说是比较合适的。

（2）价格高昂、销售周期很长的产品。一些价格高昂的产品，如大型飞机、海轮等重工产品，从签下订单到交易完成可能需要一个很长的周期，甚至是跨年度。在这个周期内，促成这笔大买卖的销售人员更多将注意力放在维持现有的客户关系、传递客户需求、发展潜在客户等工作上，此时对他们实行纯基薪计划能够在这个时期节省薪酬成本，在这笔大单交收完成之后，再对他们进行丰厚的奖励。

（3）市场开发的先锋人员。有一些销售人员的重要职责在于创造客户需求、扩大新产品的影响力和提高客户的认知，而非将产品直接销售给客户终端。他们的工作是例行的，有时这些工作甚至由企业外包聘用的临时人员来做，比如做宣讲、做展销等。对这部分人也可以实行纯基薪计划。

（4）多变的、难以预测的市场。市场的多变性和不可预测性会给销售目标的确立带来很大的困难，也比较难以评价销售人员在销售过程中的实际影响力。当市场的这种复杂程度的确很高时，纯基薪计划的选择成为可能，它能在一定程度上缓减由于难以评估目标和人员绩效而带来的不公平性。

（5）销售新人。这里的“新人”有两个含义：一是指新加入公司的销售人员；二是指刚刚开始从事销售工作的人。不论是进入新环境者还是从事新职业者，他们在展开工作的起步阶段都需要有一定的稳定性收入，同时都要对公司的产品或服务进行系统的学习和了解，纯基薪计划能够通过提供稳定的收入让他们度过这段过渡时期。

2）纯佣金计划

纯佣金计划就是基于销售人员的实际业绩（销售收入指标、利润指标等），按照一定的标准只支付佣金（提成）作为销售人员报酬的全部的薪酬计划。设计纯佣金计划一般要考虑两个基本变量：一是对销售人员进行绩效考核的基础指标，是采用销售收入、利润还是销售量；二是佣金比率，佣金比率是固定的还是随着销售收入等的变化而做相应的调整。

纯佣金计划的优点主要体现在以下几个方面：①具有由高风险性引致的高激励性，能够吸引偏好风险的销售人员，能促使销售人员为获得业绩最大化而努力，并积极开拓新市场；②没有能力做出业绩的销售人员因为收入得不到保障会选择自动离开公司；③薪酬的支付成本是灵活可变的；④容易理解、便于管理；⑤降低了对销售人员进行管理的监控成本。

而它的缺点主要表现为：①由高风险引致的不稳定性和缺少安全感；②限制了对销售管理能力的发挥，比如难以进行划分区域的安排，销售人员缺乏为顾客进行全面服务的意识；③纯佣金的激励使销售人员着眼于短期利益，可能忽视长期的市场维护和个人的发展；④在市场发展程度不同的地区采用固定的佣金比率往往会造成不公平；⑤它在激励销售人员为获得最大化收入而努力的同时，为销售人员追求最大化闲暇留下了余地；⑥公司的战略导向可能难以落实，销售人员只愿意销售目前最好售出的产品；⑦销售人员对公司的忠诚度较低。

因此，纯佣金计划目前也很少被单独使用了，在以下情况中它还是可以作为一种支付薪酬的较好选择：①销售人员的业绩可以在短期内做出精确的计量，这使得佣金的计算成为可能；②销售周期较短，能够经常性地做出评价，销售收入等指标能够按月做出评价；③公司不用太关注对销售人员的培训，并且销售人员的流动性可能很高；④绩效结果几乎可以由销售人员掌控，销售人员获得多少报酬直接取决于其业绩。

可以看出，纯基薪计划和纯佣金计划分别体现了为销售人员支付报酬的两种极端，前者倾向保障性，而后者则倾向风险性。这样，这两种计划在保有它们各自优点的同时，各自的缺陷表现得特别突出。因此，将它们进行组合运用的趋势越来越明显，并且这些组合性的计划已经成为销售人员薪酬支付的主要方式。

3）“基薪+佣金”计划

“基薪+佣金”计划是一种典型的将纯基薪计划和纯佣金计划进行组合的支付计划，它的目的就在于将风险性和保障性结合在对销售人员的薪酬支付之中。其中的基薪部分被认为公司为销售人员的经验、技能、知识及其客户服务素质所支付的报酬；佣金部分则是依据其实现的销售业绩而对其实行分享性的支付。

这种“基薪+佣金”计划的优点在于：①它结合了来自风险的激励和销售人员的收入保障；②在不同的时期和不同的市场状况下可以在薪酬构成要素的比重上进行调整，使薪酬支付具有灵活性，也有利于和员工的沟通及留住员工；③有利于促进销售人员在关注销售成果的同时，会进行相关的非销售活动，使销售人员在多方面获得职业发展。

同时，该计划的缺点在于：①它的计量可能比较复杂，相对来说不易理解和管理；②最重要的业绩结果的强调可能会被冲淡；③相对于纯佣金计划而言，它的薪酬支付成本较高。

这种“基薪+佣金”的支付方式适合运用于以下情况：①劳动力市场对雇用企业有一定的基本薪酬要求（准入工资要求），只有首先给出支付销售人员这个基本薪酬的保证，才允许企业进入劳动力市场进行招聘。②销售人员不可控制的影响因素较少，这种方式有利于企业和个人共同来分担销售风险。在市场周期处于低迷期的时候，基薪有利于保持销售人员队伍的稳定。③可以使公司对销售人员具有一定的控制力，有利于公司推广自身产品或服务的市场品牌和客户认知，避免销售代表在销售过程中成为绝对主导。④基薪可以在一定程度上对销售人员的非销售行为提出要求，如售后服务、客户培训、市场调研等。

需要注意的是，这种组合计划在实施过程中必然要涉及一个重要问题，即各种构成成分所占的比重。对于这个问题的回答必须是具体的，要结合公司的具体销售目标、市场状况、产品周期、销售人员的特征来综合考虑。

但是总而言之，相对前两种单一支付计划来说，“基薪+佣金”计划被认为是一种更好的支付方式。它的基薪部分为销售人员提供了收入保障、安全感和归属感，它的佣金部分则为销售人员提供了获得收入突破的可能和机会，而且这种在有一定保障前提下的机会对销售人员是最具有吸引力和优越性的。

4）“基薪+奖金”计划

“基薪+奖金”计划是另一种组合式的支付方式，与上一种计划的区别就在于体现激励性的那部分报酬在这里是奖金，而不是佣金。奖金与佣金的区别在于：佣金是没有目标导向的，做了多少就提成多少；奖金则与某个事先定好的绩效目标有着密切联系，只有在销售业绩达到了设立的绩效目标或者定额后，公司才按一定的比例给予奖金，随着目标和定额的不断提高，奖励比率也会不断提高。

“基薪+奖金”计划的优点主要体现在：①可以通过目标设立来平衡不同地区间的销售差异，或消除其他负面影响；②目标设立不仅可以关注量的实现，还可以考查并奖励销售人员在其他方面的表现和成绩；③可以通过目标设计来平衡长、短期的考核与奖励；④公司是根据实现的目标来控制可变薪酬的额度，在一定程度上有利于薪酬预算和节省成本。

这种计划的缺点主要有：①可能会因设计复杂难以计算和管理销售人员薪酬；②可能过多强调了销售人员的行为，而没有突出其业绩结果。

该计划可以在以下的情况中进行运用：①由于没有佣金部分，其风险性相对较小，有助于公司按照事先的薪酬预算进行支付。②这种计划下销售人员的影响力和自主性比含佣金的计划要低。③目标的设立可以体现公司多方面的要求。这一点是奖金最具特点的地方，通过目标设立能获得销售人员更加具体的绩效信息，比如，可以体现公司销售业绩在不同的产品构成、渠道构成、客户结构等多方面的信息。

同含有佣金计划类似，在该计划中奖金支付的额度也需要进行比重考虑。二者不同的是：佣金的提成比率就是基于销售收入（或者其他指标）来确定的；奖金比率的确定则要求不仅要考虑销售收入（或者其他指标），还要考虑其目标定额在整个销售收入（或者其他指标）中所占的比重。也就是说，"基薪+奖金"计划与"基薪+佣金"计划有两个最主要的"不同"：一是构成成分不同；二是可变部分的比例安排不同。

5）混合计划

混合计划是指其构成成分包括了基薪、奖金和佣金3者的支付计划。由于这种计划的构成成分最多，它的管理和运用可能相对更为复杂；相应地，可调控的变量越多，运用也就可以更灵活。例如，某公司处于一个成熟的市场，而且销售份额大概占到整个市场份额的20%，这时，它可以选择为销售人员在基薪的基础上设计佣金以激励他们开拓新的市场，同时可以安排一定量的奖金激励其保持或深入开发现有客户；再如，某公司正处于一个高速增长的市场，而且占到了60%的市场份额，这时它可以给销售人员在基薪的基础上提供持续的佣金以促进其不断开拓，同时设立奖金激励其拓展公司的产品组合。也就是说，支付的成分越多，我们越能够灵活地运用各种成分，使其针对性强，同时在总体上符合公司的战略安排。

另外，这种支付计划的复杂性可能会给企业整个薪酬管理和支付带来更大的成本，企业在薪酬管理能力不是很强的情况下要慎用。各项构成的累加会使支付成本"易上难下"。经验数据表明，奖金项目的附加如果少于全部薪酬总额的10%～15%，它的激励性是不足以超过这部分成本的。

6.3.3　不同环境下销售人员薪酬支付的比例安排

基薪具有最大的稳定性，风险性最小，是固定支付的，所以其支付成本是"能上不能下"型；佣金和奖金则相反，都具有较大的风险性和激励性，我们将这类薪酬统称为可变薪酬。以下是在不同的环境下，基薪和可变薪酬应占比例的选择情况：

1）基薪比重占20%，可变薪酬比重占80%

这种支付方式所适合的环境是：第一，公司处于初创期，业务的增长处于快速阶段；第二，销售方式采用直销模式；第三，对员工的激励定位为高激励；第四，销售目标的佣金导向性较强；第五，对销售人员进行较少的管理控制。

这种支付方式的特点是：①几乎不强调收入的保障性，销售人员在这种支付方式下的收入是没有保障的；②销售人员对销售业务的可控程度很高；③新市场的进入壁垒很低，对销售人员的技能要求也不高；④薪酬支付周期短。

2）基薪比重占50%，可变薪酬比重占50%

这种支付方式所适合的环境是：第一，较适合于从事服务行业的企业，如保险公司等；第二，销售人员从事一般性的销售工作；第三，对销售人员的管理控制属于中等程度。

这种支付方式的特点是：①较少强调收入的保障性；②销售人员对其销售业务的主导程度较高；③对销售人员的业务技能要求不高，但必须掌握一定的技能；④薪酬一般是以月为周期支付。

3）基薪比重占80%，可变薪酬比重占20%

这种支付方式所适合的环境是：第一，适合于业务发展比较成熟的公司；第二，销售人员对市场有一定的控制能力，但不能避免其他市场因素对业绩的影响；第三，企业对销售人员的管理控制较高；第四，一般适合于工业产品的销售，如化学品、工具等。

这种支付方式的特点是：①比较强调收入的保障性，为销售人员提供相对稳定的环境；②销售人员对其业绩的控制能力不强；③产品进入新市场的壁垒较高，需要销售人员有较好的销售技能；④薪酬一般以季度为周期支付。

4）基薪比重占90%，可变薪酬比重占10%

这种支付方式所适合的环境是：第一，销售人员对其业绩结果的控制很有限；第二，企业有健全的管理控制系统，且对销售人员有严格的管理控制；第三，企业的付酬方式是以能力为导向的；第四，产品的销售过程是基于团队的。

这种支付方式的特点是：①非常重视收入的保障性，稳定是企业追求的目标；②销售人员自身对业绩控制的能力很小；③产品进入市场的壁垒通常来说较低，对销售人员的技能要求也不太高，但不完全这样，需要根据具体的业务而定。

企业的具体情况不同，使用的方式也会不一样。以上提供的几种方式只是大致对各种薪酬支付比重的举例说明。具体的比重，企业可以根据自身的实际情况进行调整。

6.3.4 不同类型销售人员的薪酬支付方式

销售人员的薪酬支付方式应该与其具体的角色功能进行联系，企业在对不同角色的销售人员支付薪酬的时候，应该有不同的设计和考虑。一种基本的划分方式是，以“产品和客户”为维度，将销售人员分为客户经理、业务/市场经理、产品/技术专家、渠道经理4种形式：

1）客户经理

客户经理的主要职责在于维持和发展现有的客户，尤其在公司产品销量的60%～80%都是由现有客户购买实现的情况下，客户经理几乎是整个销售队伍的主导力量，对他们的考核奖励就应该主要体现在对现有客户的维持和不断挖掘现有客户的购买潜力上。当现有的客户群规模和购买力相对来说比较稳定的时候，他们的工作中对客户进行服务、联系和沟通的事务会相应增多，他们的报酬计划中基薪比重就可以相应地增加，奖金仍然指向维持和发展的绩效目标，佣金可以不用或少用。

2）业务/市场经理

业务/市场经理的主要职能在于不断开发新客户、拓展新市场以提高市场占有率，从而企业可能需要更高的激励来激发和保持他们的开拓行为，佣金往往成为首选的报酬成分。但需要说明的是，与一个新客户达成交易所花费的时间一般是与一个老客户达成交易所花费时间的3~4倍，佣金计划又往往要求交易的短期性，因此针对此类人员，发放一定比例的基薪成为必要，而且当新客户开发的业绩尤为突出时，奖金可以作为支付给优秀业务/市场经理的最佳选择。

3）产品/技术专家

产品/技术专家在销售过程中一般起着为客户或者其他主要销售人员提供有关产品的信息或提供相应技术性支持的作用。他们往往作为一个销售团队或销售项目中的成员，通过与其他销售人员进行合作，提供辅助服务来促进整个销售过程的完成和实现。产品/技术专家应有的职责是：第一，他们作为产品/技术专家为销售过程提供专业化的咨询和服务，一般包括对客户和内部销售人员的宣讲、培训及建议；第二，同时可能要承担撰写相关技术报告、项目建议书等文档的工作；第三，在一些提供专门的高科技产品或服务的公司，这些处在销售一线上的技术专家是很重要的销售力量，他们可以参与项目前期和技术支持工作，即承担售前技术支持的责任；第四，在项目实施完成后作为售后的服务人员，提供售后的技术维护。

因此，他们可能只是部分地参与了整个销售过程，对他们的考核也就往往相应地采用"里程碑式"的阶段性评价；同时，对他们的报酬支付方式具有阶段性，比如做售前支持的产品/技术专家可以在订单签订后得到一笔奖金，或者根据签单额提成佣金，当然，他们报酬的主要成分还是基薪。此外，由于他们工作的团队合作性，他们的绩效和奖酬也是与整个销售团队的业绩紧密联系的。总之，阶段性和团队性是在设计产品/技术专家的薪酬时所必须考虑的两个特点。

4）渠道经理

渠道经理负责管理（非直接）分销渠道，以促进公司的产品或服务通过渠道的设置和安排实现销售业绩最大化的目的。他们的职责主要包括维护和管理各种渠道合作伙伴之间的关系，这些合作伙伴包括批发商、经销商、零售商等。渠道经理应有的职责是：第一，能够根据公司销售战略的需要开发和结成新的销售合作伙伴；第二，能够推广和不断扩大合作渠道，能够为合作伙伴提供关于公司产品或服务的培训；第三，能够为零售商提供销售规划和支持；第四，能够代表公司参加关键性的行业展销会、研讨会等与销售活动有关的外事活动。

因此，从渠道经理所承担的这些职责来看，对他们的考核不应仅使用量化指标，一些更有针对性的指标，如渠道渗透率、渠道利润率、新产品渠道获得率等，都被认为是比较合适的指标。同样，由于他们的工作注意力主要集中在渠道上，他们并不面对客户终端进行直接销售，所以他们最终的销售业绩在很大程度上是难以控制的，为他们支付的薪酬计划中基薪的成分就应相应大一些，还可以基于一些与其业务相关的指标设立奖金，佣金一般很少使用。

6.3.5 销售人员薪酬计划的设计步骤

1）评估现有的薪酬计划

（1）对经营战略的支持程度。任何一个销售人员薪酬计划实际上都为销售队伍制定了明确的目标，薪酬计划中的绩效评价指标以及评价办法其实就是对企业所要达到的经营战略，以及期望销售人员完成的目标所做的一种事实上的陈述。

（2）是否达到了支出目标。从企业的角度来说，理想的薪酬支出状态是，实际的薪酬支付应当是围绕目标薪酬水平而呈现的一种正态分布。

（3）是否提高了销售人员队伍的有效性。销售人员的薪酬计划还应当有助于销售人员的能力提高，尽管对销售人员的能力提高状况进行判断可能存在一定的困难。

2）设计新的薪酬计划

制订计划时，应当对销售人员薪酬计划的覆盖范围、薪酬组合的形式、绩效衡量的标准、奖励的计划公式等做出具体的说明。

3）执行新的薪酬计划

（1）计划的发布与沟通。对销售人员薪酬计划的说明应当能够揭示新的薪酬计划的目标以及所涉及奖金和佣金的计算方法，还可能需要回答员工最有可能提出的一些问题。

（2）对一线的销售管理人员进行相关培训。在新的销售人员薪酬计划实施的时候，对一线的销售管理人员进行培训通常是必要的。

（3）对新的薪酬计划实施情况进行监控。在新的销售人员薪酬计划开始执行之后的一段时间里，企业还必须对计划的执行情况进行跟踪和有效监控，以确保销售人员能够正确理解新的薪酬计划。

4）评价新的薪酬计划

（1）客户方面。对于销售人员薪酬计划所产生结果的一个经常性衡量指标是对不同类型客户的销售额的变化情况。

（2）产品方面。销售多种产品的企业中，有些产品比其他一些产品所产生的利润率明显要高得多。如果企业的产品销售战略已经确定，那么一种比较好的分析方法是，看一看到底有多少奖金或佣金被用来对新产品销售进行奖励或者是对企业主推产品的销售状况进行奖励。

（3）成本与生产率指标。一般情况下，企业销售人员的奖励预算都是基于预期的销售额确定的。

6.4 专业技术人员的薪酬设计

6.4.1 专业技术人员的工作特点

专业技术人员是指在某专业领域的科学家和行业工程师，以及受过科研方面或智力方面的专业教育或专门培训的知识型员工。他们是具有专业知识或专业技术职称，并在相关岗位上从事产品研发、市场研究、财务分析、经济活动分析、人力资源开发、法律咨询等工作的专门人员。其工作特点如下：

1）工作成果不易被衡量

专业技术人员主要从事的是脑力工作，一般在实验室或办公室，工作难度大，付出的辛苦多，但其业绩往往要经过很长一段时间方可显示出来。

2）工作往往具有团队性，有时候以项目的形式出现

现代技术研发与管理活动的复杂性决定了某项活动的完成，不能仅仅靠一个人的力量，需要一个团队来协作才能完成。临时团队和项目小组的形式在企业中已逐渐成为发展趋势。

3）工作压力大

以研发人员为例，企业的研发任务下达后，时间是非常紧迫的，而研发结果是很难预料的，因此研发人员接到任务后，就必须全身心投入研发中，以实现最理想的结果，这是工作本身带来的压力；同时，对于研发人员存在一种竞争性压力，这种压力来自研发小组之间、研发小组成员之间，还有来自整个专业领域内的压力；此外，市场乃至家庭的期望也是研发人员的压力之源。

4）工作时间无法估算

从表面上看，专业技术人员是准时上下班，但是为了保证思维的连贯性，其实在下班之后他们也在思考，也在工作。不仅加班加点，甚至有可能连正常睡眠都无法保证，因此他们的工作时间无法估算。

5）对企业的贡献大

企业各类的专业技术人员在人力资源市场上是一种稀缺资源，他们往往能形成企业的核心竞争力，他们对企业的贡献比较大。

知识链接6-4

专业技术人员的工作价值衡量标准与素质要求

专业技术人员的工作决定着企业技术产品是否能够适应竞争市场的需要，是企业长远目标实现的有力保证，是企业发展的动力源。专业技术人员工作价值的衡量标准为：工作价值取决于创造力、解决问题的能力及专业智能；工作成效不能立竿见影，有时甚至没有结果，难以在短时间内予以衡量。对专业技术人员素质的特殊要求为：高学历，并且经验丰富；重视工作成就和工作内容是否与其志趣相符；自我期望较高，对工作环境要求也高等。

6.4.2　专业技术人员薪资制度设计的原则

1）人力资本投资补偿与回报原则

专业技术人员在进入劳动领域之前，一般都进行了高于一般水平的人力资本投资，进入劳动领域之后，由于要不断地进行知识更新，并开拓新的科学技术领域，因此仍要继续进行高水平的人力资本投资。这就要求专业技术人员的工资报酬不仅要补偿他们的人力资本投资，使专业技术人员的收入首先反映从事科技工作的劳动力的生产成本，这是决定专业技术人员价值的一个方面，而且应按照市场规律以高于一般物质资本投资的内在报酬率使专业技术人员获得人力资本投资的收益。

2）高产出高报酬的原则

在进入劳动领域之后，由于科技是第一生产力，专业技术人员创造的劳动价值远远高于一般劳动者，即其边际生产率远远高于一般劳动者的边际生产率。按照现代工资决定理论，从需求的角度讲，工资水平的高低是由边际生产率决定的。既然专业技术人员

创造了较高的生产率，那么付给他们较高的劳动报酬也理所当然了。

3）反映科技人才稀缺性的原则

在市场经济条件下，工资水平是由供求的均衡价格决定的。其中，供不应求的，即稀缺的劳动力，其工资价格往往高于其价值。因此，不能把供不应求的专业技术人员的劳动报酬简单地同供过于求的一般劳动力的工资水平做比较。在专业技术人员极为稀缺的情况下，主动适应专业技术人员报酬上扬的态势，按照高于专业技术人员价值的价格决定专业技术人员的报酬，是企业主动运用价值规律的明智选择。

4）竞争力优先的原则

对内平等、对外具有竞争力是目前企业设计员工工资水平的一个重要原则。对内平等，即在内部分配中，强调多劳多得、同工同酬。对外具有竞争力，即不仅做到薪资留住人才，而且做到薪资吸引人才。但在处理对内平等和对外具有竞争力的关系中，应把专业技术人员的薪资对外具有竞争力放在第一位；否则，就做不到靠薪资留住、吸引人才，甚至有流失人才的危险。而科技人才一旦流失，补充起来又相当困难。

5）尊重知识、尊重人才的原则

首先，应当重视科技人才的投资，就是要把钱用在刀刃上，企业没钱也不能穷了专业技术人员，要在收入水平上充分体现知识和人才的价值，使专业技术人员对自己的收入具有满足感，从而振奋精神投入科研工作。其次，知识劳动者在很大程度上是自我激励，而不是在别人的督促之下工作，只要工作环境氛围好，他们的积极性和创造性就容易被开发出来。所以，管理者主要应给他们创造良好的工作氛围，即珍视他们劳动的独立性，在工作中协助和爱护他们，重视和尊重他们的工作，吸收他们参与决策等。

6.4.3 专业技术人员的薪酬模式

基于专业技术人员工作的特点，在薪酬设计过程中应将专业技术人员视为企业的骨干并纳入长期激励体系。设计专业技术人员薪酬的出发点：一是薪酬水平要高；二是重在激励，鼓励科技创新；三是激励方式结合本企业实际，形式灵活。对于这类人员的薪酬设计有以下几种模式：

1）单一的高工资模式

单一的高工资模式，就是一般不给予奖金而是给予高工资。此模式特别适用于从事基础性研究，即在短期内无法确定工作目标，进而无法把工作成果作为工资决定基础的专业技术研发工作。

2）较高的工资加奖金模式

这种模式以科研职位等级和能力资格为基础。首先要确定较高水平的工资，然后仍以较高的职位等级为基础，按照企业奖金占工资的一定比例水平确定奖金水平。此种模式一般与专业技术人员的具体业绩联系不大，收入也较为稳定，基本保证了专业技术人员在员工收入排序中的地位，但激励作用一般。

3）较高的工资加科技成果转化提成模式

这种模式多适用于担负新产品开发的专业技术人员，为了鼓励专业技术人员瞄准市场，多出成果、快出成果，采取了产品销售收入提成、销售净收入提成或利润提成的办法。这种模式的激励作用是显而易见的。

4）科研项目工资模式

此种模式是指将专业技术人员的工资列入科研项目费用，往往按项目实行费用包干制。它采取的是按任务定工资的办法，其目的是鼓励专业技术人员快出成果。采用这一模式，往往还有后续的其他激励措施，如销售提成奖励等。

5）股权激励模式

股权激励有不同的形式：专业技术人员有股份优先购买权，并鼓励其持有公司较多的股份；向专业技术人员赠送干股；科研成果折股；重在具有长期激励机制的股票期权；兼有激励与约束机制的期股等。

6.4.4 激励专业技术人员的辅助做法

为了更好地激励专业技术人员，仅仅依靠看得见的“硬”薪酬是不够的，还需要用无形的“软”薪酬来加以辅助，这有助于专业技术人员更好地发挥其潜力，创造出最大的价值。

1）建立良好的企业文化氛围

营造一个尊重知识、尊重人才的良好企业文化氛围，让专业技术人员有安全感、归属感、自尊感、满足感、社会荣誉感，充分激发员工的工作热情。

2）薪酬福利应具有较强的外部竞争力

对于既是市场稀缺又是组织中不可缺少的专业技术人员来说，组织的薪酬福利更要具有外部竞争力。专业技术人员由于工作的特殊性，在福利上有更多的需求，包括家庭护理、心理调适、身体保健、进修培训、旅游休假等。在福利支付方式上更要强调弹性福利，给予他们选择福利的自由。

3）帮助其建立良好的职业生涯规划体系

在传统的职位薪酬体系下，员工薪酬的高低在一定程度上取决于其行政职务的高低，在这样一种单一的升级通道下，当专业技术人员在其专业领域的技术提升已经很难展开时，他们会考虑进入行政管理通道发展。但是，专业技术人员由于其平时工作多是与设备、数据、实验室等打交道，其思维习惯往往是线性的，这使他们可能在一定程度上不善于和人打交道，最后既没有做好管理工作又消耗了本身的技术水平。因而，企业应该为专业技术人员建立一套科学合理的职业生涯规划体系，做到人尽其才、才尽其用。

4）注重长期激励手段的运用

在产权清晰、公司治理结构建立健全的情况下，可以通过设计和实施适当的股票期权计划，将专业技术人员纳入企业的长期激励体系，使其与企业结成命运共同体，以期达到长期激励效果。

◆◆◆▶ 案例6-3

微软公司的薪酬体系

1.工资体系

微软的工资体系有两大特点：一是基于能力确定个体工资；二是基本工资水平在业界处于中等。实施基于能力的薪酬体系，和微软倡导的以“技术至上”、“激情”和“勤奋工作”的企业文化是一脉相承的。将基本工资水平定位为中等，表面上看与薪酬管理哲学中的第一条，即“确保薪酬体系能吸引最好的员工到微软工作”似乎格格不入，其实这两者并不矛盾：在微软工作，其基本工资可能会比竞争对手低，但是微软优厚的奖金、股票期权和福利，完全可以弥补其在基本工资上的损失。微软采取此薪酬策略的原因是：

（1）与核心价值观保持一致。微软的核心价值观中有一条是希望员工敢于接受挑战，有冒险精神。将基本工资水平定位于业内中等，正是这一核心价值观在薪酬管理哲学上的体现：能进微软的，都是很优秀的人才，优秀的人才是众多企业追逐的对象，因而其面临的选择机会很多，是否接受微软开具的“较低的基本工资（确定性的固定收入）+非常诱人的期权等收入（不确定性的风险收入）”薪酬包，正是检验员工是否有冒险精神的好机会。这样就从招聘环节上保证了员工对企业核心价值观的认同。

（2）从激励的角度讲，“较低的基本工资+非常诱人的期权等收入”能有效降低企业风险，提高员工的积极性和主动性。

2.严格基于业绩的奖励

微软严格以业绩作为奖励的依据，奖励包括奖金、股票期权和晋升等。严格基于业绩的奖励反过来极大地强化了微软的文化，有助于企业战略的实现，因为它能迫使员工努力工作以提高业绩，努力学习以提高能力。

3.宽松的工作氛围

软件开发是一种创意性很强的工作，不仅需要每周70甚至90小时的疯狂工作，而且需要灵感。很难想象，在一个高压、死气沉沉的环境里能诞生出伟大的创意和伟大的作品。微软深谙此道，所以在1986年公司总部搬迁到雷德蒙德的时候，就刻意从建筑风格上营造一个大学的氛围，使员工拥有舒适的工作环境，而且容忍失败、鼓励尝试、强调团队互动，从而塑造良好的员工工作氛围。

资料来源　徐斌．薪酬福利设计与管理［M］．北京：中国劳动社会保障出版社，2006.节选．

6.5　临时用工人员的薪酬模式

6.5.1　临时用工人员的工作特点

临时用工也称非全日制用工，是指以小时计酬为主，劳动者在同一用人单位一般平均每日工作时间不超过4小时，每周工作时间累计不超过24小时的用工形式。

企业为了实现利润的最大化目标，必须考虑人工成本的投入与产出。对于一些员工流动性比较强的行业，如建筑业、餐饮业等，以及企业的一些后勤服务工作，如保洁等，企业往往会采取临时用工的形式。企业临时用工人员具有以下特点：

（1）临时用工一般是按照钟点工的形式来计算薪酬。这样，企业就不用为他们支付保险费用及其他福利费用，这既可以减轻企业的负担，又降低了劳动力成本。

（2）临时用工人员可替代性强，企业可以降低招聘成本。

（3）企业可节省培训成本。临时用工人员从事的工作岗位本身的工作价值会很低，对工作技能要求较简单，一般经过简单的培训就能胜任工作，为企业节省了培训成本。

（4）劳动合同的形式与内容灵活。按照《劳动合同法》的规定，非全日制用工双方当事人可以订立口头协议。从事非全日制用工的劳动者可以与一个或者一个以上用人单位订立劳动合同；但是，后订立的劳动合同不得影响先订立的劳动合同的履行。非全日制用工双方当事人不得约定试用期。非全日制用工双方当事人任何一方都可以随时通知对方终止用工。终止用工时，用人单位不向劳动者支付经济补偿。临时用工人员可选择不同的工资制度作为参考（见表6-2）。

表6-2　**不同工资制的选择比较表**

工资制类型	付酬因素	特点	优点	缺点
岗位工资制	岗位的价值	对岗不对人，岗变薪变	同岗同酬	灵活性差，鼓励官本位思想
技能/能力工资制	员工所拥有的知识、技能	因人而异，技能/能力提高，工资提高	鼓励员工发展广度、深度技能，有利于培养人才	技能评定复杂，能力界定困难
绩效工资制	员工的劳动贡献	与绩效直接挂钩，工资随绩效浮动	激励效果明显，节约人工成本	助长员工短期行为，团队意识差
市场工资制	劳动力供求关系	根据市场、竞争对手确定工资	竞争性强，操作简单	缺乏内部公平
年功序列工资制	员工的年龄、工龄和经验	工龄与工资同步增长	稳定性好，员工忠诚度高	缺乏弹性，缺乏激励

6.5.2　聘用临时用工人员应注意的问题

聘用临时用工人员的过程中，企业必须考虑以下一些问题：

1）员工的薪酬待遇要与其能力相称

聘用临时用工人员，通常不会考虑其年龄、资历等因素，主要是考虑员工的专业能力与专业程度、用工的职业类型与层次等，再参考相关劳动力市场的工资率来决定薪酬。一般来讲，对能力和专业要求较高者应给予较高的薪酬。

2）灵活采用薪酬支付方式

临时用工人员的薪酬福利形式主要有3种：一是按小时计算的钟点工形式；二是采取计件工资的形式；三是以任务承包的形式，“打包”交由临时用工人员或机构来完成。

3）注重内在薪酬的运用

对临时用工人员的管理同样需要人性化，要尊重其人格，关心其工作和生活，调动其工作的积极性。根据组织的状况和条件，给予一些津贴、奖金、困难补助，以及提供一些员工福利等。这些措施一般花费不多，但其投入产出的效果通常较高。

4）注重培养其中优秀的人才并吸纳其为企业的正式员工

对工作时间较长的临时用工人员应特殊对待。对于在企业服务超过一定时间的临时用工人员，如1年以上，可以适当地增加工资或福利待遇。对于工作时间更长、工作表现突出的临时用工人员，可考虑将其转为正式员工。

5）要经常进行薪酬市场调查

企业要密切关注劳动力市场的供需动态，要根据劳动力市场供需关系的变化，及时调整临时用工人员的薪酬水平，这有助于在保证组织对劳动力需求的前提下，减少人工成本，同时保证企业有足够的人力资源供给。

6）薪酬支付要与相关政策法规配套

企业要严格执行国家有关政策法规，保证临时用工人员的合法权益。薪酬水平不能低于国家的最低工资标准，履行组织与临时用工人员签订的劳动合同的各项规定，不能拖欠临时用工人员的工资。《劳动合同法》规定，非全日制用工小时计酬标准不得低于用人单位所在地人民政府规定的最低小时工资标准；非全日制用工劳动报酬结算支付周期最长不得超过15日。

知识链接6-5

2023年最新的最低工资规定

2023年1月2日，人社部官网发布了全国各地区最低工资标准情况（截至2023年1月1日），上海月最低工资标准达到2 590元，为全国最高。14个地区月最低工资标准达到2 000元及以上。最低工资标准不包括以下各项：延长工作时间的加班加点工资；中班、夜班、高温、低温、高空、井下、有毒有害等特殊工作环境条件下的津贴；法律、法规和国家规定的劳动者福利待遇等。最低工资不是每年都会进行调整，根据《最低工资规定》最低工资标准每两年至少调整一次，所以部分省市在2023年也会沿用2022年发布的最低工资标准。具体情况请见表6-3。

表6-3 **全国各地区最低工资标准情况** 单位：元

地区	月最低工资标准				小时最低工资标准			
	第一档	第二档	第三档	第四档	第一档	第二档	第三档	第四档
北京	2 320				25.3			
天津	2 180				22.6			
河北	2 200	2 000	1 800		22	20	18	
山西	1 880	1 760	1 630		19.8	18.5	17.2	
内蒙古	1 980	1 910	1 850		20.8	20.1	19.5	
辽宁	1 910	1 710	1 580	1 420	19.2	17.2	15.9	14.3

续表

地区	月最低工资标准				小时最低工资标准			
	第一档	第二档	第三档	第四档	第一档	第二档	第三档	第四档
吉林	1 880	1 760	1 640	1 540	19	18	17	16
黑龙江	1 860	1 610	1 450		18	14	13	
上海	2 590				23			
江苏	2 280	2 070	1 840		22	20	18	
浙江	2 280	2 070	1 840		22	20	18	
安徽	1 650	1 500	1 430	1 340	20	18	17	16
福建	2 030	1 960	1 810	1 660	21	20.5	19	17.5
江西	1 850	1 730	1 610		18.5	17.3	16.1	
山东	2 100	1 900	1 650	1 520	19.5	18	16.5	15
河南	2 000	1 800	1 600		19.6	17.6	15.6	
湖北	2 010	1 800	1 650	1 520	19.5	18	16.5	15
湖南	1 930	1 740	1 550		19	17	15	
广东	2 300	1 900	1 720	1 620	22.2	18.1	17	16.1
其中：深圳	2 360				22.2			
广西	1 810	1 580	1 430		17.5	15.3	14	
海南	1 830	1 730	1 680		16.3	15.4	14.9	
重庆	2 100	2 000			21	20		
四川	2 100	1 970	1 870		22	21	20	
贵州	1 790	1 670	1 570		18.6	17.5	16.5	
云南	1 900	1 750	1 600		18	17	16	
西藏	1 850				18			
陕西	1 950	1 850	1 750		19	18	17	
甘肃	1 820	1 770	1 720	1 670	19	18.4	17.9	17.4
青海	1 700				15.2			
宁夏	1 950	1 840	1 750		18	17	16	
新疆	1 900	1 700	1 620	1 540	19	17	16.2	15.4

注：数据时间截至2023年1月1日。

最低工资上涨，这些待遇都将受到影响：

一、对企业和劳动者的影响

1. 加班费和社保缴费基数：随着最低工资的提高，加班工资的最低计算基数、社保缴费的最低计算基数也要相应提高。

2. 到手工资：对于部分基层劳动者来说，其工资标准就是当地最低工资标准。最低工资标准的调整在一定程度上会促进企业上调基层员工的薪资。

二、试用期工资待遇

《劳动合同法》第二十条规定：

劳动者在试用期的工资不得低于本单位相同岗位最低档工资或者劳动合同约定工资的80%，并不得低于用人单位所在地的最低工资标准。

三、经济补偿金标准

《劳动合同法实施条例》第二十七条规定：

《劳动合同法》第四十七条规定的经济补偿的月工资按照劳动者应得工资计算，包括计时工资或者计件工资以及奖金、津贴和补贴等货币性收入。劳动者在劳动合同解除或者终止前12个月的平均工资低于当地最低工资标准的，按照当地最低工资标准计算。劳动者工作不满12个月的，按照实际工作的月数计算平均工资。

四、非全日制用工劳动报酬

《劳动合同法》第七十二条规定：

非全日制用工小时计酬标准不得低于用人单位所在地人民政府规定的最低小时工资标准。

五、劳务派遣人员待岗工资

《劳动合同法》第五十八条第二款规定：

劳务派遣单位应当与被派遣劳动者订立2年以上的固定期限劳动合同，按月支付劳动报酬；被派遣劳动者在无工作期间，劳务派遣单位应当按照所在地人民政府规定的最低工资标准，向其按月支付报酬。

六、医疗期工资待遇

《关于贯彻执行〈中华人民共和国劳动法〉若干问题的意见》（劳部发〔1995〕309号）规定：

职工患病或非因工负伤治疗期间，在规定的医疗期间内由企业按有关规定支付其病假工资或疾病救济费，病假工资或疾病救济费可以低于当地最低工资标准支付，但不能低于最低工资标准的80％。

七、停工停产工资

《工资支付暂行规定》第十二条规定：

非因劳动者原因造成单位停工、停产在一个工资支付周期内的，用人单位应按劳动合同规定的标准支付劳动者工资。超过一个工资支付周期的，若劳动者提供了正常劳动，则支付给劳动者的劳动报酬不得低于当地的最低工资标准；若劳动者没有提供正常劳动，应按国家有关规定办理。

八、劳动者工资扣除

《工资支付暂行规定》第十六条规定：

因劳动者本人原因给用人单位造成经济损失的，用人单位可按照劳动合同的约定要求其赔偿经济损失。经济损失的赔偿，可从劳动者本人的工资中扣除。但每月扣除的部分不得超过劳动者当月工资的20%。若扣除后的剩余工资部分低于当地月最低工资标准，则按最低工资标准支付。

九、集体劳动合同工资待遇

《劳动合同法》第五十五条第一款规定：

集体合同中劳动报酬和劳动条件等标准不得低于当地人民政府规定的最低标准。

目前部分用人单位把加班加点工资、内部福利待遇等都包括在最低工资内，或采取提高劳动定额、降低计件单价、任意延长工作时间等手段来混淆或曲解最低工资的内涵，都是违反最低工资保障制度的，会给企业带来劳动争议的风险。

资料来源 高顿咨询. 9月1日起，最低工资调整，月薪不到这个数，违法！[EB/OL]. [2023-08-28]. https://baijiahao.baidu.com/s?id=1775448211501529926&wfr=spider&for=pc.

基础训练

□ 选择题

1.年薪制的构成主要有（　　）。

A.核心薪酬　　B.延期支付薪酬

C.保障性薪酬　　D.特殊福利

2.股票期权的基本类型主要有（　　）。

A.员工持股计划　　B.限制性股票

C.认购权　　D.员工股票购买计划

3.行权价格确定的一般方式有（　　）。

A.现值有利法　　B.现值不利法

C.现值等利法　　D.股东大会确定法

4.销售人员的薪酬模式主要有（　　）。

A.纯基薪计划　　B.纯佣金计划

C.“基薪+佣金”计划　　D.“基薪+奖金”计划

E.混合计划

5.专业技术人员的薪酬模式主要有（　　）。

A.单一的高工资模式

B.较高的工资加奖金模式

C.较高的工资加科技成果转化提成模式

D.科研项目工资模式

E.股权激励模式

□ 简答题

1.股票期权的含义及特征是什么？股票期权的类型有哪些？

2.员工持股计划的内容包括哪几个方面？

3.年薪制设计的原则及其主要内容有哪些？年薪制常用的五种模式有哪些？

4.特殊人员在企业处于什么样的地位，他们有什么特点？

5.对高层管理人员的薪酬激励的重点在哪些方面？

6.应如何选择对销售人员的付酬方式？

7.在对科技研发人员的薪酬设计中应体现哪些外在环境因素？

8.在对临时用工人员的薪酬设计中应注意哪些方面的问题？

综合应用

□ 案例分析

（一）国企高管薪酬如何改？

1）调薪酬结构，增“任期激励收入”

在2016年各地已公布的国企薪酬改革方案中，国企负责人薪酬结构均进行了调整，过去年薪只由基本年薪和绩效年薪两部分构成，改革后由基本年薪、绩效年薪和任期激励收入3部分构成。

人社部相关负责人表示，任期激励收入的引入，可以激励国企负责人在任期内取得更多更好的经营成绩，不至于出现企业亏损仍可以拿高薪的情况。

据中央的改革方案，对于年度或任期考核评价不合格的央企负责人，将不得领取绩效年薪和任期激励收入。从年薪结构及所占比例来看，大多数省份将任期激励收入的比例设在年薪总水平的30%。如广东省一方面降低基本年薪，另一方面加大绩效考核，避免“干好干坏一个样”。

2）限最高水平，总年薪不超职工8倍

从中央改革方案看，央企负责人与职工收入的差距从12倍调整至7到8倍，省管国企负责人基本年薪将按照上年度省管国企在岗职工年平均工资的2倍确定。

对绩效年薪，浙江规定以基本年薪为基数，乘以年度考核系数、调节系数确定；广东省的方案则明确规定，绩效年薪不超过基本年薪的2倍。

此次省管国企负责人的平均降薪幅度将达30%左右。

3）市场化选聘与组织任命高管区别对待

此次地方改革中，上海、广东等4省市都明确将推进包括“选聘职业经理人试点”在内的用人制度调整。同时，中央明确，由组织任命、有行政身份的人员，就不能再拿市场化的薪资，其薪酬应参考国家相应级别的公务员薪酬和国企的实际情况综合考量后决定。

广东省国资委相关负责人表示，在规范组织任命的企业负责人薪酬分配的同时，市场化选聘的职业经理人依然实行市场化薪酬分配机制。本次薪酬改革并不是淡化市场化，而是通过分级分类管理，在规范企业负责人薪酬分配的同时，更多的是要做增量，鼓励逐步增加市场化选聘人员比例。

中央也明确，对国企负责人的限薪不能涉及国企中层及以下员工。薪酬分配市场化、透明化才是改革核心所在，薪酬分配向一线劳动者倾斜应成大趋势。

资料来源　佚名．国企高管薪酬如何改［EB/OL］．［2022-04-25］．http://news.anhuinews.com/system/2016/04/25/007317940_01.shtml.

问题：国企高管实施绩效薪酬改革带给你的启示是什么？

分析提示：从绩效薪酬管理的功能分析案例。

（二）万科的3次股权激励计划

一、第一次股权激励计划（1993—2001年）

1993年万科发行B股的时候，以3年为单位分成3个阶段，以约定的价格全员持股，3年后交钱拿股票可以上市交易。在第一期发完之后，由于政策生变，被证监会命令叫停。至此，万科公司的第一次股权激励计划不了了之。

二、第二次股权激励计划（2006—2008年）

2006年1月，万科决定采用国际上日益成为主流的限制性股权激励计划。

万科召开年度股东大会通过了股权激励计划。依照该计划，公司每年都将在符合限制性条件的情况下，从净利润增长中提取一定比例的资金，用于从二级市场买入公司A股股票，激励对象为在万科受薪的董事会和监事会成员、高级管理人员、中层管理人员、由总经理提名的业务骨干和卓越贡献人员。

该计划由3个独立年度计划构成，即2006—2008年，每年一个计划，每个计划期限通常为两年，最长不超过3年。按照计划，在满足净资产收益率高于12%的前提下，以净利润增长率15%为最低要求，每年从净利润的增长部分中提取激励基金，并委托信托公司买入万科A股，如果满足相关条件，经过第一年储备期、第二年等待期后，第三年可交到激励对象手上。激励对象拿到这些股票后，每年最多可以卖出25%。

万科2006年度的激励计划得以在2008年9月完成实施，2008年度因为业绩欠佳不达标，激励被迫终止；2007年度尽管业绩表现很“努力”，但由于股价不“争气”，该年度的激励计划在“搁置”两年后还是无奈中止。

在业绩考核和股价考核的“双重把关”下，万科的股权激励计划最终实施率仅为1/3。激励对象想要拿股并不容易。

三、第三次股权激励计划（2011年）

2011年4月8日，万科公司2011年第一次临时股东大会审议通过了《万科企业股份有限公司A股股票期权激励计划（草案修订稿）》，标志着万科第三次股权激励计划正式启动。2012年、2013年、2014年的净资产收益率、净利润增长率都达到了行权条件，万科终于实行了股权激励计划。

资料来源　HRsee. 万科的股权激励案例［EB/OL］.［2023-11-15］. http：//www.hrsee.com/?id=1026. 节选.

问题：万科的股权激励计划带给你什么样的启发？假如你是万科员工，你在这种薪酬制度下会有何作为？

分析提示：万科股权激励计划分析：

1.合理选择激励对象

通过对之前两次股权激励计划的比较不难发现，第一次股权激励计划的对象为万科全体工作人员，而第二次则进行了较大的缩减，将激励对象定为企业的高管与业务骨干等。

成就需要理论告诉我们，个体在工作情境中有3种重要的需要：成就需要、权力需要以及归属需要。具有强烈成就需要的人渴望将事情做得更为完美，他们所追求的不仅是成功带来的物质奖励，还有在争取成功过程中的乐趣和成功后的成就感。全员持股会降低这种成就感的实现，从这个角度来说，万科公司的第二次股权激励计划相较于第一次有很大的进步。

2.基于绩效的股权激励计划

激励的最终结果一般分为两种类型：外在报酬和内在报酬。万科的股权激励计划实行的初衷很好地考虑了这两种类型的报酬。对于外在报酬，显而易见，万科后两次股权激励计划的激励对象只需要完成公司制定的绩效目标，就可以获得一定的股权奖励。这种方式不仅奖励了绩效卓著的员工，而且在一定程度上使得经营者与股东的目标趋于一致，有利于公司的长期发展。对于内在报酬，万科的第二次股权激励计划相对于第一次有了很大的进步，由于制定了较为明确的绩效目标，可以使得激励对象从行为中获得积极的情绪体验，例如，得知一项新任务的兴奋感、完成一项工作的成就感等，这种积极的情绪体验能够促进员工完成绩效目标，实现个人与企业的“双赢”。

公司经营过程中，管理者为了提高公司经营的绩效而实施一定的激励手段是十分必要的。激励方式的选择需要考虑许多因素，目标绩效的确定、奖励方式的选择、激励对象的选取等都会影响激励的最终效果。只有在经营过程中，结合企业自身特点，合理制定目标绩效，在充分考虑企业整体发展的同时不忽略员工的个性因素，根据企业所处的市场环境及时应变，才有可能完成一次真正成功的激励。

□ 实践训练

薪酬管理方案设计

假如你在一家中低档餐饮连锁公司的人力资源部工作，餐饮店选址均在繁华的商业区域，经营时间从早上9点到晚上9点，一般中午以后和周末客人较多，为了节省人力成本，人力资源部准备雇用一些非全日制员工在业务繁忙时从事服务工作。

要求：请你为这些非全日制员工制订一份薪酬管理方案。

第7章 宽带薪酬

学习目标

知识目标：

1. 了解宽带薪酬的含义和特点；
2. 熟悉实施宽带薪酬的条件；
3. 明确宽带薪酬的功能；
4. 熟知宽带薪酬的设计流程。

能力目标：

能够认识到宽带薪酬管理对于组织管理的重要性。

素养目标：

掌握运用宽带薪酬管理实现按劳分配的基本原则。

引例

A公司的宽带薪酬改革

A公司是一家国有高科技企业，两年前就开始了一个研发项目，然而由于骨干研发人员不断流失，研发断断续续，原定的项目完成日期一推再推，特别是外流的部分骨干研发人员把成果带到了竞争对手那里，先于A公司推出了新产品。虽然A公司暂时拥有市场份额的优势，但未来前景不乐观。

经调查了解，骨干研发人员的离职主要是由于薪酬的不合理造成的，因此A公司对原有的薪酬体系进行了改革。在新的薪酬体系中，等级越高薪资幅度越宽，最低等级月薪差异十几元，最高等级月薪差异几百元。3档累计的薪酬范围，最低与最高的幅度相差100%～150%。在激励优秀研发人员方面更具有很好的灵活性：除基本薪酬外，还有一部分是业绩薪酬；根据研发特点，激励以项目团队为主，个人为辅；对公司希望留住的核心研发人员，采用长期激励和3～5年期的福利计划。

资料来源 作者根据相关资料整理。

这一案例表明：宽带薪酬拉大了员工工资差距，减少了工作之间的等级差别，引导员工重视个人技能的增长和提高，有利于激励员工开展良性的竞争，有良好的工作表现，有利于企业效率和总体绩效的提高，也有利于企业成为学习型的组织。

7.1 宽带薪酬概述

7.1.1 宽带薪酬的含义和产生的背景

从工业革命给早期工厂制度带来的冲击，发展到今天知识经济对管理变革的全面渗透，企业薪酬管理理论体系伴随着经济制度的变化也在不断发展变化，从最早的计件工资制、计时工资制发展到后来被大多数企业使用的职位工资制、技能工资制和以绩效为基础的浮动工资制等。薪酬管理理论体系的不断发展也折射出了薪酬设计体系思想和理念的进步与完善。从最初以对工人的压榨、监管和约束为目的转变为从员工的根本利益出发，以充分调动员工的工作积极性和创造性为目的，已不仅是对员工贡献的认可和回报，更是企业“人本管理”战略思想的真正体现，宽带薪酬体系正是基于这种“以人为本”的战略管理思想应运而生。

1）宽带薪酬的含义

宽带薪酬是20世纪80年代美国提出的一种新型的薪酬设计理论体系。按照美国薪酬管理协会（ACA）的定义，宽带薪酬结构就是指对多个薪酬等级以及薪酬变动范围进行重新组合，从而变成只有相对较少的薪酬等级以及相应较宽的薪酬变动范围。宽带薪酬模式打破了传统薪酬体系结构中职位等级的观念，强调个人的绩效水平和能力拓展。具体来说，就是企业将原来十几甚至几十个固定的薪酬等级压缩成几个薪酬带（一般不超过10个），同时将每个薪酬带所对应的薪酬浮动范围拉大，并参照市场薪酬率来确定薪酬浮动的范围。一般来说，典型的宽带薪酬体系有4~8个等级的薪酬带，每个薪酬带的最高值与最低值之间的区间变动比率通常在100%以上。在传统的薪酬结构中，同一职位等级上的薪酬浮动范围通常只有30%~40%，而在宽带薪酬体系设计中，员工不是沿着公司中唯一的薪酬等级层次垂直往上走，相反，他们在自己职业生涯的大部分或者所有时间里可能都只是处于同一个薪酬宽带之中。他们在企业中的流动是以横向为主的，员工将随着工作时间的增加不断获得新的技术、能力，承担新的责任，或者是在原有的岗位上不断改善自己的绩效，他们就能够获得更高的薪酬。这也是区别于职位浮动薪酬制的主要优势之一。因此，宽带薪酬是一种真正地鼓励和发挥员工自身优势的“以人为本”的薪酬制度。

2）宽带薪酬产生的背景

宽带薪酬产生的背景具体来说有以下几点：

（1）组织扁平化趋势的需要。

随着市场竞争的日益激烈，企业所面临的外部环境日益复杂，企业的战略需要不断调整，这就要求企业以及员工有更强的应变能力。因此对于企业的员工，尤其是核心员工来说，工作内容不再是稳定的，而是面临着经常的或者比较大的变化，这就使得传统的单纯以职位、借助职责定薪的薪酬制度不能完全反映员工所承担的责任。为了克服传统薪酬结构的弊端，一种全新的薪酬管理模式——宽带薪酬便应运而生。现代企业为了提高企业对外部环境的反应能力和反应速度，采取了降低企业的决策重心、提倡员工参与管理和决策等措施，缩短了企业和外界信息交换的时间，在进行组织变革的时候，越来越强调组织的扁平化，即缩减企业的管理层次，使管理层次从原来的众多层次变成少数的几个层次，这样的组织为员工提供的晋升职位就会相对减少，提供的职业生涯通道就会相对较短。为了适应这样的变化，企业的工资结构就必须做相应的改变，由原来的众多工资等级转变为少数的几个工资等级，这就出现了工资结构的宽带化。

（2）企业“人本管理”理念的真正体现。

在传统的薪酬模式中，薪酬往往与一个人在组织中的行政等级相匹配，即一个人在组织中担任的职位越高，他的薪酬就会越高，这就会导致员工为了得到更高的薪酬而不遗余力地往上爬，却不管这个职位是否适合他去做。多数企业也遵循着这样的晋升哲学：对优秀的员工最大的奖励就是晋升到上级的领导岗位上，不管他们是否真正适合这个岗位。著名的管理学家劳伦斯·彼得所提出的“彼得高地”危机阐述的就是这样的状况。他在1969年出版的《彼得原理》中阐述，在企业和各种其他组织中都普遍存在一种将员工晋升到一个他所不能胜任的职位上去的总体倾向，即一旦员工在低一级职位上干得很好，企业就将其提升到较高一级的职位上来，一直将员工提升到一个他所不能胜任的职位上之后，企业才会停止对这位员工的晋升。结果，本来这个人在低一级的职位等级中，可能是一个非常优秀的员工，他现在却不得不待在一个自己所不能胜任但级别较高的职位上，并且要在这个职位上一直耗到退休。这种状况对于员工和企业双方来说无疑都是没有好处的。而宽带薪酬的设计无疑为员工提供了更多的职业发展通道，使他们由被动变为主动，依照个人的绩效水平和技能扩展能力加薪而不必提职。

（3）大规模职位轮换的需要。

扁平化的组织越来越需要复合型人才，为了培养具有多种技能和经验的复合型人才，组织必须展开大规模的职位轮换。在传统的薪酬模式下，员工进行职位的横向调动，到新的岗位要重新进行岗位学习，工作难度和辛苦程度会很高，也会增加管理上的困难，因为在职位轮换中要不断地改变调职人员的薪酬水平。在宽带薪酬中，这样的问题可以迎刃而解。由于企业将多个薪酬等级进行重新组合，将过去处于不同等级薪酬中的大量职位纳入到现在的同一薪酬宽带中，这样对员工进行不同工种的横向调动甚至向下调动时，遇到的阻力就小得多。同时，调动的工作处在同一薪酬带内，这有效地避免了频繁的薪酬变动，为企业的薪酬管理带来了便利。

7.1.2　宽带薪酬的特征

宽带薪酬具有以下几个特征：

1）层级淡化

宽带薪酬既有层级，又要淡化层级，是认可层级和淡化层级的矛盾集合体。所谓薪酬层级，就是企业根据员工所任职位及所承担的责任所应具备的知识、技能和体力等，将职位划分为不同的层级，并赋予其相配套的薪酬。所谓层级淡化，就是宽带薪酬在划分薪酬层级的同时，要淡化薪酬层级，并通过设计较少的薪酬层级来体现这种淡化观念。因此，在实施宽带薪酬的企业里，一般来讲，大型企业有十几个层级，中小型企业仅有几个层级。

2）宽幅化

所谓宽幅化，就是指宽带薪酬体系中，层级内部的薪酬差距拉大，即同一层级中最高薪酬与最低薪酬差距拉大。也就是说，在传统薪酬体系中，层级内部的薪酬差距可能只是30%~40%；而在宽带薪酬体系中，层级内部的薪酬差距可能达到200%~300%，从而使薪酬表中某一层级的薪酬呈现一条很宽的带状结构，这就是宽带薪酬最直观的表现形式。

3）自由裁量性

如果说层级淡化和薪酬标准宽幅化是宽带薪酬的实质性特征，那么自由裁量性则是宽带薪酬的程序性特征。这一特征表明，在引进宽带薪酬的企业中，员工只知晓其薪酬水平处于薪酬表中的某一层级，但并不知晓具体薪酬额，员工的直接主管或者有关主管部门有权确定某一层级员工薪酬的具体数额。但是这个权力受到一定限制，即最高不能超出该层级的最高档，最低不能低于该层级的最低档。

4）能绩薪酬制

宽带薪酬属于能绩薪酬范畴，主要是指处于某一宽带内的员工薪酬水平的高低，直接取决于员工的能力和业绩表现两个因素。当员工能力提升并取得突出业绩时，员工的薪酬就可能得到提升，这样就实现了员工薪酬与能绩的有机结合。宽带薪酬正是由于这一特征，与传统薪酬从本质上区分开来。

7.1.3 宽带薪酬的功能

宽带薪酬与传统薪酬一样，对员工具有维持、保障和激励功能，对企业具有保值、增值的功能，对社会具有劳动力资源的再配置功能。此外，宽带薪酬在以下几个方面又有其独特的功能：

1）宽带薪酬支持扁平型组织结构

20世纪90年代以后，企业界兴起了一场组织结构扁平化的运动，而宽带薪酬结构可以说正是为了配合这场组织结构扁平化的运动而量身定做的。扁平型组织结构最主要的特点就是打破了传统薪酬结构所维护和强化的那种严格的等级制，有利于提高组织的办事效率以及在企业内部形成参与型和学习型的企业文化，同时对于企业保持自身组织结构的灵活性以及高效迎接外部竞争都有着积极的意义。

2）宽带薪酬有助于企业战略的动态调整

随着市场竞争的日益激烈，企业所面临的外部环境日益复杂，企业的战略需要不断地调整以适应变化的环境，组织结构随之也要做出灵活的变动，但庞大的组织结构不能应对多变的市场情况。宽带薪酬恰恰能摒弃传统组织结构的弊端，实施宽带薪酬，只要在同一岗位级别内拉大员工之间的薪酬差异，弥补工作描述和工作评价相对固定的缺陷，就能更好地适应变化的和复杂的竞争环境，从而通过薪酬水平的变化对员工的工作内容进行更好、更公平的体现。

3）宽带薪酬能引导员工重视个人技能的增长和能力的提高

在传统等级薪酬结构下，员工的薪酬变化只取决于职务提升。即使员工能力再高但职位不变，也无法获得高薪。但在宽带薪酬制下，同一薪酬宽带内的薪幅宽泛，此时员工就不需要为薪酬的增长而去斤斤计较职位晋升等方面的问题，只要员工注意发展企业所要求的技术和能力，做好公司着重强调的有价值的工作，拿高薪就是必然的结果。这样做有利于企业培养专家型人才，所谓行行出状元，鼓励员工立足本职工作并发挥特长、追求卓越，企业的总体绩效就会大大提高。

4）宽带薪酬有利于职位轮换

宽带薪酬减少了薪酬等级数目，员工的横向流动甚至是向下调动相对容易了许多。员工也愿意通过职位轮换来提升自己的能力，以此来获得更大成功。另外，企业可因此减少过去因员工职位变动而必须做的大量行政工作。

岗位变动包括三个方向：升迁、横向移动、下调。在传统等级薪酬结构下，员工能接受升迁，排斥横向移动，因为横向移动的员工薪酬水平不变，但他不得不学习新岗位所要求的技能，从而工作难度增加，辛苦程度更高；不能接受下调，因为这意味着“被贬”。宽带薪酬结构减少了薪酬等级的数量，扩大了薪酬等级的范围，把很多原来属于上下级关系的员工放到同一个薪酬宽带中，使很多下调的情况转化为横向移动，并且把员工薪酬与岗位工作能力联系在一起，使员工接受并且积极争取横向移动的机会，这大大减少了员工调动的阻力。

5）宽带薪酬能密切配合劳动力市场上的供求变化

宽带薪酬结构是以市场为导向的，使员工从注重内部公平转向更为注重个人发展以及自身在外部劳动力市场上的价值。在宽带薪酬结构中，员工的薪酬水平是以市场调查数据以及企业的薪酬定位为基础而确定的。因此，宽带薪酬使本企业的薪酬水平更具有外部竞争力，能密切配合劳动力市场上的供求变化，这种做法也有利于企业相应地做好薪酬成本的控制。

6）宽带薪酬有利于工作绩效的提高

实施宽带薪酬制的企业，上级对有突出业绩表现的下级员工有较大的加薪影响力。此外，宽带薪酬结构弱化了员工之间的晋升竞争，而更多地强调员工之间的合作和知识共享，共同进步，以此来帮助企业培养积极的团队绩效文化，从而提高了工作绩效。在宽带薪酬体系中，资历已经不再与薪酬挂钩，一切以员工业绩为薪酬发放的依据。年轻员工不需要因为自身价值得不到企业认可而频频跳槽，也不需要在老前辈面前多劳少得、忍辱负重，只要业绩出色，刚进公司的新员工的薪酬就有可能超过资深员工。由于薪酬对应的幅度宽泛，只要工作努力，一般工作人员的薪酬就有可能超过级别高出他们好几级的上司。在宽带薪酬体系下，公司员工将表现出极大的工作热情，刚进公司的新员工，也敢与中层职员进行竞争，高级管理人员和资深员工就会感到很大的压力，如果不想输给低职位的新员工，就必须不断进取。

7.1.4 宽带薪酬的优势

1）打破等级观念

宽带薪酬结构打破了传统薪酬结构所维护和强化的等级观念，减少了工作之间的等级差别，有助于企业组织结构向扁平化发展，也有利于企业提高效率，创造学习型的企业文化，从而提升企业的核心竞争优势和企业的整体绩效。

2）重视个人

在传统等级薪酬结构中，员工能力即使达到了较高的水平，但是若企业没有出现职位的空缺，员工仍然无法获得较高的薪酬；而在宽带薪酬体系下，即使是在同一个薪酬宽带内，企业为员工所提供的薪酬变动范围增大，员工只要注意培养企业所需要的技术和能力，并在本职岗位上不断提高绩效就可以获得较高的报酬。

3）有利于职位轮换

宽带薪酬有利于培育员工在组织中跨职能成长的能力。在传统等级薪酬结构中，员工的薪酬水平与其所担任的职位严格挂钩，同一职位级别的变动并不能带来薪酬水平上的变化，但是这种变化又使得员工不得不学习新的东西，从而工作难度增加、辛苦程度增大，因此员工往往不愿意接受职位的同级轮换。而在宽带薪酬体系下，由于薪酬的高低是由能力来决定而不是由职位来决定的，因此员工愿意通过相关职能领域的职位轮换来提升自己的能力，以此来获得更大的回报。

4）注重市场水平

宽带薪酬的薪酬水平是以市场调查的数据以及企业的薪酬定位来确定的，因此薪酬水平的定期核对与调整将会使企业更能把握其市场竞争力；同时，能相应地做好员工成本的控制工作。

5）有利于管理

实行宽带薪酬结构设计，即使是在同一薪酬宽带当中，由于薪酬区间的最高值和最低值之间的变动比率至少有100%，因此对于员工薪酬水平的界定留有很大空间。在这种情况下，部门经理就可以在薪酬决策方面拥有更多的权力和责任，可以对下属的薪酬定位提出更多的意见和建议。这种做法不仅充分体现了人力资源管理的思想，有利于促使直线部门的经理人员切实承担起自己的人力资源管理职责；同时，有利于人力资源专业人员从一些附加价值不高的事务性工作中脱身，转而更多地关注对企业更有价值的其他一些高级管理活动以及充分扮演好直线部门的战略伙伴和咨询顾问的角色。

6）推动工作绩效

宽带薪酬结构尽管存在对员工的晋升激励下降的问题，但是它通过将薪酬与员工的能力和绩效表现紧密结合来更为灵活地对员工进行激励。在宽带薪酬结构中，上级对有稳定突出业绩表现的下级员工可以拥有较大的加薪影响力，而不像在传统的薪酬体制下，直线管理人员即使知道哪些员工的能力强、业绩好，也无法向这些员工提供薪酬方面的倾斜。因为那时的加薪主要是通过晋升来实现的，而晋升的机会和时间不会那么灵活。此外，宽带薪酬结构不仅通过弱化头衔、等级，过于具体的职位描述以及单一的向上流动方式向员工传递一种个人绩效文化，还通过弱化员工之间的晋升竞争，更多地强调员工之间的合作和知识共享、共同进步，以此来帮助企业培育积极的团队绩效文化，而这对于企业整体业绩的提升无疑是非常重要的一种力量。

7.1.5 宽带薪酬运用过程中的影响因素

尽管宽带薪酬模式具有传统薪酬体系所不具备的种种优点，但是它的设计模式不是“放之四海而皆准”的。

1）企业在宽带薪酬运用过程中应注意的问题

（1）企业的组织结构和文化是否适合。

宽带薪酬模式是为企业的扁平化组织结构而量身定做的，是与不强调资历、提倡职业发展和成长的扁平化组织结构相匹配的，建立在承认员工个人之间的能力差异、对个人能力和对组织的贡献充分肯定的文化基础上。因此，在资本密集型企业和智力密集型企业，如高科技企业中适用。如果目前的组织结构、企业特征和外部环境与这些相悖，盲目推行宽带薪酬模式往往达不到应有的效果。

（2）可能使企业职务晋升激励不足。

宽带薪酬模式虽然减少了薪酬等级，拓宽了相应薪酬变动幅度，缓解了企业的晋升压力，也使员工提薪而不用升职，但是晋升机会的减少会导致薪酬激励功能弱化。在宽带薪酬模式下，员工可能一生都只在一个薪酬带里移动，只有薪酬的变化而没有职位的晋升。实际上，职位晋升对员工来说是一种相当重要的激励手段。因为人们可能普遍认为薪酬的增加只意味着员工在某一时期有突出的表现，而晋升则是对员工个人整体素质的肯定。因此，对于那些崇尚自我价值实现、不断追求和挑战更高职位的员工来说，宽带薪酬并不是一个好的选择。在我国，职位晋升对员工来说也是一种相当重要的激励手段，尤其对于知识型员工或薪酬达到一定水平的员工来说更是如此，晋升机会减少可能导致员工士气低落而失去进取热情。

（3）企业管理成本和薪酬成本增加。

实施宽带薪酬一方面要求企业夯实和完善基础管理，这需要大量先行的设计和分析工作；另一方面，根据市场同质人力资源薪酬水平以及本企业的薪酬战略来确定薪酬水平和结构也是一项复杂的系统工程，所有这些都必须以一定数量的人力、物力、财力消耗为支撑才能完成。由于报酬的刚性特征，加上宽带薪酬结构在同一职级支持涨薪的导向性而丧失了传统薪酬结构中的自动遏止机制，使得一旦实施宽带薪酬会大幅提高薪酬成本。在宽带薪酬模式下，经理在决定员工薪酬时有更大的自由，因而人力成本有可能大幅度上升。美国联邦政府的经验表明，在宽带结构下，薪酬成本上升的速度比传统薪酬结构下要快得多。

（4）员工对企业的归属感降低。

宽带薪酬的实质是薪酬从传统的注重岗位转变为注重绩效，体现出“业绩比岗位重要”的思想，这必然导致绩效评估成为宽带薪酬的基础。如果绩效评估本身存在着缺陷，企业管理机制落后，整个薪酬结构体系就可能遭到破坏，员工对薪酬公平产生怀疑，容易造成公司内部人际关系紧张，导致员工对企业的归属感降低，容易离职跳槽等。

此外，薪点表下的宽带薪酬体系的设计和运用比较复杂，工作量也较大，相对而言，大中型企业采用宽带薪酬模式能更好地推进企业人力资源管理工作，而一些小型企业很难配备相应的部门和人员来处理这方面的事务，不适宜采用这种管理模式。

2）做好宽带薪酬必须具备的基本条件

宽带薪酬不像360度薪酬或KPI绩效考核甚至平衡计分卡那样在具备一定管理基础的企业就可有效实施，宽带薪酬有相对较高的门槛。要做好宽带薪酬，必须具备以下4个基本条件：

（1）企业发展战略必须明确。

（2）良好的组织结构形式与公司发展的匹配性。

（3）公司治理结构相对完善。

（4）企业具备良好的薪酬管理条件和薪酬管理技术。

7.2 宽带薪酬体系设计流程

7.2.1 实施宽带薪酬的企业特点

1）明确清晰的企业人力资源战略

薪酬体系的最终目标是推动人力资源管理，从而服务于企业战略目标。推行宽带薪酬的企业首先应该系统梳理企业战略，分析企业的核心竞争能力，明晰企业的核心价值观，并将它们量化为指标，在此基础上建立人力资源战略。这样建立起来的薪酬体系才可能有明确的目标，那就是根据企业战略，借助薪酬激励，强化员工行为，推动企业战略实施。

2）积极参与型的管理风格

如果没有一支成熟的管理队伍，在实行宽带薪酬制度的过程中就会困难重重。例如，部门经理不能对员工进行客观评价，破坏了内部平衡；部门经理不重视员工的发展等。宽带薪酬制度的一个重要特点就是部门经理将有更大的空间参与下属员工的有关薪酬决策，这就要求各部门的经理具备成熟的人力资源管理技能。如果各部门都以自我为中心，不认同宽带薪酬制度，人力资源部就很难发挥其顾问角色的作用，而是为了内部的平衡，更多地充当“警察”的角色。这样一来，宽带薪酬制度就很难发挥其应有的作用。因此，宽带薪酬制度要求各部门形成积极参与型的管理风格。在宽带薪酬体系的设计之初，要积极争取各个层级的员工参与，广泛征集意见和建议，并依据这些意见和建议反复修改，尽可能使薪酬设计透明化。设计完成后要进行一定时期的试用，在此过程中，依然要对暴露出来的问题反复加以修改，力图得到全体员工的支持，这样才有助于消除员工的抵触和不满情绪。各部门的经理在人力资源管理方面必须有足够的成熟度，能与人力资源部门一起做出各种关键性的决策。

3）对员工绩效考核指标的设计和实施要公平、公正与合理

如果关键绩效指标的制定不科学或者运用不合理，不仅不能激发员工的工作热情，还会挫伤员工的积极性。因此，在设计宽带薪酬制度时，要提倡管理层和各职能层的广泛参与，使整个薪酬制度的设计尽可能科学合理。一个企业若不重视员工的工作表现，必定会导致“大锅饭”现象。在此氛围下，员工表现得优劣并不能被公平地区别对待，宽带薪酬制度所提供的“宽带”也就失去了意义。在宽带薪酬体系下，员工薪酬在其所处宽带范围之内随其工作绩效值的大小而不断浮动变化，从而使得工作绩效的考评体系备受员工的关注，一个公平、透明的绩效考评程序是实行宽带薪酬所必不可少的。波特和劳勒的综合激励理论认为，激励措施是否会令员工感到满意，关键取决于员工认为其所获得的报酬是否公平。基于上述理论，宽带薪酬这种注重绩效的浮动式薪酬结构更应强调程序的公平，而且这种程序必须被透明化，让员工知道每一个评分细则。这不仅有助于完善公司监督体系，提高员工积极性，还有助于员工通过评分标准来了解企业的愿望，从而随时调整个人预期，使之与企业的整体价值取向保持一致。这样，员工个人发展与企业整体发展自然地联系在一起，从而最终实现员工和企业的双赢。

4）注重沟通

引入宽带薪酬制度的企业需要管理层和员工之间进行及时全面的沟通，因为沟通能使全体员工清晰地理解企业的报酬决定因素以及企业发展策略，激励员工重视个人与企业发展目标的一致性。

5）配有积极的员工发展管理制度

宽带薪酬制度为员工的发展及个人职业生涯提供了更大的弹性。企业需配有积极的员工发展管理制度，使员工能够不断地获取新的技能，让他们对自己的职业生涯有清晰的认识，帮助他们充分利用宽带薪酬制度所提供的空间，企业也能不断获得更具有竞争力的员工队伍。

6）拥有一支高素质的薪酬管理人员队伍

推行宽带薪酬制度需要人力资源部薪酬管理人员与各部门进行更加密切的合作，他们在与部门经理一起给新职位定级、了解劳动力市场信息及协助制订薪酬计划方面，必须以专业顾问的角色去为其他部门服务。因此，引入宽带薪酬制度需要企业从整体战略上以及企业文化、管理队伍的素质、人力资源的专业化等方面加以考虑和配套；否则，企业将很难真正发挥宽带薪酬制度所具有的优势。因此，是否拥有一支高效的人力资源管理队伍非常重要。

7.2.2　设计前期工作：做好薪酬调查

在宽带薪酬体系设计中首先要考虑两个基本要素：外部竞争性和内部公平性。

1）外部竞争性

外部竞争性是指设计宽带薪酬时一定要考虑劳动力市场上同行业竞争对手的薪酬状况以及现行政策法规等影响因素，通常的方法是进行薪酬调查，并了解本企业在市场上薪酬支付水平的状况。

2）内部公平性

内部公平性是指设计宽带薪酬时一定要考虑公司内部的薪酬制度是否合理和公平，通常的方法是通过进行工作分析和工作价值评价，设计合理可行的岗位级别。

7.2.3　设计流程

1）根据企业的战略和核心价值观确定企业的人力资源战略

支持企业战略目标的实现是企业薪酬管理的根本目标。企业通过建立人力资源战略，将企业战略、核心竞争优势和核心价值观转化为可以测量的行动计划与绩效指标，并借助激励性的薪酬体系强化员工的绩效行为，增强企业的战略实施能力，有力地促进企业战略目标的实现。在这里，人力资源管理体系不仅是一套对员工贡献进行评价并予以肯定激励的方案，更应是将企业战略及企业文化转化为员工具体行为的指导方针，以及支持员工实施绩效行为的管理流程。

2）根据企业的外部环境及企业的发展特点制定适合于企业需要的宽带薪酬

如果薪酬战略的一个基本前提是把薪酬体系和企业的经营战略结合起来，那么不同的经营战略就会具体化为不同的薪酬策略。表7-1列举了根据不同的企业经营战略设计的薪酬策略。

表7-1 根据不同的企业经营战略设计的薪酬策略

经营战略	薪酬策略
创新者 提高产品的复杂性 缩短产品生命周期	◆ 奖励对产品创新和生产过程的变革 ◆ 薪酬以市场为基础 ◆ 灵活的工作描述
成本控制者 注重效率	◆ 重视竞争对手的劳动力成本 ◆ 提高可变工资 ◆ 重视生产技术水平 ◆ 重视系统控制和工作分工
关注顾客 提高顾客期望	◆ 以顾客满意度为基础的激励工资 ◆ 以与顾客交往为评价依据评价工作和技能

在进行宽带薪酬体系设计时，薪酬策略的选择、薪酬计划的制订、薪酬方案的设计、薪酬的发放及沟通方式，均应体现企业战略、核心竞争优势和价值导向对薪酬激励机制的要求；否则，企业的战略和核心价值观等将无法贯彻执行。对于符合企业战略和价值导向的行为及有助于提高企业核心竞争优势的行为，企业应在薪酬上予以倾斜，以强化员工的绩效行为。

一方面企业的宽带薪酬体系设计体现了企业战略和核心价值观等对薪酬激励机制的要求，但另一方面其设计取决于企业所在行业的特点和企业的生命周期。

首先，企业所在行业的特点主要体现为企业所在行业的技术特点和竞争态势。企业的技术有两种形态，即制造和服务，这两种形态对企业宽带薪酬体系的要求是不同的。例如，IBM在向服务型企业转型前薪酬等级为24级，转型后的薪酬等级为10级。企业的行业特点在很大程度上影响了企业所选择的薪酬模式。

其次，企业就像生命体一样，也要经历出生、成长、成熟、衰退等不同阶段。处于不同生命周期的企业具有不同的特点，因此需要不同的薪酬体系来适应其发展。

3）根据企业的组织结构特点及岗位性质选择相应的岗位层级

传统的金字塔形组织结构往往采用等级制的薪酬模式，但随着组织结构的扁平化，组织更注重强调团队协作而非个人贡献，因此只能用较大的薪酬类别来代替以前较多的薪酬级别。在这种情况下，宽带薪酬模式应运而生。与此同时，岗位性质对薪酬模式的选择具有重大影响，平等型的宽带薪酬模式更有利于提高员工的满意度和绩效。

4）建立并完善企业的宽带薪酬体系

企业在设计薪酬体系时必须体现企业的个性化特征，必须以企业整体战略和核心价值观为基础，并根据组织结构以及人员需求的多样化来设计符合企业特点的薪酬方案。同时，应从技术层面上来有效设计各项分配制度及配套措施，使薪酬体系得以有效运用。建立并完善企业的宽带薪酬体系则要从以下3方面入手：

（1）确定宽带的数量。企业首先要确定使用多少个工资带，在这些工资带之间通常有一个分界点。每个工资带对人员的技能、能力的要求都是不同的。如表7-2所示（只列示部分宽带），通用电气零售商学院财务服务企业使用了5个宽带，并对每个宽带的目标、能力和培训做了明确的要求。

表7-2　通用电气零售商学院财务服务企业工资带中第2、第3个扩展工资带

工资带	目标	主要能力	建议的培训和教育
扩展工资带2	(1) 发展员工领导能力：领导一个部门或项目的能力 (2) 发展员工制定战略、设计计划、完成项目的能力来实现长期或短期目标	(1) 指导、激励和领导能力 (2) 组建和指挥高绩效团队能力 (3) 影响他人来实现计划和战略的能力 (4) 团队整合能力 (5) 与组织内外部顾客建立良好关系的能力	(1) 公司新人领导职位会议 (2) 领导、面谈和书面报告技巧 (3) 协调/解决问题能力培训 (4) 新管理人员开发课程 (5) 沟通、谈判和管理变革技巧 (6) 跨文化意识管理
扩展工资带3	(1) 发展员工对组织有广泛影响的战略指导和战略观念能力 (2) 发展员工能从多个部门、对组织最有利的角度管理和引导行为的能力	(1) 从全局或共享价值的角度构建、交流和承担责任 (2) 创建与愿景相一致的组织结构和组织制度 (3) 选拔和培养未来领导人 (4) 创建和管理内外部伙伴关系 (5) 管理创新和风险 (6) 理解并实现商业平衡	(1) 管理人员开发课程 (2) 高级管理技巧 (3) 有创造力的想法 (4) 高级职能和技术课程 (5) 跨部门、跨行业分配资源

每个工资带用一个典型的职位名称，来反映各个工资带的主要区别。例如，某软件公司工资带划分模型，如图7-1所示，有助理、专家、部门主管、总监4级工资带。在每个工资带内，包含着不同职能部门的不同职位，如采购、财务、软件开发等。如何确定和支付同一工资带内不同部门、从事不同职位的员工薪酬，是工资带扩展的主要挑战。由于外部劳动力市场上存在不同的薪酬率，所以同一工资带内不同部门、不同职位的薪酬水平也不同；不同工资带中也存在着等级交叉关系，如助理工资带中软件工程师的薪酬可能超过专家工资带中采购员的薪酬。

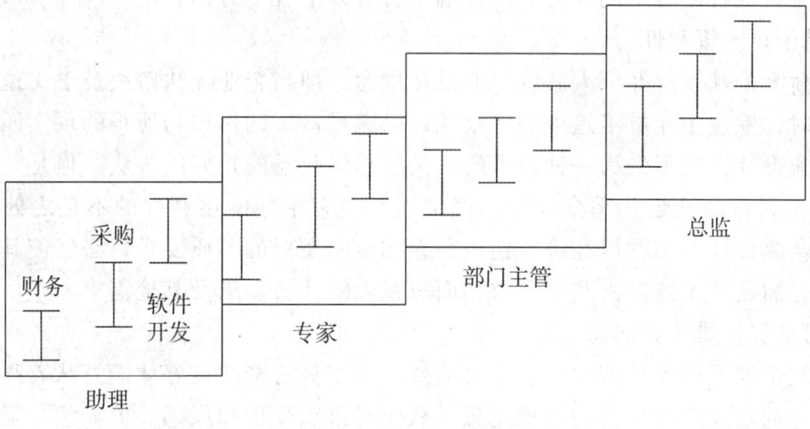

图7-1　某软件公司工资带划分模型

（2）确定工资带的价位。参照每个工资带内不同职能部门和工作相应的市场薪酬水平与工作评价结果，来确定工资带内各个部门和职位的价位区域。图7-2所示的是专家工资带内各个职能部门或职位所参照的市场薪酬水平。

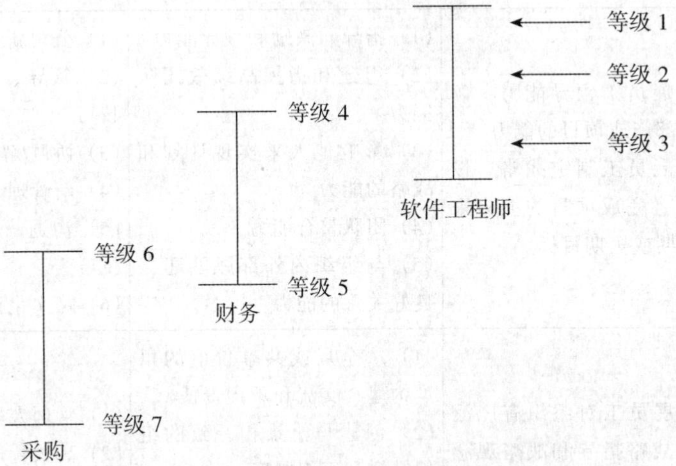

图7-2 专家工资带内各部门参照的薪酬水平

（3）做好人工成本控制及工作轮换。宽带薪酬模式虽然有很多的优点，但由于直线经理在决定员工薪酬时有很大的自由权，这使人工成本有可能大幅度上升。美国联邦政府调查表明，在宽带薪酬结构下，人工成本上升的速度比传统薪酬结构快。为了有效地控制人工成本，抑制宽带薪酬模式的缺点，在建立宽带薪酬体系的同时，企业必须构建相应的任职资格体系，明确薪酬评级标准及办法，营造一个以绩效和能力为导向的企业文化氛围。在同一工资带中，鼓励不同职能部门的员工跨部门流动以增强组织的适应性，提高员工多角度思考问题的能力，因为员工职业的变化更可能的是员工跨职能部门的变化。

7.2.4 应用宽带薪酬的弊端

从文化管理的角度对宽带薪酬进行比较深入的探讨，我们发现宽带薪酬相对于传统的薪酬模式，弊端表现得相当突出。尽管如此，宽带薪酬的光芒不会被这些瑕疵所掩盖，依然有其独特而耀眼的魅力。其弊端主要有以下五个方面：

1）易于显现逐利性

宽带薪酬是基于“经济人假设”的设计理念，即当企业无法解决员工岗位与薪酬挂钩的难题时，专注于让员工追求经济收益，以满足员工的付出与所得的现实匹配。相对于传统薪酬设计，它不失为一种公平解决员工总体收益的较好的方法。但是，宽带薪酬设计把员工利益的满足几乎全面导向经济利益，它主导的逐利性的不足之处就暴露无遗。宽带薪酬设计者试图以经济收益掩盖人的全面发展的本质要求，必然使其激励员工的目的只是满足员工的经济利益要求，而忽视人的社会需求及其他需求。

2）可能促使员工归属感下降

由于宽带薪酬的评估依据主要来自绩效，员工只有绩效良好才能意味着高薪，这种做法使员工的心理产生极强的不稳定感，从而对组织缺少归属感。但显然，宽带薪酬制度强调员工为组织贡献了多少经济收益，他就能依据组织的分配制度得到相应的经济收益，除此别无所获。这种做法与“以人为本”的现代管理思想相悖，其结局也只能是员工对组织的归属感几近于无，只是把组织作为谋生的手段而已。

3）会导致企业内部出现恶性的权力之争

宽带薪酬要求直线经理兼任薪酬管理职能，这将直接导致直线经理权力的明显放大，久而久之直线经理权力内部化程度骤升。加之绩效考核主要依靠直线经理，则员工薪酬的决定权也就在直线经理那里，其结果必然导致集权。直线经理基于薪酬决定权而产生的诸多附带权力所带来的一系列“好处”（如因此而产生的解聘权等），久而久之会导致企业内部出现恶性的权力之争，追逐权力的文化就会在组织中蔓延，而此种文化害处颇多。

4）对组织文化的高要求会成为宽带薪酬的桎梏

宽带薪酬设计对组织文化的要求很高。宽带薪酬要求在民主化程度较高的学习型组织结构中实施，组织趋向于宽松管理模式，倡导创新思维。如此一来，组织在特定状况下失控的可能性也就急剧增加，所以会迫使组织的管理哲学倾向内在的、严密的反向约束，看不见的控制力反倒迅速提升。这就可能导致组织文化内隐的控制功能加强，极其不利于创新型、开拓型组织文化的形成与发展，也就不能提供宽带薪酬所需的组织文化。一个企业的文化，没有积淀就没有厚度。宽带薪酬也可能会把组织文化搞成比较肤浅的、形式化的文化模式。随着知识型员工的日益增多，员工的需求呈多元化发展的特点，而企业的需求则是价值的最大化。在这两者之间，企业与员工都要解决价值观的趋同问题与融合问题，并最终产生合力。

5）员工追求自我价值实现的激励力明显下降

宽带薪酬制下，员工乐于通过职务轮换来提升自己的能力，但企业更多将员工的职业发展限定在横向发展方面，无形中就人为地限制了员工能力的纵向发展。除非员工十分聪明，才能通过职业的横向发展成为“全才”；否则，大部分员工的职业生涯发展路径就会受到影响，员工的自我价值也就很难实现，宽带薪酬的激励作用就会明显下降。

基础训练

□ 选择题

1.宽带薪酬的特征主要包括（　　）。

A.层级淡化　　B.宽幅化　　C.自由裁量性　　D.能绩薪酬制

2.实施宽带薪酬的企业特点主要包括（　　）。

A.积极参与型的管理风格　　B.工作表现是重要的报酬决定因素

C.注重沟通　　D.拥有一支高素质的薪酬管理人员队伍

3.宽带薪酬对企业的功能主要包括（　　）。

A.有助于企业战略的动态调整　　B.能引导员工重视个人能力的提高

C.有利于职位轮换　　D.有利于企业绩效的提高

4.建立并完善企业的宽带薪酬体系则要从（　　）入手。

A.确定宽带的数量　　B.确定工资带的价位

C.做好人工成本控制及工作轮换　　　　D.做好工作分析

5.应用宽带薪酬的弊端主要包括（　）。

A.易于显现逐利性　　　　B.员工归属感下降

C.企业内部恶性竞争加剧　　　　D.对组织文化的要求过高

E.员工追求自我价值实现的激励作用下降

□ 简答题

1.什么是宽带薪酬？

2.与传统薪酬相比，宽带薪酬有哪些特征和功能？

3.简述设计宽带薪酬体系的流程。

4.简述企业应用宽带薪酬的弊端。

5.为何实施宽带薪酬对企业有特殊要求？

综合应用

□ 案例分析

（一）海尔集团的薪酬管理

海尔请IBM设计了宽带薪酬结构，即一种等级少、等级区间内浮动范围大的薪酬结构。

海尔推行了人单合一机制下的“超利分享酬”，激励员工先为客户创造价值，在扣除企业常规利润和市场费用后，就可与企业共享剩下的超额利润。海尔基于为客户创造的价值把薪酬基数分为五类，依次为分享、提成、达标、保本和亏损。员工的绩效达到提成或者分享水平就可参与对所创造价值的分享，即员工在向市场“挣工资”，而非等企业“发工资”。这种高度参与式的利润分享意味着客户价值的最大化就是员工收益的最大化，能够激发员工为客户创造价值的积极性，实现员工利益与企业利益的一致性。

海尔还采用了“创客薪酬”推动自主经营体的发展。在这一制度下，员工与公司先达成一致的目标，再落实到具体的年月日，根据达成的目标获取“四阶”薪酬，即创业阶段的生活费、分享阶段的拐点酬、跟投阶段的利润分享和风投配股阶段的股权红利。其中蕴含的激励层次也从“生存权利”“利益分享”上升到了“事业成就”。员工实质上是创业者，可以利用公司的平台和资源进行自主经营，初创时得到扶持，壮大时共享收益。

具体做法就是：

1.最初的创业时期，小微成员只拿生活费，生活费采取小微账户预支或者小微主自筹方式。

2.当按照预案的目标，实现价值创造拐点的时候，小微成员可以分享不同拐点的薪酬。

3.当价值创造引爆了客户需求，在行业中发展势头迅猛，实现价值创造的超额利润水平时，小微成员可以进行超值利润分享，并且可以通过投资拥有小微的虚拟股份，成为该项事业的主人。

4.当价值创造实现行业的引领，并吸引外部资本进行风险投资时，海尔可以根据对自己的事业来做，也就是所谓的“自己的店当然自己最上心”。

（二）宽带薪酬模式引发企业活力

某公司是一家国有企业，员工有1 000余人。长期以来，公司的管理问题突出，主要有“分配多少讲平均”“岗位轻重凭感觉”“薪酬绩效不挂钩”“业绩考核形式化”等问题。为此，该公司在全系统率先推行宽带薪酬模式，宽带薪酬的优点是：

第一，传统人事管理注重的是岗位或职务薪酬，而基于宽带薪酬模式的人力资源管理注重的则是岗位价值与绩效薪酬，并注重内部竞争。

第二，员工无须沿着传统的岗位或职务等级走“单线”，只要工作能力、工作绩效有所提升，就能够获得更高的激励薪酬。

公司又进一步指出，宽带薪酬所解决的不仅是“工资”问题，也是一个企业激励体系完善的问题。

首先，全系统机关科室减幅30%，在职人员减幅35%。

其次，对企业流程进行了优化整合，进而对所有岗位的工作职责、任职资格进行了细化和重新界定，制定了工作说明书。

最后，通过“要素评分法”推出“岗位价值测评”。岗位价值测评的结果，不仅为公司内部的薪酬分配与调整提供了科学、合理的依据，也有助于岗位等级数量及岗位内工资变动范围的确定，进而为宽带薪酬设计奠定了系统、合理的基础。

该公司重新设计了岗位薪酬，重点突出了绩效考核的激励特征：

一是同岗不同薪。同一岗位的不同员工，考核成绩优秀者，即使岗位级别未得到晋升，但按照岗位价值序列，其享受的价值系数可以得到提升，从而体现绩效薪酬的功能。这样的同岗不同薪，有利于企业正确发挥考核的激励作用。

二是不同岗也可同薪。因为宽带薪酬的重叠性，不同岗位的员工也可同薪。如此考核，使岗位间员工看重的不再是传统薪酬结构下的岗位级别，而是自身的能力和为企业所创造的价值。

资料来源 作者根据相关资料整理。

问题：你认为该企业宽带薪酬对员工工作积极性的激励体现在哪些方面？

分析提示：该企业运用宽带薪酬带动了广大员工的工作积极性。这种做法非常符合市场经济的竞争环境，主要表现在以下3方面：一是各类员工的工作积极性普遍增强，产品质量与工作效率得到大幅提高；二是核心人员稳定性增强，中层管理人员、技术骨干以及销售人员的离职率都有所降低；三是各部门内部的员工团队意识加强，业绩得到明显改善。综上所述，实施宽带薪酬一定要考虑企业所处的行业环境与市场环境及其与人力资源的其他配套管理。

□ 实践训练

宽带薪酬管理方案设计

假如你在一家高科技公司的人力资源部工作，人力资源部准备为公司的研发部设计宽带薪酬。

要求：请你为这些搞科研的员工制订一份宽带薪酬管理方案。

第8章 综合实训

8.1 薪酬管理的工作要求

8.1.1 薪酬专员工作说明书

1）基本信息

职务名称：薪酬专员　所属部门：人力资源部

直接上级：薪酬主管　晋升方向：薪酬主管

2）任职条件

（1）学历背景：人力资源管理、劳动经济学、行政管理或相关专业大专以上学历。

（2）培训及资历：受过劳动法规、企业管理、计算机运用等方面的培训。

（3）工作经验：从事人力资源管理工作一年以上，对薪酬管理有一定经验。

（4）基本技能和素质：

第一，对先进的人事管理观念和人事管理方法有一定了解和认识。

第二，具备一定的观察能力和应变能力。

第三，具备一定的交往能力。

第四，具备一定的薪酬设计、控制能力。

第五，品格高尚，道德良好。

第六，熟练使用办公软件。

（5）个性特征：

第一，性格温和、有耐心。

第二，主动积极、乐于助人。

第三，忠诚守信、责任心强。

第四，工作严谨、敬业。

第五，团队意识强。

3）工作内容

（1）制定适合公司发展战略的薪酬制度及福利体系，并经批准后实施。

（2）每月薪酬计算、制表、报批。

（3）工资发放。

（4）受理、登记调薪申请并呈报上级主管部门批准。

（5）员工薪酬动态记录和分析。

（6）薪酬制度研究，并提出改进建议，于批准后修订。

（7）劳动效率与工作成本分析。

（8）社会福利相关款项的缴纳。

（9）参与薪酬预算。

（10）薪酬档案整理、分类和管理。

（11）其他相关工作。

（12）相关说明。

4）权责范围

（1）权力：

第一，对违反薪酬制度的部门和个人有处罚建议权。

第二，有要求相关人员配合工作的权力。

（2）责任：

第一，对本职工作的质量负责。

第二，如因工作失职给公司造成损失，应承担相应的经济责任和行政责任。

5）工作关系

（1）向谁报告工作：薪酬主管。

（2）监督：无监督对象。

（3）指导：无指导对象。

（4）合作者：人力资源部内部职员。

（5）外部关系：无与工作密切相关的社会公共关系。

6）工作环境

（1）办公室。

（2）环境舒适。

（3）无职业病危害。

7）身体素质条件

（1）身体健康。

（2）能承受高强度工作。

8.1.2 薪酬主管工作说明书

1）基本信息

职务名称：薪酬主管　所属部门：人力资源部

直接上级：人力资源部经理　晋升方向：人力资源部经理

2）任职条件

（1）学历背景：人力资源管理、劳动经济学、行政管理或相关专业大专以上学历。

（2）培训及资历：受过现代人力资源管理、劳动法规、企业管理、领导艺术、心理学、基本财务知识、数据库管理等方面的培训。

（3）工作经验：从事人力资源管理工作三年以上，熟悉薪酬管理，具有实践经验。

（4）基本技能和素质：

第一，知识素养高，知识面广，知识结构合理，品格高尚，道德素养好。

第二，对先进的人事管理理念和人事管理方法具有一定的了解与认识，能独立使用办公软件。

第三，熟悉薪酬设计和分析。

第四，具备一定的领导及管理能力，善于沟通，说服能力强。

第五，具备较出色的组织协调能力及分析判断能力。

第六，具备一定的观察能力和应变能力。

第七，具备一定的交往能力。

第八，了解一定的激励艺术。

第九，具备一定的计划、控制能力。

第十，富有亲和力。

（5）个性特征：

第一，善于独立思考。

第二，有耐心。

第三，主动积极。

第四，乐观。

第五，乐于助人。

第六，忠诚守信。

第七，工作严谨、敬业。

第八，责任心强。

第九，具有团队合作精神。

3）工作内容

（1）制定公司薪酬管理制度，并经批准后实施。

（2）制定薪酬预算，并经批准后实施。

（3）制订公司当年薪酬计划，并经批准后实施。

（4）实施薪酬研究，草拟薪酬标准，经批准后实施。

（5）进行行业薪酬调查，并提供给管理层供决策参考，使公司薪酬在行业中具有竞争力。

（6）研究特殊人才薪酬制度，并向管理层提出建议。

（7）研究薪酬市场变动趋势，并向管理层提出建议。

（8）评价薪酬市场发展变化趋势，对组织薪酬计划提出修改建议。

（9）组织和领导日常薪酬管理工作。

4）权责范围

（1）权力：

第一，对公司人力资源战略规划有建议权。

第二，对违反人力资源管理制度的单位和个人，有处罚建议权。

第三，有要求相关人员配合工作的权力。

（2）责任：

第一，对薪酬管理工作质量负责。

第二，如因工作失职给公司造成损失，应承担相应的经济责任和行政责任。

5）工作关系

（1）向谁报告工作：人力资源部经理。

（2）监督：薪酬专员。

（3）指导：薪酬专员。

（4）合作者：人力资源部内部职员。

（5）外部关系：协助人力资源部经理处理与人事相关的社会公共关系。

6）工作环境

（1）办公室。

（2）环境舒适。

（3）无职业病危害。

7）身体素质条件

（1）身体健康。

（2）能承受高强度工作。

8.2 综合案例

案例8-1

某建筑设计院绩效工资改革案例

一、案例背景

某建筑设计院为市属事业单位，其发展战略是成为集规划、建筑、园林、监理、建筑安装、施工项目管理于一体的综合性设计单位，现有员工213人，本科及以上学历的人员占90%，属于典型的知识型企业。

由于原有事业单位的管理模式，尤其是薪酬分配机制，影响了员工的积极性，受人才市场的影响，近年来核心人才的流失率逐渐增高，因此该院迫切需要进行绩效薪酬改革，以保留和吸引优秀人才。

二、问题分析

（一）分配平均主义

在事业单位的管理框架下，薪酬管理比较粗放，即使细分也没有合理的依据，因此职能部门与技术部门之间、高绩效员工与低绩效员工之间的矛盾越来越明显，薪酬分配的平均恰恰显示出分配的不平衡。

（二）激励不明显

在原有的薪酬管理体制下，员工之间的薪酬差距不大。然而，员工之间的素质能力和绩效水平跨度很大，因此一些素质能力高的员工的积极性没有发挥出来；在当前的薪酬模式下，这种状况已经无法进行改善。

小微的贡献，为小微成员配股，小微可以脱离海尔，成为独立公司并实现上市。持股数量和股票价值增长将成为小微成员的重要收入，员工实现从做事到做事业的彻底转变。

资料来源　HRsee. 案例分析：海尔集团的薪酬管理［EB/OL］.［2022-11-14］. http://www.hrsee.com/?id=492. 节选.

问题：(1) 结合案例，谈谈你对宽带薪酬发展趋势的看法。

分析提示：薪酬专家、中国人民大学劳动人事学院院长曾湘泉教授指出："从国际发展趋势来看，薪酬管理的趋势是宽带化设计，工资等级减少了，交叉不多。过去我们搞45个等级，其实没有必要，只要20多个等级就行。比如一个财务总监，过去是年薪8万～12万元，中间也就是4万元之差，当公司以年薪12万元招不到人又不得不招人时，就必须采用宽带薪酬的方法，所以现在公司的薪酬幅度就大多了，比如用8万～20万元年薪招聘财务总监。"宽带薪酬大大提高了员工的工作积极性，同时给企业带来了管理弹性。

(2) 海尔的薪酬管理措施，给海尔员工所带来的影响有哪些？

分析提示：可以从以下3方面谈：

第一，让员工树立"挣工资"理念。

海尔强调的不是企业"发工资"，而是市场"挣工资"的理念。这不仅改变了员工被动地听从组织安排、服从领导安排，打破了组织内部与市场的绝缘状态，更重要的是充分激发员工的创造性，所有员工面向市场，积极寻找自身价值释放的空间，为客户创造价值，价值创造得越多，报酬越高。

第二，建立利益共同体。

利益相关者理论认为任何一个公司的发展都离不开各利益相关者的投入或参与，企业追求的是利益相关者的整体利益，而不仅是组织主体的利益。海尔实行与小微共享超利润、与合作方利润共享，小微内部也实行共享利润，股权共赢激励，整个利益共同体实现利润共享，真正实现利益最大化。

海尔与小微的对赌，在不同的节点设定了超利润分享的利润率。比如，假如小微的预期利润为1 000万元，超过预期利润的0～200万元，小微享受的超利润率分享可能会是30%；200万～500万元，超利润率分享可能会设定为40%；500万～1 000万元，超利润率可能会设定为50%。

据此，薪酬收入与价值创造非线性联系，从而激励小微不断创造更高的价值。这种基于利益共同体的利益最大化机制，也改变了传统的价值分配制度下，价值创造与价值分享之间割裂的局面，使得价值创造与价值分享紧密联系在一起，激发各方实现价值创造最大化。

第三，让员工经营属于自己的事业。

海尔的管理层一直在思考这样的问题：只有让员工经营真正属于自己的事业，才能最大化地激活个人活力。实施以小微为基本运作单元的平台型组织，企业与员工不再是简单的劳动雇佣关系，而成为市场化的资源对赌关系。

所有员工都可以在海尔平台上创新创业，成立小微公司，小微与海尔签订对赌协议，海尔对小微进行投资，而且提供对赌酬，只有小微的业绩到达协议标准，小微成员才会有相应的薪酬。从一定意义上讲，海尔对小微的对赌使得小微成员能够把工作当成

（三）奖金分配不透明

项目奖金的分配缺乏明确的标准，即使有也比较模糊，使得奖金的分配方案中的人为主观因素较多。为了减少矛盾，管理者被迫采用不透明的奖金分配方式，但这种分配方式并没有减少员工的不满，且仍然制约着员工积极性和创造性的发挥。

（四）绩效管理流于形式

该院也在进行绩效管理，但由于缺乏科学的技术和手段，有些绩效指标、评价标准设计得不合理，难以实施，使得绩效管理实施流于形式。同时，绩效管理缺乏系统性，管理环节缺失，难以形成闭环系统，因此组织绩效水平的提高微乎其微。

三、解决方案

（一）岗位梳理及评价方案

绩效薪酬的管理是基于岗位实施的，因此对岗位的重新梳理和评价是实施绩效薪酬管理的基础。在绩效薪酬改革的过程中，首要的基础工作就是对岗位的梳理和评价。

1. 岗位设置

根据该院的战略目标，对组织结构进行调整，在设计所和项目组之间实行矩阵式管理，增强组织的扁平化程度和快速响应能力。组织机构分为职能管理、专业设计所、项目部、二级单位四个部分。根据组织机构划分方式，重新定位部门职能，确定部门职责，根据部门职责合理设置岗位和编制，通过工作分析，编制工作说明书。工作说明书是进行工作评价的基础。表8-1是该院专业技术人员分层分级示意表。

表8-1　**该院专业技术人员分层分级示意表**

层级	管理类	技术类
高层	专业总工程师	专业技术带头人
中层	所长	
	项目经理	资深设计师
	二级单位负责人	高级设计师
	资深项目管理员	
基层	高级项目管理员	中级设计师
	中级项目管理员	助理设计师
	初级项目管理员	技术员

2. 工作评价

工作评价采用了IPE七要素评价法，从职责规模、职责方位、工作复杂度三个维度，依据对企业的影响、监督管理、责任范围、沟通技巧、任职资格、解决问题难度、环境条件等七个方面的要素进行评价。表8-2是该院岗位评价结果（部分）。

表8-2 **该院岗位评价结果（部分）**

排序	职位	分值
1	院长	872
2	标准副院长	830
3	设计副院长	824
4	发行副院长	801
5	总工	763
6	副总工	727
7	结构设计室主任	631
8	建筑设计室主任	629
9	设备设计室主任	628
10	信息网络部主任	592
11	财务部主任	572
12	计划经营部主任	560
13	人力资源部主任	546
14	技术质量部主任	534
15	设计室技术分管副主任	509
16	钢结构中心主任工程师	495
17	结构设计室主任工程师	480
18	建筑设计室主任工程师	479
19	设备设计室主任	470
20	信息网络主任工程师	465
⋮	⋮	⋮

3.建立绩效薪酬管理组织机构

（1）建立绩效薪酬管理领导小组：由院长任组长，小组成员包括副院长、总工及其他高层管理人员。其主要职责为：负责审核和批准该院绩效薪酬改革方案。

（2）建立绩效薪酬改革执行小组：由分管人力资源的副院长为组长，人力资源部和院办公室为执行机构。其主要职责为：设计绩效薪酬改革方案，并组织实施。

（3）实施主体：各中层管理人员负责绩效薪酬改革方案的具体实施。

（4）基层员工：在主管领导的指导下实施个人绩效薪酬管理，并提出反馈意见。

4.设定绩效指标

根据该院的发展要求，分三层构建该院的绩效指标库，即该院组织绩效指标库（高层人员绩效指标）、部门绩效指标库（中层人员绩效指标）、员工个人绩效指标库（基层人员绩效指标）。

（1）该院组织绩效指标库。该院组织绩效指标从财务指标、市场与客户指标、组织建设三个维度进行设计（举例见表8-3）。

表8-3 该院组织绩效指标库示意表（部分）

绩效维度	具体指标	权重
财务指标	产值	50%
	利润率	
	资产负债率	
	百万产值人工成本	
	成本降低率	
市场与客户	精品项目个数	25%
	大型项目个数	
	中标率	
	客户满意度	
	年设计量	
	重大设计产品事故数量率	
组织建设	管理体系建设计划率	25%
	优秀人才引进数量和质量	
	员工培训覆盖率	
	员工满意度	

（2）部门绩效指标库。部门绩效指标从业务水平、内部管理和客户评价三个维度进行设计（举例见表8-4）。

表8-4 该院建筑设计室绩效指标库示意表（部分）

绩效维度	具体指标	权重
业务水平	计划任务完成率	60%
	设计图纸质量	
	技术创新成果数量	
	设计出错次数	
	重大设计产品事故数量率	
内部管理	制度体系建设完成率	25%
	专业人员培养人数	
	培训覆盖率	
	人工成本降低率	
	管理费用控制率	
客户评价	甲方满意度率	15%
	内部客户满意度	

（3）员工个人绩效指标库。员工个人绩效指标从业绩指标维度进行设计（举例见表8-5）。

表8-5 **该院建筑设计室主任工程师绩效指标库示意表（部分）**

绩效维度	具体指标	权重
业绩指标	设计量	70%
	产值	
	计划任务完成率	
	技术创新数量	
	技术创新质量	
	培养专业人员人数	
	专业培训次数与时间	
	内部满意度	
	客户满意度	

完整的绩效循环过程包括绩效计划、绩效辅导、绩效评估、绩效改进和绩效反馈。为保证绩效循环的闭环运行，有必要在每个环节设置必要的程序进行控制（见表8-6）。

表8-6 **绩效管理过程控制手段示意表**

序号	绩效管理环节	过程控制手段
1	绩效计划	绩效合同
2	绩效辅导	绩效面谈（周计划、月计划）
3	绩效评估	月度运营会
4	绩效改进	绩效改进会议
5	绩效反馈	绩效申诉机制

（二）薪酬改革方案

1.专业技术人员薪酬改革方案

专业技术人员是该院的核心人力资源，管理专业技术人员的方式和效果，对该院的持续发展有着重要的影响。专业技术人员的技术水平跨度很大，该院认为：应在纵向上对专业技术人员划分较多的层级，实现专业技术人员薪酬提高的双通道设置，提高专业技术人员的工作动力。

专业技术人员是创造该院经济效益的核心资源。应根据管理层级高低与承担的责任轻重，对薪酬中的固定部分和浮动部分的分配比例进行不同设置（见表8-7）。

表8-7　　该院专业技术类薪酬模式示意表

层级	薪酬模式	固定：浮动	适用岗位
高层	年薪制：月基薪+年终风险收入	月基薪年总额：年终风险收入=3：7	专业总工程师、专业技术带头人等
中层	绩效工资制：基本工资+项目奖金+年终效益奖	基本工资：（项目奖金+年终效益奖）=4：6	资深设计师、高级设计师、项目经理、资深项目管理员、高级项目管理员等
基层	绩效工资制：基本工资+项目奖金+年终效益奖+福利	（基本工资+福利）：（项目奖金+年终效益奖）=5：5	中级设计师、助理设计师、技术员、中级项目管理员、初级、项目管理员等

固定工资由员工的能力素质决定；项目奖金由员工的产值和绩效考核结果决定；年终效益奖由员工的年度绩效考核结果和该院的年度经济效益决定。

2.职能人员岗位工资制

根据职能人员的管理层级不同，对薪酬中的固定部分和浮动部分的分配比例进行不同设置（见表8-8）。

表8-8　　该院职能管理类薪酬模式示意表

层级	薪酬模式	固定：浮动	适用岗位
高层	年薪制：月基薪+年终风险收入	月基薪年总额：年终风险收入=4：6	所长、职能系统分管副院长
中层	岗位工资制：基本工资+绩效工资+年终效益奖	基本工资：（绩效工资+年终效益奖）=6：4	部门经理
基层	岗位工资制：基本工资+绩效工资+年终效益奖+福利	（基本工资+福利）：（项目奖金+年终效益奖）=7：3	职能管理人员

四、配套措施

绩效薪酬管理体系的改革，势必涉及新旧体系的衔接，为了实现新旧体系的平稳过渡，该院认为在制订改革方案的同时，需要专门制订绩效、薪酬实施方案，以解决转换过程中出现的特殊问题。本次改革的配套方案包括《绩效改革实施方案》《薪酬改革实施方案》《任职资格管理方案》《晋职晋升方案》等，配套调整的制度包括《员工奖惩制度》《员工培训制度》等。

在绩效薪酬改革实施过程中，该院特别提出局部模拟、定点突破的改革方式，以减少变革的风险。根据该院的实际情况，本次薪酬绩效改革实施的突破点选在第一设计所进行，在3个月的模拟运行期间不与薪酬挂钩，主要完成程序的捋顺和实施问题的解决。在模拟运行结束后，根据运行的情况，对整体方案做局部调整，然后将新的薪酬绩效改革方案推向全院。

五、实施效果

薪酬绩效改革实施一年后，公司薪酬满意度明显提高，核心人才的离职率降低。同时，由于改革后的薪酬体系中的薪酬分配倾向专业技术人才，其薪酬标准高于市场平均水平，而且对特殊人才设计了灵活的薪酬政策，因而增加了对同业优秀人才的吸引力；仅一年时间，公司就成功引进了6名高级设计型人才，提升了该院人员素质的整体水平。

资料来源　任英，马红素．某建筑设计院绩效工资改革案例［EB/OL］．［2023-11-05］．https：//wenku. baidu. com/view/cb8eff305a0102020740be1e650e52ea5518ce31. html? _wkts_ =1700723471072&bd-Query=%E6%9F%90%E5%BB%BA%E7%AD%91%E8%AE%BE%E8%AE%A1%E9%99%A2%E7%BB%A9%E6%95%88%E5%B7%A5%E8%B5%84%E6%94%B9%E9%9D% A9%E6%A1%88%E4%BE% 8B+%E4%BB%BB%E8%8B%B1%2C%E9%A9%AC%E7%BA%A2%E7%B4%A0&needWelcomeRecommand=1.

案例8-2

华为薪酬体系的整体框架

华为的薪酬主要分为4块：工资+奖金+TUP分配+虚拟股分红。

一、工资

总体来讲，可以用16个字概括华为的薪酬管理：以岗定级、以级定薪、人岗匹配、易岗易薪（如图8-1所示）。

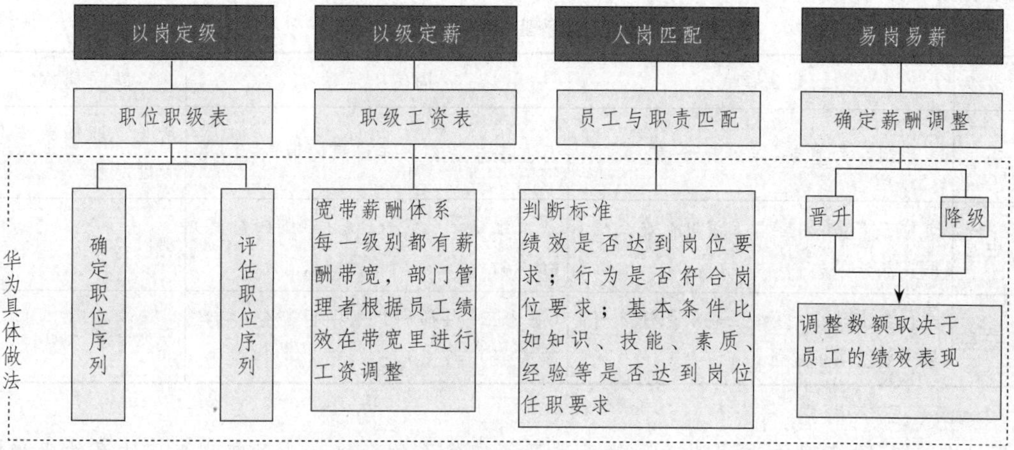

图8-1　华为薪酬管理的16字方针

对于每一个岗位、每一个级别工资的确定，既要考虑对外的竞争性，又要考虑内部的可支付能力和公平性。

1．以岗定级，建立职位和职级的关系

以岗定级，是通过职位职级表（示例见表8-9）来确定的：每一个职位会确定一个对应的职级，这个职级就是这个岗位对企业贡献的价值评估，包括了对组织绩效的评估、对岗位价值的评估和对任职者个人的评估。这里华为做了两件事情：第一，对于每一类岗位确定职位序列，例如研发职位序列、市场职位序列等。其中，研发职位序列又包含了助理工程师、工程师、高级工程师等渐进的职位。第二，对职位序列进行评估，评估的重点在于职位的应负责任是什么、控制的资源是什么、产出是什么，以及这个职位面对的客户和环境的复杂性程度怎样，并参考担任这个职位的人需要什么样的知识、技能和经验等。这里最主要是先通过对职位的职责和产出进行衡量，然后将衡量的结果用一个职级的数字来进行描述。做完了这两步，就建立了一个职位和职级的对应关系。

表8-9　**职位职级示例（非实际）**

职级	管理职位						技术类职位	销售类职位	支撑类职位	秘书
22	总裁									
21	高级副总裁						首席营销专家			
20	副总裁	总经理A	总监A				资深销售经理A			
19		总经理B	总监B				资深销售经理B			
18		总经理C	总监C	部长A			高级销售经理A	主任专员A		
17				部长B/国家经理A			高级销售经理B	主任专员B		
16				部长C/国家经理B	经理A		销售经理A	高级专员A		
15					经理B		销售经理B	高级专员B		高级秘书A
14							高级销售代表A	专员A		高级秘书B
13							高级销售代表B	专员B		中级秘书A
12							销售代表	助理专员A		中级秘书B
11								助理专员B		初级秘书B

华为职位职级的分布比表8-9列示的会更复杂一些。在华为，助理工程师的职级为13；工程师B的职级为14；工程师A的职级为15；高级工程师B的职级为16；高级工程师A的职级为17；主任工程师的职级为18；技术专家的职级为19以上。华为技术专家的职级和待遇等同于3级部门主管；若是高级技术专家，最高可达到1级部门主管正职的职级21A～22B；3级部门主管的职级为19B～19A；2级部门主管的职级为20A；1级部门主管的职级为21B～22B。

确定职位职级最难的是横向岗位称重，比如一名财务人员与一名营销人员相比，究竟谁对企业的价值更大？各个企业存在不同的解读，不具备普遍的参考性，在此不做展开。

2.以级定薪，界定工资范围

以级定薪实际上就是一个职级工资表（示例见表8-10）。华为使用的是宽带薪酬体系：对于每一级别，从最低到最高都有长长的带宽，每一个部门的管理者，可以对其员工，根据绩效在这个带宽里面进行工资调整。在同一级别里面，可以依据员工的绩效表现，在每年的公司例行薪酬审视时，或者当员工做得特别优秀时，提出调薪申请。由于不同级别之间的工资区间存在重叠，员工即使不升级别，只要持续贡献，绩效足够好，工资也可以有提升空间，甚至超过上一级别的工资下限，这样有利于引导员工在一个岗位上做实、做深、做久，有助于岗位稳定性。所以，以级定薪，就是对于每一个级别在公司能拿多少工资进行了一个界定。每一个主管可以根据以岗定级来确定员工的职级，然后对应在级别上，确定员工的工资范围。每家企业都可以设置自己的职位薪酬管理模式，相对于职位薪点管理或者窄带薪酬管理模式，这种宽带薪酬管理模式，对于管理者的管理能力、员工的把握以及调薪的把握，要求比较高。

表8-10 **职级工资示例（非实际）**

职级 / 等位	11	12	13	14	15	16	17	18	19
C	4 100	4 700	6 100	7 600	9 600	11 600	14 100	15 800	17 500
B	5 500	6 300	8 000	10 000	12 500	15 000	18 000	20 000	22 000
A	7 800	8 800	11 000	13 500	16 500	19 500	22 800	30 000	32 600

员工每个职级之间，工资具有很大的相融性，但中位线是明显递增的（如图8-2所示）。

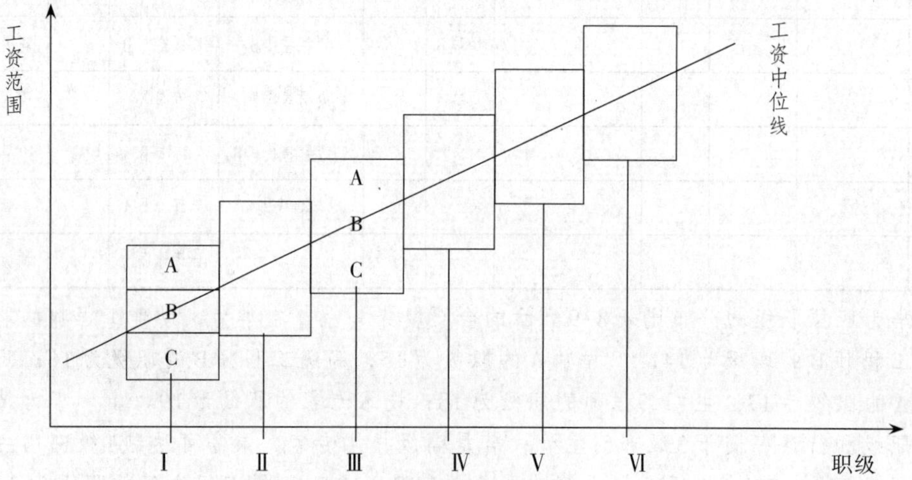

图8-2 职位职级工资（非实际）

3.人岗匹配，人与岗位责任的匹配评估

所谓人岗匹配，指的就是员工与岗位要求之间的匹配情况，以确定员工的个人职级及符合度。人岗匹配最核心的是看员工的绩效是不是达到岗位的要求，行为是不是符合岗位的要求，还包括一些基本条件，比如知识、技能、素质、经验等是否达到岗位任职要求。如果出现岗位调动，一般来说，人岗匹配是按照新的岗位要求来做认证。认证往往在员工在新岗位工作3个月或半年以后才进行，而不是调动之后立即进行。等到人岗匹配完成后，根据新岗位要求的适应情况确定员工的个人职级及符合度，再决定相应的薪酬调整。

4.易岗易薪，关注职级和绩效

如何在人岗匹配之后确定薪酬的调整，就是易岗易薪要解决的问题了。易岗易薪是针对岗位变化的情况（一种是晋升，另一种是降级）改变薪酬。晋升的情况，如果员工的工资已经达到或超过了新职级工资区间的最低值，他的工资可以不变，也可以提升，主要看他的绩效表现；如果尚未达到新职级工资区间的下限，一般至少可以调整到新职级工资区间的下限，也可以进入区间里面，具体数额取决于他的绩效表现。降级的情况，也是根据员工的绩效情况，在新职级对应的工资区间内确定调整后的工资，如果降级前工资高于降级后的职级工资区间的上限，需要马上降到降级后对应的职级工资区间的上限或者以下。

二、奖金

从2000年开始，华为的奖金机制设计大概经历了4个阶段。

第一个阶段叫兼顾短期与长远，将外部市场压力无依赖地传递到每个员工，所采取的方法叫作虚拟利润法。

华为的虚拟利润不是某些公司推行实施的经济增加值，它由3个部分组成：

虚拟利润=实发工奖总额+增支的投资性费用×（1−所得税税率）+经济增加值（EVA）

在虚拟利润确定的基础上，进一步计算工奖总包：

本年度应发工奖总包=虚拟利润×n%（其中，n是一个公司内部的统计经验值）

华为虚拟利润法的核心思想：

（1）无论是净利润还是经济增加值，都不能反映公司的管理层和员工当年创造的全部可分配价值，以及它是如何在劳动力和资本之间分配的。

（2）与净利润或经济增加值挂钩的只是奖金，虽然奖金可以浮动，但工资仍然是刚性的，市场压力还是没有传递下去。

（3）在经济增加值的基础上加入实发工奖总额构成虚拟利润，可以反映公司的管理层和员工当年创造的全部可分配价值。

（4）在虚拟利润基础上可以建立劳动力与资本之间合理分配的长期契约。保证双方的利益，充分体现风险与收益对等原则，实现激励作用的最大化。

通过以上机制，构建公司与员工之间的“利益共同体”。

为什么要将增支的投资性费用折算成净利润?

从财务角度看，投资性费用支出的增加会减少当期净利润，从而减少当期的虚拟利润和劳动所得，于是可能发生管理层和员工用减少投资性费用支出的方式虚增净利润的短期行为，或是担心增加投资性费用支出会减少净利润从而减少劳动所得。

但是，加大市场的战略性投入和IT的投入是增强公司核心竞争力的长期战略。为此将超过或低于规定提取比例的投资性费用折算成净利润，以造成一种机制：加大潜力投入不减少虚拟利润，减少潜力投入不增加虚拟利润，即鼓励长期投入。

总而言之，虚拟利润法的核心机制就是：将外部市场压力无依赖地传递到每个员工，建立一种压力传导机制。根据虚拟利润确定劳动所得，使得要提高员工人均收入，唯一途径是提高人均效益，改变了过去那种劳动所得是刚性的，风险完全由资本承担的机制。

第二个阶段叫市场体系，这一阶段的导向非常明确，就是要实现快速的规模增长，覆盖市场，打破市场格局。

这一时期，华为逐渐进入海外市场，国际化发展路线逐渐明晰，因此为了实现规模的快速增长，华为的奖金机制也发生了相应改变。

2006年以后，华为开始推行薪酬改革：根据岗位责任和贡献产出决定每个岗位的薪酬级别，员工的薪酬与岗位和贡献挂钩，员工的岗位被调整了，薪酬待遇也随之改变。华为希望通过此次薪酬变革鼓励员工在未来的国际化拓展中持续努力奋斗，鼓励那些有奋斗精神、勇于承担责任、能够冲锋在前的员工，另一方面调整那些工作懈怠、不思进取的老员工岗位。

如今再回过头去看这一体系，虽然它帮助华为实现了规模的快速增长，但它没有解决奖金和人头数如何挂钩的问题。

第三个阶段是从规模增长向有效增长进行转变，做了一个有效的、高绩效导向的牵引。

为了实现这一转变，华为把奖金机制的构成分成几个部分，并且将各个部分与对应的考核指标进行挂钩，也就是说，这些对应的指标是直接参与奖金分配的，员工所分配的奖金取决于他的指标完成情况，这样既实现了规模增长，又实现了有效增长。

比如为了提高人均毛利，华为首先将毛利分成6个包，即研发费用包、市场产品管理费用包、技术支持费用包、销售费用包、管理支撑费用包、公司战略投入费用包，然后找到这6个包的“包主”，让这些“包主”去根据毛利来配比下面需要几个人，再针对每个人给他一个工资包，他想拿多少工资，按比例倒推出他的任务，最后根据任务完成情况进行奖金分配。

这种模式虽然导向性非常明确，但员工很容易把劳动的准备过程当成了奖金分配的依据，导致的结果是过于注重过程，不注重结果。

第四个阶段，获取分享制——奖金不是分来的而是挣来的。

华为在2011年对于虚拟受限股、饱和配股等方面的弊端进行了深入讨论，最后提出“获取分享制”。获取分享制强调的是“奖金来自为客户创造价值的项目、各级组织基于项目带来的利益以及在价值创造过程中所做出的直接或间接贡献，从中分享奖金”。也就是说，奖金来自为客户创造价值的项目等，是需要努力“获取”的，而“分享”指的是根据在价值创造中的贡献来进行分配。

在不同的组织单元，因为业务的发展周期不同，战略诉求是不一样的。如何解决这一问题呢？华为根据不同业务属性制定出不同的业务单元利润中心的价值分享规则，其中包括成熟区域、成长区域和拓展区域。

（1）对于成熟区域的业务，有两种分享方式：存量分享和增量分享。存量的分享，按照贡献利润来计算。增量的分享，是华为的主要模式，它的奖金分配公式为：测算奖金包=去年奖金包×（1+经济效益改善率）。

（2）对于成长区域的业务，奖金主要是和业务增长挂钩，但是华为引进了熔断机制，即当奖金超过预算金额的两倍时，超出部分就不再予以计算。

（3）对于拓展区域的业务，华为会给予有期限的保护期机制。举个例子，假如你从成熟区域调去拓展区域，你的薪酬对应的奖金是100万元，那么你调过去的两年内是以100万元为起点，当然可能会增加一点点考核系数。如果业绩超出了预期，这部分也会有相应的奖励。

获取分享制说明了华为对于价值分配机制有着深刻的认识，同时让华为的“奋斗者”们看到了新的希望，尽管它也带来了不小的负面影响。

三、TUP分配

TUP（time-unit plan），直译为“时间单位计划”，可以简单理解为奖励期权计划，属于现金奖励的递延分配，相当于预先授予一个获取收益的权力，但收益需要在未来n年中逐步兑现（一定程度上跟业绩挂钩）。TUP本质上是一种特殊的奖金，授予时不需要花钱购买，但又跟股权挂钩，可获取增值性收益。

虚拟受限股具有浓厚的企业特色，由于没有产权上的清晰定义，华为这一激励模式无法与国际接轨，大量的外籍员工得不到激励，不利于华为人才本地化实施和全球范围内的有效流动，因此华为引入国际上操作相对成熟的TUP，希望以此来解决外籍员工的激励问题。

之所以后来逐步在全公司范围内实施TUP，主要是希望消除虚拟受限股的弊端，重新回归到华为所坚持的获取分享制。2013年华为以总裁办电子邮件240号文《正确的价值观和干部队伍引领华为走向长久成功》阐明了全面实施TUP的理由：

提高工资、奖金等短期激励手段的市场定位水平，增强对优秀人才获取和保留的竞争力；丰富长期激励手段（逐步在全公司范围内实施TUP），消除“一劳永逸、少劳多获”的弊端，使长期激励覆盖到所有华为员工，将共同奋斗、共同创造、共同分享的文化落到实处。

TUP具体怎么实施分配呢？华为实施的是5（n=5）年TUP计划，采取“递延+递增”的分配方案。递延，即每年获得阶段性的分红权；递增，即权益增值。分配示例如下（非实际）：

假如某员工第1年被授予TUP资格，配给1万个单位，挂钩虚拟股的价值为1元/股（即TUP的初始权益）。

第1年（当年），没有分红权；

第2年，获取1/3的分红权；

第3年，获取2/3的分红权；

第4年，获取100%的分红权；

第5年，获取100%的分红权，同时进行权益增值结算。5年期满清零。

比如：到第5年时，假如挂钩的虚拟股当年分红为1.5元/股，权益增值到5元，则第5个年度该员工1万个TUP单位可获得总收益为5.5万元（1.5万元为分红，4万元为权益增值回报）。

TUP为什么要设计权益增值呢？这可以跟目标管理和绩效考核联系起来观察，不管目标怎么定义，考核指标如何科学，都会挂一漏万，员工只会做好自己“分内事”。而权益增值是基于公司整体价值的提升，即公司的事也是自己的事，利益的相关性可较好地避免公司陷入“绩效主义”的泥潭。

这里还有一个微妙关系：由于虚拟股和TUP分配的钱都来自公司经营所产生的利润，TUP分得越多，留给其余虚拟股分红的利润就越少，可以很好对冲“坐车人”和“拉车人”收益不平衡的矛盾，TUP模式为调节虚拟股的分红总额创造了很大的空间。

这一制度安排，也比较好地解决了工作5年员工的去留问题。

按一般规律，员工入职1~2年内属于投入期，之后才逐步有产出，对企业有贡献，这个时间点如果优秀员工选择离开，对企业来说无疑是损失。企业采取5年制TUP模式以及“递延+递增”的分配方案，恰好可以对冲这种局面，当员工工作满2~3年，因离开的机会成本过大，则会考虑选择留下来；工作5年之后，不符合企业核心价值观的员工会选择离开（主动或被动）；真正的“奋斗者”则另外纳入股权激励的安排，配发可观的虚拟股，长期留人的问题即可得到较好解决。

四、虚拟股分红

华为通过股权激励，一方面激发内部员工的企业家精神，驱动他们立足于老板的高度做事情；另一方面满足众多员工对财富的追求，达到“以众人之私，成就众人之公”的目的。

华为股权激励大体经历了3个阶段：

1990年开始设计员工持股（ESPO）。

2001年年底网络经济泡沫破灭后，开启“虚拟受限股”改革。

2008年全球金融危机时，推出大力度的饱和配股。

早期华为的股权激励，解决了两个问题：一是稳定创业团队，激发员工干活；二是减少企业现金流的压力。股权派发主要是依据员工的职位、年度绩效、任职资格等因素来确定数量。2001年开始实施虚拟受限股后，不再派发一元一股的股票，价格与每股净资产挂钩，同时老员工原来的股票逐步转化为虚拟股。持有虚拟股的员工获得的收益体现为两点：一是分红；二是虚拟股本身的增值。到目前为止，华为有约10万人持有股份，任正非的股份逐步被稀释，目前持股比例不足1%。

肖知兴博士在一次企业家年会时分享说：

“一大巴车、一大巴车拉着大家去学华为，实话说，我是哭笑不得。你们这帮老板，不要说学任正非股份只留1.4%（为2013年数据），你们留14%、留40%，我都佩服你们！2013年跟我讲，我们准备拿出多少来分；2014年还在那儿跟我讲，哎哟，我们在考虑这个方案、那个方案；2015年跟我讲，我们还是想请个什么咨询公司。我说股权分享，只要有3条不出问题，这个分享方案就在80分以上，没有什么好担心的。”

“第一，事先想好进口和出口，也就是进入和退出条件：到底是送，是打折，还是全款；到底是净资产价还是PE多少倍；到底是离开职位了就退出还是离开了公司退出，是退休退出还是死的时候退出，还是说可以传承。这些条件你都要事先谈好。”

“第二，不要一次到位，要按职位、按绩效分，每年分个5 000股、8 000股，一点一点分。”

“第三，投票权和分红权要分离，投票权你不要给他，要想办法用信托、用有限合伙、用一个壳公司等各种方式把投票权留在自己手上。”

诚如斯言！作为一个企业的领导者，除了要有成就“众人之私”的胸怀，当然还要明白股权激励的内涵和基本运作方法。

华为股权的准确名称是“全员虚拟饱和受限持股”，怎么理解呢？

全员，指工作一年以上的所有中方员工（华为现在已经不再实施全员配股）。

虚拟，说明是非法律意义上的股票，没有所有权，没有经营表决权，也没有外部市场价格，只享受“相应的利润分红和企业内部认可的增值”。

饱和，即职级顶格配股，只要职级不升，配满后就再也没有配股的机会。比如，14级顶格数为3万股，15级为9万股。

受限，即不能进入市场流通和自由买卖，辞职时由企业收回，带不走。

从以上定义基本可以明白虚拟受限股与原始股、期权等之间的差异。原始股通常是指在公司初始设立时由股东出资所形成的股份，只要企业不消亡或股东不退出，股东可长期持有该股份，并受到法律保护，也不随股东是否在企业任职而发生变化；期权激励常见于上市公司对员工的激励，当员工满足预先设定的工作年限和业绩承诺时，即可将期权兑换成股份，一经兑换，企业无权收回，员工可自由处置该股份。

而虚拟受限股，其实质是享有企业的分红权，员工并不在真正意义上持有该股份，一旦员工离开企业或触及违约条款，企业有权按照事先约定的价格收回该股份。可见，虚拟受限股对企业来说，几乎是完全可控的。企业所有激励机制的设立，都必须同时配置压力传导机制，否则要么无效，要么最终走向福利化。华为股权激励的奥秘在于两个方面：一是持续的高配股和分红，每年分红收益率基本在25%以上，加上增值后的综合收益率在30%左右（见表8-11），这么高的投资回报率傻瓜才不配股呢！但是高配股需要员工支出大量的资金，自己资金不足时，还需要向亲戚朋友借贷，或向银行等机构融资，债务负担让员工心无旁骛努力工作。二是饱和配股，你不努力奋斗争取升职，就会停留在顶格线上，眼睁睁地看着别人大把配股、大量分红。

表8-11　**华为2010—2017年股权情况**

年度	股份（元/股）	分红（元/股）	分收收益率	股权增值	综合收益率
2010	5.42	2.98	54.98%	—	54.98%
2011	5.42	1.46	26.94%	—	26.94%
2012	5.42	1.41	26.01%	—	26.01%
2013	5.42	1.47	27.12%	—	27.12%
2014	5.66	1.90	33.57%	0.24	37.81%
2015	5.90	1.95	33.05%	0.24	37.12%
2016	6.81	1.53	22.47%	0.91	35.83%
2017	7.85	2.83	36.05%	1.04	49.30%

注：2017年分红拆成两部分，直接分红1.02元/股，另1.81元转为虚拟股。

资料来源　佚名．华为薪酬体系的整体框架［EB/OL］．［2023-11-16］．https：//www.sohu.com/a/410843123_657923.

主要参考文献

［1］任康磊．绩效管理与量化考核［M］．北京：人民邮电出版社，2019.

［2］胡华成．薪酬管理与设计全案［M］．北京：清华大学出版社，2019.

［3］李志畴．薪酬体系设计与管理实务［M］．南京：凤凰出版社，2012.

［4］刘昕．薪酬管理［M］．5版．北京：中国人民大学出版社，2017.

［5］闫轶卿．薪酬管理从入门到精通［M］．北京：清华大学出版社，2015.

［6］闫大海．薪酬管理与设计［M］．北京：中国纺织出版社，2007.

［7］中国就业培训技术指导中心．企业人力资源管理师（三级）［M］．4版．北京：中国劳动社会保障出版社，2020.

［8］中国就业培训技术指导中心．企业人力资源管理师（四级）［M］．4版．北京：中国劳动社会保障出版社，2020.

［9］康士勇，陈高华．薪酬与福利管理实务［M］．北京：中国人民大学出版社，2016.

［10］徐斌．薪酬管理与设计禁忌86例［M］．北京：电子工业出版社，2011.

［11］赵国军．薪酬设计与绩效考核全案［M］．修订版．北京：化学工业出版社，2016.

［12］刘军胜．薪酬管理实务手册［M］．2版．北京：机械工业出版社，2005.

［13］张霞，胡建元．薪酬管理综合实训［M］．大连：东北财经大学出版社，2016.

［14］刘银花．薪酬管理［M］．3版．大连：东北财经大学出版社，2016.

［15］金延平．薪酬管理［M］．3版．大连：东北财经大学出版社，2016.

［16］赵曙明，赵宜萱．薪酬管理——理论、方法、实务［M］．北京：人民邮电出版社，2018.

［17］中国就业培训技术指导中心．企业人力资源管理师（一级）［M］．4版．北京：中国劳动社会保障出版社，2020.

［18］中国就业培训技术指导中心．企业人力资源管理师（二级）［M］．4版．北京：中国劳动社会保障出版社，2020.

附录 有关薪酬管理的法规政策

附录1 财政部关于企业加强职工福利费财务管理的通知

附录2 关于工资总额组成的规定

附录3 企业最低工资规定

附录4 工资支付暂行规定

附录5 工资指导线的基本内容

附录6 中华人民共和国社会保险法实施细则

附录7 个人所得税专项附加扣除暂行办法

附录8　2017工伤保险赔偿标准

附录9　公务员职务与职级并行规定